AF449768

Grinberg, Silvia / Armella, Julieta, eds.; Virginia Ithurburu col.

Educación de plataforma : Sociedad postmedia y pedagogías por-venir

1ª ed. - Buenos Aires/ Barcelona: Miño y Dávila editores - Abril 2023.

188 p.; 22,5x14,5 cm.

ISBN: 978-84-18929-91-5
Depósito legal: M-1119-2023

Ilustración de cubierta: Imagen de arte digital realizada con IA, DALL-E

Edición: Primera. Abril de 2023
Lugar de edición: Buenos Aires, Argentina / Barcelona, España

ISBN: 978-84-18929-91-5
Depósito legal: M-1119-2023

THEMA: JNV [Educational equipment & technology, computer-aided learning (CAL)]
JNF [Educational strategies & policy]
BISAC: EDU041000 [Distance, Open & Online Education]
EDU012000 [Experimental Methods]

Armado y composición: Eduardo Rosende
Diseño: Gerardo Miño

Página web: www.minoydavila.com

Mail producción: produccion@minoydavila.com
Mail administración: administracion@minoydavila.com

Dirección postal: Miño y Dávila s.r.l.
Tacuarí 540. Tel. (+54 11) 4331-1565
(C1071AAL), Buenos Aires.

SILVIA GRINBERG y JULIETA ARMELLA (eds.)

con la colaboración de Virginia Ithurburu

Educación de plataforma

Sociedad postmedia y pedagogías por-venir

ÍNDICE

Introducción

Silvia Grinberg y Julieta Armella
Argentina, LICH, CONICET, UNSAM

La inflexión *educación de plataforma* nos instala en un bucle del tiempo que habla a la vez de aquel que está por venir como del que parece haber llegado. Una temporalidad y una espacialidad en la que el presente de la educación en general, y, de la escolaridad en particular, es tacleado por un futuro que mientras aún no es, está siendo deletreado. Un modo de cronos (Cazdyn, 2012) que hace varias décadas nos ha dejado viviendo en un tipo particular de estabilidad que resulta del estado de vivir ya-siempre en crisis; un tiempo presente que mientras remite a aquello que no es, se dirige a algún lado cuya realización ya ocurrió: un algo que vivimos como certero, algo que ya ocurrió, mientras todavía no lo hemos vivido. De diversos modos esta se ha vuelto la experiencia más certera que tenemos de nuestra contemporaneidad, aquella que se realiza en un largo *mientras-tanto*. Un tiempo que vivimos con la sensación "hay que pasar la crisis". Al respecto, Cazdyn (2012) advierte que ese *mientras-tanto* se convierte en prescripción, en un "destino permanente más que en un momento temporal de desarrollo" (22). Un tiempo en el que nos vemos arrojados a gestionar las crisis y que de ese modo se vuelve un modo particular de cronos que aplasta nuestra capacidad de imaginar futuro en tanto se vuelve extensión del presente (Bourassa, 2022). Así, si el futuro llegó hace rato no es porque ya ocurrió sino porque aquello que aparece como lo por-venir se nos presenta como algo prefigurado, ya ocurrido o, más bien, algo que ocurre como *mientras-tanto*. Si bien esto vale para diversos momentos de la historia, la sensación de que estamos de modo inexorable viviendo nuestro futuro pretérito se ha vuelto una de las sensaciones más extendidas de nuestra experiencia cotidiana, donde la vida digital aparece como lo más certero de nuestra futuridad.

De hecho, las ya no tan nuevas tecnologías de la información y la comunicación constituyen parte nodal de esa experiencia que mientras parece evaporarse en el aire, nos deja entre la sucesión de bytes que se ensamblan con nuestros cuerpos. Ese estado se constituye en el modo propio de un *mientras-tanto* que ocurre entre la catarata de unos y ceros que se realizan en la pantalla tanto como en la sensación física que tenemos de querer frenar esa sucesión y no saber cómo hacerlo. Vivimos modos de una corporeidad que se realiza entre infinitos *reels*. Fluyen y fluyen con un solo *click,* o más bien, a tan solo un *touch*. No se trata de falta ni de carencia, sino de exceso en un presente recursivo donde fluimos sin tener la posibilidad de detenernos. Quizá esta sea una de las sensaciones más regulares de nuestro tiempo: fluir en el mientras-tanto que rápidamente se traduce en fatiga.

Este libro, precisamente, propone situarse en y entre los intersticios de ese *mientras-tanto*. Adentrarnos entre las cadenas que supone este cronos procurando dar pinceladas que nos ayuden a pensar lo que hoy ya es o está siendo nuestro tiempo. Pero no el de una crisis que como tal promete dejar de serlo sino aquel tiempo que se hace como crisis, que nos tiene administrandola. ¿Qué lugar hay para la educación, o más aún qué lugar hay para la compleja tarea de su pensamiento? Una pedagogía que se sabe viviendo en la sucesión de *bytes*.

La escena tan tierna como distópica con la que inicia la película *Wall-E*, donde un robot solitario, triste y desencantado -si algo así fuera posible con una máquina-, se vuelve aquel que preserva y conserva el archivo vivo y no vivo, nos acerca al lado b de la cadena de bytes; una cadena que se detiene no por la decisión de nadie sino porque se enfrenta a su propio exceso. *Wall-E* es la expresión cabal de esa escena. Un cúmulo de chatarra tecnológica, una tierra desértica, ningún humano salvo las imágenes que *Wall-E* (p)reserva y mira sin entender. Se trata de una escena que aún-no vivimos y que a la vez nos parece muy cercana. Ello, justamente, porque ese aún-no aparece como el más posible *mientras-tanto;* aquel que conforma de modo fragmentado el relato de nuestro presente. Chatarra plástica y electrónica. Máquinas y máquinas en desuso apiladas. Desierto. Una pequeña planta que aparece como sobreviviente y es resguardada por una máquina dentro de un zapato; dentro de los restos de lo que algún día fue y que hoy es nuestro mundo. Escenas que no parecen sorprender a nuestras retinas. Incluso Wall-E aquel no humano que preserva lo humano —podríamos decir nos protege y salva de nosotros mismos—, entra en el mundo de eso no-ajeno que es actual cotidianidad.

Un cuerpo no humano se vuelve aquel que preserva lo humano y que, incluso, algunas escenas más adelante lo rescata de sí mismo. De hecho, mientras tendemos a colocar un halo mágico en las máquinas, algún poder sobrenatural que tiene la capacidad de demolerlo todo, en diversos tramos de la película nos encontramos con su contracara: en la nave no son las máquinas aquellas que manejan la vida de cuerpos que flotan, sino la incesante puja humana por mantenerse conectados entre máquinas. La rebelión humana no se realiza contra las pantallas sino que se enfrenta a las fuerzas humanas que procuran mantener esos cuerpos conectados entre las máquinas. Una completa vida vivida entre pantallas dibuja la escena de un mundo feliz donde cuerpos humanos obesos hablan sin parar mientras son transportados por sillas voladoras. Palabras parloteadas sin decir nada. La llegada de Wall-E desencadena una serie de eventos que propician accidentalmente el roce entre dos manos; un *touch* ya no a la pantalla, sino entre dos humanos. Ese momento, ese *touch*, lo cambia todo. Un roce entre dos manos consigue detener el frenesí en que la vida en la tierra y luego, expulsada, en la nave se había transformado. Una vida que entre el desierto de lo real fuera enviada al espacio y se vuelve vida en la nave, mientras-tanto espera algún momento, mesiánico, que la detenga. Las máquinas habilitan un mientrastanto que permite el contacto sin roce. Algo muy similar vivimos en los días del COVID19 mientras las pantallas permitían el contacto y hacían posible que el mundo no se detuviera, o no lo hiciera totalmente, ese contacto ocurría entre *touch*, roces digitales. Un roce que compone una experiencia en sí.

Solemos pensar lo digital por lo que nos resta o falta, por lo que no es, sin embargo, vale la pena ocuparse de lo que sí produce, de aquello que está allí, de sus efectos; de nosotros/as los/as sujetos que somos, o mejor aún estamos siendo ¿Qué tacto, qué prensa táctil se genera entre *touch?*, ¿cómo se configuran nuestros cuerpos y el de los otros?, ¿qué nuevas o no tan nuevas necesidades y búsquedas propicia ese mundo digital?, ¿quiénes somos frente a nosotros y frente a los otros? ¿qué alfabetización ocurre entre las pantallas? Si, como señalara Guattari, la subjetividad es el problema del sistema político contemporáneo, ese modo de devenir pasa ocupar el centro de la escena y adquiere una resonancia específica cuando hablamos de la educación y, puntualmente, de la escolaridad. Cada vez más la tarea de educar va a estar ligada a enseñarnos a lidiar con nosotros y con los otros. Si la subjetividad está en el centro de la escena es porque vivimos tiempos en los que el Ego está cada vez más demandado como expuesto. La sociedad postmedia nos deja viviendo entre *selfies* y *likes* de modo que ese quiénes somos se funde con y entre las redes, exigiendo y esperando de nosotros, de cada uno, cada vez más. El parloteo en el que están los humanos en la nave y que Wall-E mira desconcertado, remite a esos. Sujetos aproblemados por los likes que recibe, por cómo son vistos, por cómo miran sin ser mirar.

Sin vivir en ninguna nave, vivimos tiempos en los que una sucesión de tutoriales nos *coachean* en el camino y nos enseñan a vivir mientras-tanto. Ello tanto como aparece una aplicación como Be Real que se vuelve nueva moda mientras anima a mostrarnos como somos. Tuneados o reales las aplicaciones se vuelven la hoja de ruta que nos orienta en quiénes debemos ser/convertirnos. Nuestro devenir digital, ese que encontramos en la pantalla y tocamos, *touch,* con un *click*, aquel en que a un sencillo roce de manos nos desorienta.

Ahora, lejos estamos en este libro de proponer que este tiempo es peor que otros; no es cierto que en el siglo XX o en el siglo IV la humanidad haya sido capaz de lidiar con los otros de mejores modos. Varios desastres y genocidios anteceden a nuestra era. Quizá el signo de la sociedad postmedia es que estamos todos expuestos, tanto porque nos exponemos –subimos fotos, videos, etc.–, como porque con cada *click* nuestro ego se afecta con aquellos que miramos incluso en el mero gesto *voyeureista*. Esos múltiples otros –y nosotros mismos en tanto otros– constituyen ese problema contemporáneo al que refiere Guattari y que en la escuela, digamos aquí, se encuentran y *rozan* a diario.

De modo que, no se trata de pensar o situar a la escuela como terapéutica del alma contemporánea, como la pedagogía del *mientras-tanto* que nos invita a volvernos expertos gestores de nuestros egos. De hecho, demasiados libros nos enseñan a gestionar las emociones en la escuela. Aquí, nos importa recorrer caminos otros que incorporen la pregunta por la historia que nos contamos. La pregunta genealógica por cómo llegamos a ser los sujetos que somos. Más que tratar con los males del ego buscamos que la interrogación pedagógica nos ubique o nos confronte con los problemas y conceptos que nos ayudan a pensar el mundo y a pensarnos en él. No necesitamos más *coaching*, eso abunda. Necesitamos una pedagogía que interrumpa la cadena secuencial de un presente que se anticipa como futuro y que como mucho nos hace aguantar un poco más. Zonas de sacrificio en pos de un desarrollo que no termina de llegar. Y es aquí, entonces, donde aparece en escena la interpelación a las pedagogías por-venir en la sociedad postmedia: los conceptos que construimos, los lenguajes y saberes en disputa que nos ayuden a ensanchar nuestro pensamiento del mundo. Aquellos que de un modo accidental –como el roce de dos manos en *Wall-E*–, consigue interrumpir la cadena. En suma, una pedagogía que se hace entre los archivos que construimos y que se vuelven la base de su trasvasamiento.

La pedagogía no puede evitar la pregunta por los saberes que deben ser preservados, por el acervo que nos fue legado y que legaremos. En tiempos en que todo amenaza con desvanecerse en el aire, la pregunta pedagógica en la sociedad postmedia vuelve a ser aquella que se interroga por el archivo, incluso, cuando éste asume la forma de bytes. ¿Cuál es la tarea de la educación, de la escuela y más aún de la enseñanza?

La subjetividad como problema, el quiénes somos como términos de la pedagogía reclama volver al archivo, a aquel que nos instala en ese bucle del tiempo donde el pasado y el futuro se narran en el presente. Quizá el bucle más propio de la pedagogía, en tanto ella misma, en su propia gesta, involucra esa temporalidad de lo que ya fue y de lo que todavía no es, de lo por-venir.

La interrogación por la escolaridad cuando hablamos de la educación de plataforma no es de ningún modo caprichosa en la medida en que involucra la pregunta tanto por el otro como por lo otro: los sujetos que somos en nuestro encuentro con esos otros, con la cultura, con el archivo. Ese archivo que Wall-E preserva. Esto nos lleva directamente a interrogarnos si podemos hablar de educación cuando nos referimos a las máquinas, y cuáles son las condiciones de la escolaridad, aquella que nos encuentra a todo/as en algún momento de nuestras vidas mirándonos y aunque sea accidentalmente produciendo ese roce de manos que lo cambia todo. La pedagogía por-venir se instala en el bucle que se pregunta por una escolaridad que mientras está siendo escrita entre las máquinas se interrumpe frente al roce, la mirada y el diálogo que involucra el encuentro entre cuerpos humanos. Las plataformas parecen prometer una eficiencia capaz de conducir aprendizajes centrados en los avances individuales; aquellos que motivaran a Pressey y luego a Skinner a producir máquinas de enseñar. Pero puede una máquina enseñar, diríamos taxativamente que no. Mientras podemos enseñar entre las máquinas, se trata de de una función que no puede ser delegada. La escena de *Wall-E* es capaz de llevarnos al instante que nos recuerda que hay algo que falla y que no estamos tan dispuestos y ni siquiera podemos ceder. Wall-E puede ser guardián del archivo, pero no entiende qué es aquello que guarda.

La pandemia del COVID19 parecía acelerar la digitalización de la vida, sin embargo, en ese mismo momento se hizo tan palpable su imposibilidad como su potencia. De hecho, lejos de las lecturas distópicas y totalizadoras la vida digital permitió que nos mantuviéramos cerca. Aunque no fue la primera pandemia, podríamos decir que sí fue la primera en la que el aislamiento físico no implicó un distanciamiento total. Si de la educación hablamos las diversas experiencias que hemos tenido quedaron como un acervo del que seguimos disponiendo. Pero un acervo que nos recuerda que ni las pantallas ni las plataformas consiguen reemplazar el encuentro que habilita el roce.

Las pedagogías por-venir involucran el *entre* las máquinas. El uso del tiempo presente en un enunciado que remite a lo que está por llegar es preciso. Las máquinas llegaron, vivimos entre ellas, incluso cuando no están siendo utilizadas configuran nuestra experiencia en general y aquella que remite de modo específico a nuestra relación con el saber. No parece antojadiza la imagen de *Wall-E* preservando la vida y conformando el archivo de lo que en algún momento fue la vida humana en la tierra. Porque, justamente, si algo tienen las máquinas es la capacidad para conservar información. *Wall-E* acopia aquello que no entiende mientras parece saber que hay algo allí que vale la pena preservar. De hecho, es un robot triturador de chatarra que parece sospechar que no todo debe ser desechado. Se vuelve, así, guardián de un material que acopia y que solo consigue volverse archivo cuando lo pone a circular entre los cuerpos humanos.

La centralidad del archivo, como lo describe Derrida (1994), no concierne al pasado, sino que su tarea central es *"poner en tela de juicio* la venida del porvenir" (18). "No es la cuestión de un concepto del que dispusiéramos o no dispusiéramos *ya* en lo que concierne al *pasado, un concepto archivable del archivo.* Es una cuestión de porvenir, la cuestión del porvenir mismo, la cuestión de una respuesta, de una promesa y de una responsabilidad para mañana" (20). El archivo, o más bien el mal de archivo, es aquello que vale la pena para la tarea de enseñar, aquello que vuelve al material acopiado objeto de la educación. En el medio sólo hay cosas que *Wall-E* guarda, pero no consigue comprender.

La educación es práctica social de la cultura, los procesos de su producción y transmisión comprenden aquello que llamamos escolarización en tanto dispositivo (post)moderno. La muy mentada crisis de la educación, en la que vivimos hace por lo menos cinco decenios, remite tanto a la escuela –que para algunos hoy comporta una tecnología homologable a las plataformas digitales– como a los procesos de producción y transmisión de la cultura.

En un tiempo digital pre-plataforma, Derrida (1994) se preguntaba si "estaría el aparato psíquico *mejor representado* o bien *afectado de otra forma* por tantos dispositivos técnicos de archivación y de reproducción, de prótesis de la memoria llamada viva, de simulacros de lo viviente que ya son y serán en el porvenir tan refinados, complicados, poderosos, como el «bloc mágico») (micro-informatización, electronización, computarización, etc.)?" (10). Mientras no brinda respuesta en la formulación en sí de esa pregunta está la respuesta afirmativa. Por ello continua "Estas dos hipótesis son irreductibles la una a la otra. Puesto que si las conmociones en curso afectarán las estructuras mismas del aparato psíquico, por ejemplo, en su arquitectura espacial y en su economía de la velocidad, en su tratamiento del espaciamiento y de la temporalización, ya no se trataría de un simple progreso continuo en la representación, en el valor *representativo* del modelo, sino de una lógica absolutamente distinta". (10) La técnica archivadora que ha regido aquello que en el pasado mismo instituía y constituía lo que fuera como anticipación del porvenir es ya hoy un modo otro. Aquel que mientras contiene un cúmulo de cálculos cada vez más grande no siempre sabe qué es lo que está calculando. Incluso si como *Wall-E* pudiera anticipar la necesidad de proteger algo de lo calculado no consigue saber acerca de él. Quizá allí radique la trampa de la sociedad de aprendizaje a la que las plataformas parecen poder conducirnos.

En un texto publicado en 1989 del que hoy podemos decir ha tenido una fuerte capacidad anticipatoria, Lyotard describía el status que estaba asumiendo o empezaba a asumir la cultura y más específicamente el saber en su devenir *bytes*. Con bastante ironía señalaba "sólo desde la perspectiva de grandes relatos de legitimación, vida del espíritu y/o emancipación de legitimación de la humanidad, el reemplazo parcial de enseñantes por máquinas puede parecer deficiente, incluso intolerable" (108). De algún modo nos hemos quedado suspendidos en este bucle, mientras que vivimos un tiempo en que la transformación de la naturaleza del saber en bytes y las posibilidades de su difusión a través de los mismos canales no sólo se han expandido, sino que han producido modos de conocimiento y transmisión que anticipan aquello que ya llegó. De este modo la misma idea de crisis de la educación adquiere otra connotación deja de referir a algo que está mal para pasar a describir un modo propio de una vida social que se asume ya en crisis, un futuro que es narrado y dibujado por ella. Así, la educación de plataforma designa tanto a lo que es como a lo que no es. La crisis en las sociedades capitalistas no remite al momento en que se para de crecer sino a los modos que estas sociedades tienen de tratar, administrar y gestionar esos crecimientos. Si seguimos este hilo, crisis de la educación / educación de plataforma componen el devenir silabeado de una escolaridad que (aún-no) llegó. En rigor poco importa la efectiva modulación temporal de ese llegar. De hecho, mientras estamos escribiendo esa llegada está siendo realizada. Cabe aquí retomar el binomio que componen educación-escolaridad y enseñar-aprender. A riesgo de ser extremadamente sintéticos podemos decir que el segundo binomio encuentra en el primero la posibilidad de su realización.

Esto es la tarea de enseñar procurando que otros aprendan algo encontró desde fines del siglo XIX la posibilidad de su realización de un modo tal que la tarea de educar hacía y hace posible en el sistema escolar. Una escolaridad cuya razón de ser es justamente la disposición de un complejísimo sistema que consiguió hacer de la enseñanza una profesión generalizada. Así, tenemos dos cuestiones. Por un lado, la decretada crisis de la educación como parte del proceso de su devenir en la sociedad postmedia. Este libro se ocupa principalmente de ello. Por el otro, la pregunta acerca de la educación, la escuela y la enseñanza. ¿Puede la educación y más específicamente la profesión de enseñar ser transferida a las máquinas como lo describe con cierta ironía Lyotard? No se trata de algo extraño, de hecho, en los años sesenta la máquina de enseñar empieza a ser una realidad de la mano de Skinner. Varios años más tarde cabe preguntarse ¿es la educación de plataforma la realización de esa anticipación? y en esa línea ¿en qué medida eso que ocurre entre las máquinas por vía de los algoritmos puede llamarse enseñanza o incluso educación?

Mientras que, desde hace varias décadas, el sistema escolar está siendo cuestionado, la educación de plataforma aparece como horizonte que anuda la promesa de libertad, el protagonismo del estudiante, la utilidad del saber y la capacidad de los algoritmos de ajustar los contenidos a la medida de cada usuario. Una educación de plataforma en ciernes parece reeditar, más aún en el escenario postpandemia, algunos de los núcleos que vienen configurándose en torno de una crítica a la escuela señalada por no estar a la altura de su tiempo.

Procurando escapar a la antinomia de apocalípticos o integrados proponemos aquí una aproximación crítica a una cuestión urgente, un pensamiento vuelto diálogo que se acerque a las condiciones históricas que configuran la escolaridad de nuestro presente y habilite la pregunta por la que quisiéramos tener. Un pensamiento que, desde las ciencias humanas, pueda proporcionar –como afirma Braidotti (2015)– adecuadas representaciones de nuestras ubicaciones históricas y situadas que no presten indebida fidelidad al sentido común –la tiranía de la opinión– ni al beneficio económico –la banalidad del interés individual (p. 15). Y que asuma el desafío de construir teoría, saberes y preguntas sobre la educación y su por-venir de manera crítica y a la vez creativa.

Los debates contemporáneos sobre la creciente digitalización de la vida, en sus distintas dimensiones discursivas, materiales, pedagógicas, políticas, están atravesados por un elemento que dinamiza de un modo particular nuestro tiempo: una insistente idea de optimismo, entusiasmo y transformación conquista desde hace varios años el imaginario social y también se trasluce en los marcos interpretativos dejando poco margen para la duda o la interrogación. En ese sentido, señala Mounier (2021), las humanidades parecen estar perdiendo impulso en un mundo dominado por la ciencia y la tecnología que se refunda en el *gran crisol digital*. De ahora en más, como afirma Sadin (2020), las tecnologías digitales dictan el *tempo* de nuestra existencia y dan ritmo a la época.

En esta línea proponemos ubicar las discusiones que se abren en estas páginas intentando evitar, nuevamente con Braidotti (2015), las trampas de la nostalgia conservadora y de la euforia neoliberal, procurando desautomatizar las respuestas que damos a los problemas que enfrentamos y ensayando algunas preguntas que se desacoplen de los enunciados devenidos verdades de nuestro tiempo.

Es un libro que le habla a su tiempo y habla sobre su tiempo en un cruce de registros y miradas que invitan a movernos *entre* tiempos. Un texto que, como plantea Despret (2022), busca modos de organizar vecindades, esas complicidades que nos afectan y nos permiten pensar cosas nuevas.

Como puntapié inicial, Silvia Grinberg y Julieta Armella proponen un mapeo de algunos de los debates que emergen en un tiempo en el que las formas de educar se encuentran moduladas por las tecnologías digitales. Si bien la ubicuidad de las máquinas constituye hoy probablemente uno de los rasgos distintivos de nuestra época, las tecnologías se vuelven tan cotidianas como desconocidas. Las plataformas, la noción de IA y el mundo de las *edtech* llevan a pensar la educación en torno de la formación, la experiencia y su transmisión en una era que se sabe atravesada por la técnica y que vive –vivirá– *entre* las máquinas.

Emiliano Grimaldi y Stephen J. Ball presentan un marco conceptual para el análisis de la configuración de las plataformas y los tipos de experiencia de aprendizaje de los estudiantes. Recuperando el método arqueológico de Michel Foucault y los abordajes en la arqueología de los medios analizan las condiciones de posibilidad de las plataformas y sus configuraciones de tipo espacial, temporal y ética. Esta configuración del espacio epistemológico se define por las tensiones entre modularización e hipertextualidad, linealidad y coexistencia, rendimiento y carácter/potencial, que lleva a producir unas condiciones paradójicas del aprendizaje.

Por su parte, Taylor Webb, Sam Sellar y Kalervo Gulson reflexionan acerca de las nuevas formas de datificación y automatización que permiten tanto a los gobiernos como a otras partes interesadas construir imágenes de futuros educativos con el fin de dirigir el presente. La discusión se centra en los enfoques de la IA que producen anticipaciones cronológicas de futuros educativos y cómo la gobernanza anticipatoria automatiza y acelera el desarrollo del capital humano. Advierten que la crono-lógica dominante puede contribuir a la desterritorialización de los hábitos educativos y de la memoria.

Virginia Ithurburu interroga acerca de cuáles fueron las sucesiones de acontecimientos en el campo de la educación global, tanto discursivos como materiales, que configuraron la emergencia del saber IA en la educación. A modo de una posible problematización sobre cómo llegamos a hablar de IA y educación en el terreno de las políticas educativas para garantizar el derecho a la educación, propone un recorrido discursivo y material sobre las políticas y el lugar de la escuela en la era del algoritmo.

Joff Bradley se pregunta por la inteligencia colectiva, su autonomización o su esclavización, en las nuevas condiciones ecológicas del conocimiento. Propone problematizar las afirmaciones irreflexivas sobre la informatización planetaria entre las que se encuentra la promesa de la inteligencia colectiva. En el recorrido por distintos pensadores se ocupa de analizar los efectos patológicos de la falta de inteligencia (unintelligence) colectiva en una época caracterizada por nuevas ecologías del conocimiento. Afirma que en el pasaje de la inteligencia de lo humano a lo tecnológico hay posiciones que plantean la promesa de liberación, pero también está presente la idea de la dominación desde el inconsciente algorítmico colectivo.

Hernán Borisonik abre preguntas sobre las nuevas configuraciones de lo público y lo privado y su imbricación en el universo del gobierno algorítmico de los cuerpos desde el presente pandémico. A partir del contexto de rápida expansión del coronavirus SARS-CoV-2 propone revisar críticamente la radical transformación de la educación y sus nuevos vínculos con la "esfera privada", en busca de una posible comprensión y análisis acerca de las posibilidades y subjetividades que surgen.

Lucas Bang propone un viaje al pasado para visibilizar cómo llegan las escuelas primarias a la pandemia. En este recorrido recupera los relatos sobre la integración de las tecnologías en la vida escolar de los/as maestros/as de cinco escuelas primarias de Caleta Olivia, Santa Cruz, Argentina. En estos relatos se visibiliza el entramado acerca del acceso a la tecnología, pero también el problema de la transmisión para pensar los procesos de tecnificación de la sociedad y los cambios en la organización social y sus efectos en la vida de la escuela previos a la pandemia.

Rodrigo Benvenuto realiza un abordaje de la noción nietzscheana de la "formación" (Bildung) a partir de distintas reelaboraciones y recupera las nociones de cría y domesticación, para poner en cuestión el creciente opti-

　　　　　SILVIA GRINBERG Y JULIETA ARMELLA

mismo sobre el mundo digital y las redes que se ha apoderado del discurso sobre la educación. El giro biocéntrico de Nietzsche que se presenta muestra una torsión en el pensamiento acerca de la Bildung que lleva pensar la educación como formación y permite reflexionar acerca de los desafíos del mundo digital desde una crítica al humanismo antropocéntrico.

Franco Berardi propone pensar acerca de las nuevas generaciones, sus vínculos con las tecnologías y los desafíos de los docentes. En este diálogo reconoce que la afectividad, la capacidad de elaboración emocional y lingüística, ha sido destrozada por el uso neoliberal de la tecnología, lo cual ha acelerado la incapacidad de percibir la existencia emotiva del otro y hasta la existencia emotiva de sí mismo. Por ello, propone encontrar *al interior* de la dimensión técnica las condiciones para una reactivación de la singularidad emocional, a través de la fusionalidad de la expresión a través del enamoramiento, la insurrección y la poesía..

Educar (entre) las máquinas

Julieta Armella y Silvia Grinberg
Argentina, LICH, CONICET, UNSAM

> *Paradójicamente, toda elevación de la cultura de nuestra especie consiste en que, a medida que crece, necesitamos ir a nuestros fines por caminos cada vez más complicados y más ricos en estaciones y rodeos*
>
> (Simmel, 2004)

Las tecnologías encarnan, desde hace más de un siglo, las ideas de desarrollo, progreso y de un mundo futuro colonizado (en algunos casos arrasado) por ellas: las tecnologías tomando lugar en los asuntos humanos e incluso produciéndolos. Si bien estas imágenes aparecen como algo sui generis, propio de nuestra era digital, las esperanzas y temores sobre la técnica tienen más larga data. Las ilustraciones producidas por Jean Jean-Marc Côté y otros artistas hacia fines del siglo XIX y comienzos del XX, que varios decenios más tarde fueron recuperadas por Asimov, constituyen un buen punto de partida de ese derrotero.

Una máquina de picar libros cuyo contenido es transmitido por auriculares a los estudiantes, un arquitecto cuya función parece ser presionar botones mientras los brazos mecánicos de una gran máquina construyen un edificio, otra que proyecta la imagen de una mujer mientras su interlocutor conversa con ella a través de un alta voz o la de una campesina alimentando a sus animales mediante una máquina. Todas forman parte de la imaginación que a fines del siglo XIX dibujaba el futuro en una serie de ilustraciones que buscaban proyectar a Francia en el año 2000.[1] Sin duda, muchas de estas ficciones fueron superadas por la realidad mientras que otras permanecen aún como posibilidad.

Más de un siglo después no dejamos de tener la sensación de que esa proyección de futuro anticipaba. Porque, como en aquellas imágenes, no dejamos de vivir un tiempo en el que la imaginación de aquello las máquinas

---

1. *L'An 2000* (Año 2000) Disponible en <https://historia.nationalgeographic.com.es/a/asi-pensaban-1900-que-seria-mundo-ano-2000_12922>.

podrán hacer siempre fuga hacia delante, y porque a la vez vivimos en una suerte de estado catatónico de ese hacer. Nuestro presente sigue imaginando lo que las máquinas podrán hacer al tiempo que resuena la pregunta respecto de cuánto nos han liberado y cuánto nos encorsetan en una jaula de hierro que, parafraseando a Weber, más que contenernos nos deja corriendo detrás de algo que no sabemos precisar.

Las imágenes de ese fin de siglo XIX y de comienzos del XX dibujan una escena que acompasa los derroteros de una era que se sabe atravesada por la técnica y que vive entre las utopías y distopías que ella porta. Las representaciones de un mundo arrasado por las máquinas no dejan de captar algo que muchas veces se presenta como un riesgo que ya ocurrió. De hecho, el cambio climático anuncia ese estado, a la vez que las vacunas devuelven, en tiempos de pandemias globalizadas, la posibilidad de contar con algo de normalidad a unas vidas que se vieron jaqueadas por un virus.

En todas esas escenas la educación no sólo no está ajena a esas tensiones sino que se ve completamente atravesada por ellas. Este capítulo propone mapear algunos de los debates que emergen en un tiempo en el que las formas de vincularnos, educar, viajar, comer o comprar están, de distintas maneras, moduladas por las máquinas. Unas máquinas que son expresiones cotidianas al tiempo que portan ese halo mágico y misterioso que ya dibujaba Côté en 1899.

Las tecnologías, tan cotidianas como desconocidas

La ubicuidad de las máquinas constituye hoy probablemente uno de sus rasgos distintivos. Una ubicuidad que se hace cada vez más posible en la medida que se consigue adentrar de un modo nano en nuestras vidas. Mientras la serie *L'An 2000* dibujaba algo de ello en todos los casos se trataba de máquinas de grandes dimensiones. Godzilla es quizá el símbolo de esa era de la técnica: la imagen de lo monstruoso pasa por insólito y por tanto excepcional e improbable. Las tecnologías de nuestro tiempo se encuentran en ese borde difuso que las vuelve a la vez objetos de una escena de ciencia ficción y una cada vez más cercana experiencia cotidiana. Micro o nanotecnologías que pueden correr de modos imperceptibles por nuestras arterias o ser disparadas a distancia. Por supuesto, más de una máquina generada por nosotros, los humanos del futuro, han tenido y tienen la capacidad de hacer más daño que millones de godzillas. La omnipresencia de las tecnologías que hacen posible que hoy se hable de la sociedad digital involucra ya no eso monstruoso asociado con lo enorme sino una serie de chips, microchips y nanotecnologías que permiten la realización de procedimientos inimaginados hasta hace poco tiempo: desde teragnósticos, esto es, una técnica que integra diagnóstico y terapia, usando una misma molécula[2], a satélites pequeños que dan vueltas en algún lugar del espacio.

Un mundo que, como supo describir Simmel, parece no poder escapar a la paradoja que supone la *elevación de la cultura* que mientras crece nos hace ir hacia nuestros fines por caminos cada vez más complicados y ricos en estaciones y rodeos. Unos fines que no nos diferencian tanto respecto de las necesidades de nuestros lejanos antepasados como comer, dormir, tener y dar cobijo, reproducirnos o transmitir el saber que acumulamos entre generaciones. En 1907 George Simmel iniciaba el texto en el que se ocuparía de Schopenhauer y Nietzsche con la reflexión sobre la cultura humana que hace de epígrafe de este capítulo y que nos lleva de algún modo a la misma idea de plataforma, o quizá a uno de los lugares que puede sernos útil para partir en el debate conceptual que se propone este libro. La pregunta por la cultura, los medios y el lugar que las tecnologías, tantas veces devenidas fetiche, ocupan y despliegan en nuestras vidas encuentra en el inicio del libro de Simmel la siguiente inflexión:

> El hombre es el ser indirecto, y esto tanto más cuanto más cultivado esté. El animal y el hombre incultivado alcanzan aquello que su voluntad se propone, apoderándose de ello de un modo directo o empleando tan sólo un número escaso de medios sencillos. La multiplicidad y complicación creciente que la elevación de la vida trae consigo no permite esta trinidad de la serie: deseo, medio, fin, sino que transforma al miembro intermedio en pluralidad, en la que el medio propiamente eficaz resulta producido por otro medio, y éste por otro a su vez, hasta que aparece aquella complicación incalculable... Basta pensar en la adquisición de los alimentos, en la simplicidad del procedimiento, que era suficiente –claro que con frecuencia no lo era– para procurarse el pan en las culturas primitivas y en la ramificación de tan innumerables operaciones, aparatos, medios de transporte que son necesarios para que el hombre moderno encuentre el pan en su mesa. Por esta prolongación de las series de fines que hace de la vida un problema técnico, con frecuencia nos es imposible tener en la conciencia en cada momento el último miembro de cada serie; en parte porque no podemos abrazarla toda, en parte porque el paso

---

2. El tratamiento consiste en la administración intravenosa de un fármaco marcado con un isótopo emisor beta con vida media larga, que es captado selectivamente por las células tumorales y retenidas por estas, el tiempo necesario para provocar su muerte. Las partículas radiactivas beta rompen las cadenas de ADN en las células en las que se fija, causando un efecto destructivo.

inmediato, de transición, exige la concentración de todas las energías de nuestra alma; la conciencia queda en los medios, y los últimos fines, de los cuales recibe sentido y significación toda la cadena, desaparecen de nuestro horizonte visible. La técnica, es decir, la suma de los medios que para la existencia cultivada son precisos, se convierte en el propio contenido de los esfuerzos y valoraciones, hasta que el hombre se encuentra rodeado por todas partes de empresas e instituciones que corren en todos sentidos, y a todas las cuales les faltan los fines definitivos que les dan valor. (pp. 16-17)

Deseo, medios, fines y sus múltiples cruces allí donde la proliferación inagotable de medios, como advierte Simmel, los convierte, de distintas maneras, en fines en sí mismos provocando deseos y cumpliéndolos, aunque sólo por un instante. Un conjunto de medios que mientras parecen –y muchas veces de hecho consiguen– facilitarnos la vida, también nos llenan de deseos y fines que apenas conseguimos comprender.

Los *smartphones* nos dejaron a un *click* o un *touch* del infinito mundo de la cadena de medios. Los rodeos y estaciones parecen achicarse, todo nos queda al alcance de nuestras manos, quizá demasiado en nuestras manos (sobre esto volveremos en el último punto respecto de las pedagogías porvenir y de aquello que quizá sea su desafío central asociado a abrir nuestros egos al mundo). Cada *click* condensa las estaciones a las que remite Simmel que parecen simplificarse a la vez que portan los rodeos que hacen posible esa simplificación; rodeos que transportan los *chips* pero que permanecen como otrora tan mágicos y misteriosos para nosotros porque a diferencia de esas grandes máquinas son imperceptibles a nuestra mirada.

Las plataformas han expandido la cadena de medios y han penetrado todas las series. Simmel, de hecho, refería a cómo no sólo la cadena de medios se ampliaba de un modo incalculable sino a que era la misma cadena la que se volvía inconmensurable para el hombre. Las tecnologías digitales hicieron de esto una realidad aún más inaprensible, en varios sentidos. Porque han permeado y permean los ámbitos más diversos de nuestra vida al punto que aquello que hasta hace pocos años permanecía alejado de la técnica, del lado de los cuerpos y de los encuentros más o menos fortuitos, ahora también ha quedado a un *click* de distancia. Algunas aplicaciones se ocupan no sólo de acercar el romance y las citas entre humanos, sino también de propiciarlos entre animales domésticos (por lo menos hasta donde las autoras han llegado a saber).

Las plataformas funcionan en la medida en que pueden incorporar –o crear– algún evento, área, deseo o necesidad al mundo de los servicios. Un mundo de empresas digitales que, nuevamente parafraseando a Simmel, corren en todo sentido. Y ello por otra particularidad que la digitalización trae consigo y es que nos deja a un *click* de cada serie: una cadena de medios muy compleja que a nuestros cuerpos se les presenta de manera inversamente proporcional: mientras las tecnologías, su diseño y desarrollo son por demás complejos, y portan un inconmensurable saber acumulado, para cada usuario se trata de mecanismos cada vez más simples capaces de ser manipulados por bebés.

Nos quedará a nosotros, los humanos que caminamos en la era digital, preguntarnos en qué medida estas plataformas mientras nos simplifican distintos tipos de actividades nos afectan y transforman por otros lados. De hecho, no parece tan raro que el cosmos del *touch* haya creado un mundo de pánicos y fobias tan poco propensos al *touch*.

Iniciar con Simmel la pregunta por la educación entre las máquinas permite detenernos, retirarnos para pensar como le gustaba decir a Arendt. Lejos de abrazar su contenido con el halo mágico con el que tantas veces se nos presenta, proponemos adentrarnos en un debate que nos permita comprender la expansión y acelerada incorporación de las tecnologías digitales en la cadena de la cultura y en los procesos asociados a su transmisión. Un detenerse que procura no disolverse en la antinomia de apocalípticos o integrados para propiciar una reflexión en torno de las transformaciones que las tecnologías implican, las apropiaciones que hacemos de ellas y las que podríamos hacer en, con y entre ese misterioso y también ordinario mundo de las plataformas.

El ordinario mundo de las plataformas

Podríamos decir que las tecnologías digitales, en los últimos decenios, han atravesado nuestras vidas cotidianas de formas insospechadas, transformando nuestros modos de ser y estar en el mundo. *Google, Uber, Globo, Airbnb, Tinder, Facebook, Coursera…* La cadena es casi infinita y se renueva permanentemente, aunque en rigor queda en pocas manos. A primera vista, diríamos que se trata de empresas que ofrecen un servicio a través de plataformas digitales. Sin embargo, si ponemos espesor a su lectura podríamos sugerir que en muy poco tiempo se han convertido en formas de vivir (e imaginar) un viaje, una comida, un encuentro, el acercamiento al conocimiento o un posible amor. Porque, como señala Ferrer (2015), el maquinismo —esto es, una sociedad altamente tecnologizada— no es un conjunto coordinado de aparatos sino un modo de vivir. Son pocas las prácticas sociales y afectivas que han permanecido ajenas a su potencia: desde las dinámicas de producción y organización del trabajo y las finanzas, las formas de vivir el tiempo y habitar el espacio, hasta la radical transformación de los modos de comunicación, cuidado, ocio y consumo. La pregnancia de las tecnologías digitales en la vida social ha tensado, también, las formas de pensar la educación y las dinámicas de enseñanza y aprendizaje.

La digitalización de la experiencia cotidiana (Costa, 2021) se ha agudizado durante los años de aislamiento, lo que supuso la consecuente virtualización de actividades que hasta entonces no habían sido alcanzadas. De hecho, la pandemia puso en primer plano a la pregunta por los desafíos de la educación en un momento en el que la distancia mediada por pantallas fue la conjura al encierro, la posibilidad de estar con otros y la respuesta al problema de cómo educar estando aislados. Un momento en el que la escuela, en caso de poder sostenerse, ocurrió en buena medida a través de plataformas otorgando algún rastro de interlocución.

Van Dijck, Poell y de Waal (2018) denominan *Ecosistema de Plataformas* al proceso por el que casi todas las áreas de la vida pública y privada fueron progresivamente penetradas por plataformas *online,* lo que tiene efectos profundos en el modo en que las sociedades se organizan y en que la vida en común se transforma. Podríamos decir que asistimos a un proceso de *plataformización de la vida*, cada esfera de ella se ha vuelto objeto de un conjunto de plataformas dispuestas a "facilitarnos todo". Según los autores la *promesa de las plataformas* es que ofrecen servicios personalizados a la vez que contribuyen a la innovación y el crecimiento económico. Distintas esferas de nuestras existencias han sido alcanzadas por plataformas en línea: nuestras formas de viajar, de movernos en la ciudad, de comprar algo, lo que sea, necesario o completamente prescindible. Los modos de atender nuestra salud y de registrar nuestro cuerpo, de volverlo dato constante. De relacionarnos con los otros y quizás de enamorarnos. Y también las maneras de educarnos allí donde la distancia lejos de ser un límite se presenta como una oportunidad para la emergencia de nuevas formas de encuentro y de relación con el saber. Así, las plataformas se configuran más que como espacios aislados como parte neurálgica del mundo en que vivimos. Las plataformas educativas, no obstante, tal como advierten Ducuypere *et al.* (2021) suponen algunas lógicas específicas no siempre coincidentes con las del resto de las plataformas (servicios *on-demand* o redes sociales). Así, muchas plataformas educativas digitales operan con modelos de negocios diferentes que requieren, por ejemplo, suscripciones institucionales en lugar de por usuarios u ofrecen servicios pagos en lugar de gratuitos.

 Silvia Grinberg y Julieta Armella

Pero ¿qué es una plataforma *online*? En términos amplios, afirma Srnicek (2018), es una infraestructura digital que permite que dos o más grupos interactúen, posicionándose como intermediaria que reúne a diversos usuarios:

En vez de tener que construir un mercado desde cero, una plataforma proporciona la infraestructura básica para mediar entre diferentes grupos. Esta es la clave de su ventaja sobre los modelos de negocios tradicionales en lo que se refiere a datos, ya que una plataforma se posiciona a sí misma (1) entre usuarios, y (2) como el terreno sobre el que tienen lugar sus actividades, lo que le confiere acceso privilegiado para registrarlas. (p. 46)

En ese sentido, como advierten Van Dijck *et al.* (2018), el diseño de estas plataformas supone un complejo entrecruzamiento de arquitecturas técnicas, modelos de negocios y actividad masiva de usuarios y su funcionamiento implica, al menos, tres mecanismos: *datificación*, esto es, el proceso mediante el cual cada actividad en línea, individual o colectiva, es transformada en datos. *Mercantilización*, lo que supone la creación de valor a partir de esos datos. Una vez que estos son analizados y curados se arman perfiles de usuarios a partir de las huellas que dejamos en función de nuestros gustos o consumos y se constituyen en novedosas mercancías que se venden y se utilizan en las plataformas para orientar nuestros comportamientos. Y un tercer mecanismo, *selección automatizada*, que implica que son los algoritmos los que definen aquello que se nos presenta de manera personalizada para ver, leer, escuchar y, sobre todo, comprar.

De allí se desprenden algunos elementos importantes para pensar las modulaciones de las formas de vida contemporáneas y sus resonancias en el campo de la educación. Por un lado, una significativa tendencia a la *mercantilización integral de la vida* (Sadin, 2018), lo que significa, como advierte Costa (2021), la extensión de la economía monetaria a diversos dominios de la vida –aun a aquellos que hasta hace poco no se consideraban bajo su alcance: el tiempo frente a una pantalla o los datos entregados a las aplicaciones a partir de nuestra actividad en línea. Este proceso está directamente asociado con el de la *datificación*, es decir, con la conversión de lo existente en "dato", la conversión de un hecho en un registro que "puede incluirse dentro de una serie para ser analizado, comparado, medido en algún lenguaje" (Costa, 2021: 38). La recolección de datos está habilitada y moldeada por *hardware* y *software*, lo que significa que los dispositivos que usamos para acceder a los servicios que ofrecen las plataformas están equipados con *software* y aplicaciones que pueden recolectar datos de forma automática (Van Dijck *et al.*, 2018). A dónde vamos, cómo viajamos, qué y cuánto compramos, el tiempo que le dedicamos a mirar una foto, a leer una publicación o mirar un video, qué nos gusta comer, a qué le regalamos un *like* y a qué otra "emoción", nuestras palabras, movimientos, deseos y hasta aquello que no imaginamos se vuelven registros datificables para ser usados, vueltos mercancías y reconvertidos en una nueva "oferta" o "sugerencia" (de amistad, de películas, de un menú a domicilio, o de un libro) en una rueda sin fin que, al mismo tiempo, parece girar sobre sí misma. Lo que nos lleva, a su vez, a vernos envueltos en una permanente estimulación, lo que Crary (2008) denomina una crisis continua de la capacidad de atención en la que

> las configuraciones cambiantes del capitalismo continuamente fuerzan la atención y la distracción al límite, con una secuencia inacabable de nuevos productos, fuentes de estímulo y flujos de información, para después responder con nuevos métodos de dirigir y regular la percepción. (p. 23)

En este proceso la disputa por nuestra atención, aquello que Stiegler (2010) llamó la *batalla por la atención*, tiende a agudizarse cuando la aceleración y multiplicación de estímulos sensoriales –potenciados por el despliegue incesante de las tecnologías– se vuelven rasgo central de nuestras vidas e ingresan a donde nunca habían llegado. Como advierte Berardi (2003) el hecho de que una facultad cognitiva pase a formar parte del discurso económico quiere decir que se ha convertido en un recurso escaso: la atención, en ese sentido, se ha vuelto una preciada mercancía. Y su disputa atraviesa, a cada instante, los distintos espacios que habitamos allí donde lo que se juega son *tiempos de cerebro humano disponible*, tal como anunciaba hace algunos años Patrik Le Lay, CEO de la cadena de televisión francesa TF1, a propósito de la recepción de los mensajes publicitarios.[3] Puesto que no tenemos tiempo para la atención consciente, dice Berardi (2017), debemos tratar la información y tomar decisiones de forma cada vez más automática porque, como veremos más adelante, "tendemos a ser gobernados por decisiones que no responden a estrategias racionales a largo plazo, sino más bien a simples alternativas binarias" (p. 49). Enlazada en esta trama, la *personalización de la experiencia* constituye una modalidad que tiene al individuo como centro de gravitación y sobre el cual se alzan las intervenciones que operan modulando y prediciendo sus actos e induciendo sus comportamientos futuros. Porque las *ofertas* o *sugerencias* que se nos presentan, a la mano de un *click*, tienen como insumo principal y a la vez fin último nuestras acciones individuales en función de nuestros propios comportamientos y el de nuestros contactos cercanos que, en el mundo de las redes, se denominan *amigos*. Aquí los algoritmos funcionan como un conjunto de instrucciones

---

3. Ver en Lazzarato (2007)

   Silvia Grinberg y Julieta Armella

automatizadas que transforman los datos de entrada en las salidas deseadas (Gillespie, 2014; Pasquale, 2015; Van Dijck *et al.*, 2018). Así, aquello que *Facebook, Instagram, Spotify o Netflix* nos ofrecen está calculado sobre la base de nuestra propia actividad, la de nuestros amigos o la de los amigos de amigos (Bucher, 2012; Van Dijck *et al.*, 2018). De modo que lo que leemos, miramos, escuchamos o compramos tiende a girar alrededor de aquello que nos resulta conocido o familiar, lo que nos enfrenta a un problema asociado con las formas que asume el con la multiplicidad y con la diferencia en un mundo (propio) en el que todo tiende a parecerse un poco a sí mismo.

Acerca de la noción de IA

La inteligencia se ha vuelto un concepto a la vez que actual muy escurridizo. El mote *artificial* forma parte del misterio que parecen portar las tecnologías mientras que remite también al cúmulo de saberes transmitidos a lo largo de la historia humana que hacen posible que un *chip* sea deudor del honor de llamarse inteligencia artificial. Algo que puede terminar en el enorme cajón de chatarra electrónica es portador de una inteligencia que es tan humana como no humana. Quizá por ello escuchar hablar de inteligencia artificial genera una cierta incomodidad: no deja de ser un término que porta en sí un oxímoron. ¿Hay alguna inteligencia que no sea humana? ¿Se le puede atribuir a las máquinas -que son, como decía Simmel, estaciones y rodeos- una inteligencia? ¿De qué hablamos cuando hablamos de inteligencia artificial?

Según Sadin (2020) la inteligencia artificial, más que una innovación entre otras, representa un "principio técnico universal" basado en

el análisis robotizado –generalmente operado en tiempo real– de situaciones de diverso orden, la formulación instantánea de ecuaciones, supuestamente las más acordes, y en general con vistas a emprender las acciones adecuadas correspondientes, sea por medio de intervenciones humanas o de modo autónomo por los sistemas mismos (p. 20).

Para Rusell y Norvig (2004) la IA es un campo "genuinamente universal" en la medida en que es potencialmente relevante para cualquier ámbito de la actividad intelectual humana.[4] En rigor, la historia de la IA está asociada a la de la informática cuya vocación consistió "durante más de un siglo en

---

4. El surgimiento del campo de la IA propiamente dicho es ubicado en 1956 cuando, en el marco del taller de verano realizado en Darmouth College, Estados Unidos, el informático John McCarthy acuña por primera vez el término Inteligencia Artificial durante su conferencia, considerada el germen de la disciplina.

permitir fundamentalmente la conservación y la manipulación más sencillas de información, así como ofrecer una visibilidad minuciosa de distintos fenómenos" (Sadin, 2020: 51-52).[5] Durante la 2º Guerra Mundial, advierte el autor, se confirió a ciertos instrumentos de cálculo una tarea muy diferente. Si bien la conceptualización de la IA está vinculada, frecuentemente, con aquel mecanismo desarrollado por Alan Turing[6] que permitió desencriptar los mensajes de los ejércitos nazis a partir de la máquina Enigma, para Sadin es otro el elemento decisivo que marca un cambio sustancial en su evolución. Se trata de un sistema creado por John Eckert y John William Mauchly, a partir de 1945, que permitía desarrollar cálculos de balística sobre una base probabilística. Lo singular de este dispositivo, señala el autor, es que "no recolectaba informaciones para que el individuo actuara en función de ellas, sino que se trataba de que ese individuo fuera *guiado* mediante un procedimiento capaz de indicar, de modo fiable, el instante propicio para iniciar una maniobra precisa" (p. 53). Una década más tarde, uno de los teóricos de la Cibernética, Claude Shannon, continuaría este principio. A partir de allí, señala Sadin, la informática consistirá no tanto en almacenar y procesar información de modo de permitir una mejor acción por parte de los sujetos sino fundamentalmente "notificar la naturaleza y la oportunidad de los gestos a llevar a cabo" (p. 54). Sin embargo, esta asistencia automatizada asociada a la facultad predictiva de los sistemas no se ajustaba a las necesidades de la época que, en buena medida, se vinculaban con usos asociados a la gestión optimizada de información.

Será con la miniaturización de sus componentes, afirma Rodríguez (2012), cuando la computadora diseminada bajo la forma de micro-procesador, fue ingresando en la vida cotidiana. Hasta entonces, advierte, se trataba de un conjunto de teorías científicas y filosóficas que "ensayaban la posibilidad de una nueva entidad en el universo llamada información, y cuyo componente

---

5. Tal como propone Sadin (2020), se podría identificar un conjunto de acontecimientos que, puestos en serie, narran algo así como una breve historia de la informática. Un momento inaugural es aquel que procuró manejar mejor ciertas situaciones a partir de procedimientos automatizados, como es el caso del Censo de 1888 en el que, dado el crecimiento poblacional, se buscó mejorar los métodos utilizados hasta entonces a partir de la máquina de Hollerith lo que permitiría un registro inmediato de los datos y su indexación. Este proyecto dará lugar a la fundación de lo que años más tarde se convirtió en International Business Machine (IBM) que produciría artefactos para la recolección de cifras en grandes cantidades, que pudieran producir conclusiones asociadas con ellas y fundamentalmente evaluar los acontecimientos presentes y aquellos por venir.

6. En 1950 se publica el ensayo de Alan Turing *Computing Machinery and Intelligence* en el que presenta una prueba basada en el aprendizaje automático, los algoritmos genéricos y el aprendizaje por refuerzo, que sería conocida como Test de Turing.

 Silvia Grinberg y Julieta Armella

tecnológico principal se hallaba en la mejora de las redes de telecomunicaciones" (p. 96). Este cambio significó el desplazamiento de las computadoras en los grandes laboratorios a su arribo en las oficinas y hogares. Proceso que además se ensambla con el despliegue de Internet ya no como proyecto científico, militar y comercial que le dio origen en la década del '50 sino como red de comunicación total de uso laboral, doméstico y personal de alcance cada vez más global.

Lo curioso, señala Sadin (2020), es el proceso mediante el cual las tecnologías asociadas a la IA, de forma tan imperceptible como masiva, se fueron convirtiendo en un instrumento menos destinado a *informar* que a *orientar* la acción humana. En este sentido advierte –y esta es una de las claves de su lectura– que la pregnancia del fenómeno de la IA es un cambio sustantivo, un pasaje, en relación con las tecnologías digitales. A mediados de los noventa, según el autor, ocurrió un hecho mucho más discreto que la emergencia de Internet: la utilización de "sistemas expertos" destinados a describir de forma veloz determinados estados en el marco de un conjunto mayor de datos. Lo que aparece allí, entonces, es el proceso por el cual se le asigna a los sistemas informáticos la competencia de "evaluar las propiedades de ciertas situaciones" (p. 57) a la que se agrega el *data-mining* (minería de datos), esto es, la capacidad para distinguir correlaciones, dentro de bases de datos, que muestren lazos significativos entre distintos hechos. Así, señala Sadin, emerge un nuevo modelo que asigna a los sistemas informáticos una posición de superioridad para la evaluación de las cosas. De prótesis acumulativas e intelectivas –que habilitan el almacenamiento, indexación y tráfico veloz de información– a entidades de las que se espera que enuncien una *verdad* –con efectos performativos– de acuerdo a una interpretación automatizada de determinada situación bajo un principio de neutralidad de la técnica (p. 48), predominante desde hace tiempo, que la abstrae de todos los intereses en juego.

De esta manera vemos cómo las tecnologías digitales se encarnan en nuestros cuerpos pero al mismo tiempo nos resultan cada vez más extrañas: nos entregamos a ellas –y a sus verdades reveladas traducidas en sugerencias de acciones y decisiones– pero desconocemos todos los principios de su funcionamiento. En este sentido, señala Rodríguez (2012), la sociedad de la información es aquella que "cree que hay un principio inmaterial (…) que existe sin que necesite ser comprendido y que transforma números en imágenes y signos" (p. 78).

Una suerte de efecto fetichizante de las tecnologías que, una vez más, portan un saber humano que es desconocido como producto propio pero al mismo tiempo se encarnan de formas inéditas, lo que Costa (2021) recuperando a Lash (2005) denomina *infotecnificación de la vida,* haciéndose cuerpo en dos sentidos: el crecimiento exponencial de los parques tecnológicos, la massmediatización de los vínculos, la emergencia de dispositivos móviles que captan, producen y transmiten información o el uso de software capaces de mapear nuestras acciones o emociones en tiempo real. Por otro lado, en sentido más literal, advierte, la tecnología se hace cuerpo y carne a través de su incorporación en el viviente humano mediante implantes, intervenciones quirúrgicas, terapias génicas, que permiten incluso pensar al cuerpo en función de necesidades pero también exigencias sociales (p. 102).

En el campo de la educación hace algunos años, el término Inteligencia Artificial comenzó a formar parte del diagnóstico de los problemas asociados con el aprendizaje y del repertorio de soluciones posibles. Empezamos a advertir la emergencia de propuestas de una educación modelizada según patrones de comportamiento a través de *softwares* especializados. En un documento publicado por Unesco[7] a partir del Consenso de Beijing (2019) se abren una serie de debates en torno a la alfabetización digital y la inclusión del término IA en las currículas. Desde allí se despliegan una serie de recomendaciones para que los distintos países integren la IA en la política educativa. Según Valtencir Mendes (2019)[8], uno de los referentes de Unesco en la materia, nos encontramos frente a una profunda crisis de aprendizaje que involucra al menos tres cuestiones: según el Instituto de Estadística de Unesco, el 60% de la población en edad escolar no está aprendiendo, dentro del sistema educativo, competencias básicas de lectura y matemáticas; estamos frente a una organización inadecuada de los contenidos escolares y frente a una crisis de competencias en el uso de la tecnología en la población adulta. Asimismo, de acuerdo a un estudio de la OCDE sólo el 11% de los adultos desarrolla las competencias de lectura y cálculos matemáticos a un nivel superior al de las máquinas.

A partir de este diagnóstico, la innovación se presenta como palanca de cambio. Según el punto 4 de los objetivos de Desarrollo Sostenible (ODS)[9], en materia de política educativa se recomienda la incorporación de la IA para: 1) *la mejora del gerenciamiento del sistema educativo* en la medida en que facilita el manejo de un gran volumen de datos que permitan orientar la toma de decisiones o la planificación de las políticas educativas (la

---

7. Disponible en <https://unesdoc.unesco.org/ark:/48223/pf0000368303>.

8. Congreso internacional "Aprender para el futuro", Argentina, UNESCO. Disponible en <https://www.youtube.com/watch?v=xresCuPfiCw>.

9. Disponible en <https://www.un.org/sustainabledevelopment/es/>.

posibilidad de predecir el posible abandono de un estudiante en el futuro es uno de los posibles ejemplos de su materialización); 2) el *empoderamiento del profesorado* al liberar tiempo de cuestiones administrativas aunque también, se advierte, el docente ya no debe poseer todo el conocimiento; 3) la *personalización del aprendizaje*, esto es, una adaptación de las trayectorias de los estudiantes. Se trata de dar curso a una tendencia hacia la individualización del aprendizaje (*personalisation and better learning outcomes*), una suerte de recorrido educativo "a la carta" que toma el *Modelo Netflix* como principio organizador de un aprendizaje *on demand*. Este modelo propone el diseño de plataformas educativas capaces de interpretar el ritmo de cada usuario y de hacer predecible el comportamiento humano a través de *software* especializados, volviendo al aprendizaje un proceso a medida, lo que según sugiere Mendes (2019), podría describirse como el armado de una *playlist* similar a la de *Spotify* que permita al estudiante protagonizar el proceso educativo. Como señalan Thompson y Cook (2017), los datos de cada usuario proporcionan cada vez mayor información que puede ser utilizada en el diseño de "pedagogías de precisión" que permiten anticipar el aprendizaje futuro y volverlo, incluso, más individualizado, advierten los autores.

Este vínculo entre tecnologías y educación se gesta, sin embargo, varias décadas atrás, cuando el desarrollo de la técnica comienza a desplegarse en este ámbito dando lugar al imaginario tecno-educativo según el cual las máquinas ocuparían un rol central para la formación: desde aquella versión preliminar materializada en la *máquina de enseñar* ideada por Skinner[10], la progresiva incorporación de computadoras de escritorio en las escuelas bajo la forma de "Laboratorio" hasta las más recientes y personalizadas *netbooks* que hicieron del (auto)aprendizaje una reversión del sueño tecno-pedagógico. A mediados de la década del noventa, con la incipiente masificación del uso

---

10. En 1954, el psicólogo conductista Skinner anunciaba una novedosa forma de estudiar. Se trataba de la *máquina de enseñar*. Una tecnología que, según señalaba, "crea mejores condiciones para un estudio eficaz" ofreciendo la posibilidad de estudiar de un modo distinto al de los libros de texto, las lecciones o los programas de tv. Esta operaba a partir de un fragmento de texto o ecuación aritmética, ambos incompletos, a partir de los que los estudiantes debían proceder, para que luego apareciera la respuesta correcta de modo tal que la corrección no debía esperar más que minutos. Esto, para Skinner, presentaba, al menos, dos ventajas en tanto formaba más rápido un comportamiento correcto a la vez que tenía un importante efecto motivador en la medida en que se liberaba al estudiante de la ansiedad acerca del resultado. Para el psicólogo se trataba de un trabajo placentero que por su rápida respuesta despertaba importantes niveles de interés y entusiasmo mientras que garantizaba que el alumno fuera libre de aprender a su propio ritmo (Disponible en <https://www.youtube.com/watch?v=NJzu-RKpepc>).

de computadoras e Internet, comienza a plantearse la incorporación de las máquinas a las escuelas, sea como objeto de enseñanza en sí mismo, sea como recurso didáctico para la enseñanza. A partir de allí, tal como señalan Dussel y Quevedo (2010), los sistemas educativos de la región fueron testigos de múltiples experiencias en materia de introducción de tecnologías informáticas y comunicacionales en los procesos de enseñanza y aprendizaje. Muchas veces los programas son empujados por una fuerte presión social y económica para que se incluyan las nuevas tecnologías en educación. Esto es, en muchos casos, presiones externas al propio sistema educativo "lo que hace que sean pocos los planes de prospectiva que se plantean una planificación a largo plazo de cambios a gran escala" (Dussel y Quevedo, 2010: 9). El modelo 1:1 creado desde el MIT Media Lab fue el inicio de una serie de estrategias que promovieron la incorporación de dispositivos portátiles e individualizados (Armella y Grinberg, 2018). Tal iniciativa buscó la producción de computadoras de bajo costo a fin de entregar un dispositivo a cada estudiante y reducir la brecha digital. Su incidencia en la región fue heterogénea aunque presentó signos claros de recepción a través de distintos programas de implementación en diferentes países.

La masificación del teléfono móvil y su uso extendido en la vida cotidiana aceleró, entonces, un proceso que ya estaba en marcha: el *aprendizaje móvil* o *M-learning* (Chiong y Shule, 2010; Keskiny Metcalf, 2011; Unesco, 2013, 2019) designa en la actualidad un modelo según el cual el aprendizaje puede dejar de estar confinado al espacio escolar para convertirse en un proceso ocurre en "cualquier momento y lugar" (Mendes, 2019) y que trasciende los muros de las instituciones. El componente de movilidad es presentado como el elemento que hace de los estudiantes sujetos libres de desplazarse en diversos ambientes y a través de múltiples contenidos disciplinares. El uso de artefactos portátiles supone que el aprendizaje no está confinado al contexto de la educación formal sino que se extiende a situaciones informales. Algunos autores denominan aprendizaje omnipresente (*pervasive learning*) o aprendizaje 360º (Thomas, 2006) al proceso por el cual la enseñanza y el aprendizaje deja de ser un intercambio unidireccional de docente a estudiantes para enmarcarse en comunidades participativas apoyadas en la tecnología móvil. En ese borramiento de los límites entre lo escolar y lo no escolar, la propuesta de *gamificación* –que toma su nombre de la palabra juego (*game* en inglés)– viene rodeando hace más de una década la discusión en torno del aprendizaje mediado por tecnologías, en este caso, por video-juegos bajo la hipótesis de que su uso permite el desarrollo de habilidades como el razonamiento, la resolución de problemas, la toma de decisiones que

     Silvia Grinberg y Julieta Armella

pueden generalizarse a distintas situaciones de la vida Para diversos autores el aprendizaje ha dejado de ser una experiencia limitada a las instituciones educativas formales para ser algo que se da en otros espacios/situaciones no formales, incluso, en situaciones lúdicas como los video-juegos (Gee, 2003, 2007; Ito, 2009, Ito *et al.*, 2010; Prensky, 2006, 2017).

No puede soslayarse el hecho de que, tal como veremos en el próximo punto, estas propuestas se enlazan con desarrollos tecnológicos cuyos promotores son grandes empresas tecnológicas, lo que marca de un modo particular el pulso de las discusiones en torno a la relación entre tecnología y educación. Como señala Williamson (2018) las plataformas están cambiando la educación pública en su totalidad –y sus formas de gobierno– en la medida en que se incorporan nuevos actores a la toma de decisiones respecto de qué se enseña, cómo hacerlo y quiénes están involucrados en el proceso.

El mundo de las *edtech*

La entrada gradual de las plataformas al campo de la educación estuvo acompasada por una progresiva influencia y desarrollo de algunas de las principales compañías *tech*. Según Van Dijck *et al.* (2018), la mayoría de las plataformas educativas son propiedad de grandes corporaciones (conocidas como los *big five tech*, *Facebook*, *Alphabet-Google*, *Apple*, *Amazon* y *Microsoft*), impulsadas por arquitecturas algorítmicas y modelos de negocios. Paradójicamente, advierten, vemos expandirse un proceso de plataformización que avanza sobre uno de los sectores que ha sido tradicionalmente parte del dominio público: la educación como uno de los más preciados bienes comunes (p. 117). Educación eficiente, cursos a distancia, formación permanente, carreras cortas, son algunas de sus banderas. También lo son la personalización del aprendizaje y –su condición previa– la datificación. Lo que significa que los sistemas en línea se adaptan a las necesidades y habilidades de cada estudiante de modo de optimizar su desempeño individual y su motivación (Van Dijck *et al.*, 2018). En los últimos años, las plataformas digitales en el campo de la educación fueron progresivamente tomando protagonismo, tanto aquellas diseñadas para la educación primaria y secundaria como para la educación superior hasta volverse, en algunas regiones, omnipresentes en el sector (Ducuypere, Grimaldi y Landri, 2021).

Fueron, posiblemente, los años de pandemia cuando su despliegue se consolida al convertirse en elementos centrales para el sostenimiento de la escolaridad en los distintos niveles del sistema. Hemos visto también que su fuerza rebasa por completo un sentido meramente instrumental. Así, la plataformización de la educación es un proceso que tiene efectos significativos en las formas que asume la educación en tanto bien común (Van Dijck *et al.*, 2018). Si bien en la práctica no existen de forma absoluta advierten dos visiones encontradas en relación a su concepción: de un lado, la educación de los jóvenes como una inversión para el aprendizaje de las habilidades necesarias para su empleabilidad. Del otro, la educación como bien público supone la formación de ciudadanos críticos capaces de participar activamente en la democracia (p. 131).

Empresas como *Google* han comenzado a ofrecer no sólo contenidos sino su certificación y potencial inserción en el mercado de trabajo. Se trata, según la misma compañía, de un plan disruptivo que busca revolucionar la educación a nivel global con el lanzamiento de programas de certificación diseñados para ayudar a las personas a acortar cualquier brecha de habilidades y formarse en áreas de trabajo de alto crecimiento y con importantes salarios. Para ello, además, no se requiere título universitario.

En nuestro país, la plataforma TICMAS –*partner* de Google– se presenta como una "solución integral para el aprendizaje, creada en Argentina para toda Latinoamérica"[11] y entre sus servicios destaca el aprendizaje personalizado y una navegación simple e intuitiva que busca enriquecer los procesos de enseñanza y aprendizaje. Se define, ante todo, como una *experiencia educativa*. Algunas provincias han iniciado las primeras fases de implementación de esta plataforma en sus aulas.

Con todo, vemos que la tecnología se ha vuelto, cada vez con más fuerza, mucho más que una herramienta. Se ha vuelto, también, lugar de enunciación. Tomemos algunas de las expresiones más recientes en este sentido.

Los cierres afectaron a más de 1500 millones de estudiantes del mundo (…) Nadie sabía cómo cambiaría la enseñanza. Pero no te rendiste. Seguiste

Las luces de una escuela, una que podría ser muchas, se van apagando de a poco. Y las pantallas comienzan a encenderse. Allí se suceden imágenes, una tras otra, desde distintas latitudes. Imágenes con caras enmarcadas por algún dispositivo. Docentes y estudiantes, cada quien desde su recuadro. Imágenes con muchas risas muestran algo que intenta ser una clase.

La tecnología crea igualdad de condiciones para los niños.
Es esperanza.
Cuentan con nuestra ayuda.[12]

---

11. Disponible en <www.ticmas.com>.
12. Disponible en <https://edu.google.com/intl/ALL_ar/>.

 Silvia Grinberg y Julieta Armella

Este mensaje con resonancias cercanas a lo divino, es un anuncio de *Google for education* en uno de los *spots* disponibles en su sitio web. Su título "Aprendiendo, pase lo que pase" tiene una referencia inmediata: la pandemia y el cierre imprevisto e impredecible de las escuelas a lo largo y ancho del globo. Pero al igual que su contenido condensa otra serie de elementos insoslayables para nuestro tiempo. Su tono épico convierte una situación dramática en una oportunidad de vida –y que podría ser la actualización del discurso meritocrático que conocemos– aunque tiene un sutil desplazamiento, la solución no parece estar (sólo) depositada en un sujeto dispuesto a dejar todo para hacer frente a las adversidades. La respuesta ahora es principalmente técnica. Según Sadin (2020) estamos viviendo un cambio de estatuto de las tecnologías digitales y hemos entrado en la era antropomórfica de la técnica. Un *antropomorfismo aumentado* –que se modela sobre nuestras capacidades aunque más eficaces, rápidos y fiables–; *parcelario* –está destinado a garantizar tareas específicas– y *emprendedor* –un poder capaz de emprender acciones de modo automatizado. Así vemos el modo en que la tecnología se convierte en una entidad de alguna manera autónoma "*crea* igualdad de condiciones para los niños (…) *es* esperanza".

Otra imagen reciente, en este caso, una "Historia de impacto" para *Google for education* de la ciudad de Medellín, Colombia.[13]

> Fue realmente devastador en su momento, pero (chasquea sus dedos) al lunes nos levantamos y dijimos 'hay que trabajar' (…) porque esto siempre será una oportunidad.

> Los estudiantes no aprenden de la forma en que nosotros tradicionalmente aprendíamos. Ellos son autodidactas. De hecho, el rol del maestro como el del estudiante cambia. El maestro se convierte más en un coach.

> Para mi innovar es hacer las cosas de manera diferente. Tener un correo de Gmail es tener una llave (…) La tecnología nos humanizó".

> El covid nos ha llevado a innovar, a hacer cosas disruptivas, a hacer cosas diferentes en los colegios o con los maestros para los estudiantes. Un mundo de colores, un mundo que sea fácil, un mundo innovador, un mundo cercano. Es lo que yo también sueño que sea la educación.

Hay en las escenas de este *spot* una resonancia de lo que Berardi (2003) llama ideología felicista y Ahmed (2019) caracteriza como el giro hacia la felicidad que echa mano a una gran variedad de saberes, entre ellos la psico-

---

13. Disponible en <https://edu.google.com/intl/es-419_ALL/why-google/case-studies/?institution=K12>.

logía positiva. Las secuencias que se presentan parecen encarnar capturas de instantes felices y divertidos: clases, carcajadas y docentes vueltos objeto de un espectáculo. Y un supuesto no menos sugerente: la posibilidad de pensar en un corrimiento de la escuela tal como la conocemos.

En uno de sus recientes trabajos, Ball y Grimaldi (2021) señalan que el debate pedagógico actual en torno a las plataformas educativas se encuentra atravesado por una retórica de reforma como una "tecnología mágica" que habilitará una educación accesible, personalizada y efectiva. Un proceso que se ha fundido con las promesas libertarias y liberales donde el aprendizaje tiende progresivamente a desligarse de la enseñanza y ambos de la escuela (Simons y Masschelein, 2013; Popkewitz, Olsson y Petersson, 2006). Y cuya expresión, en el plano de la política educativa contemporánea, es un creciente corrimiento de los profesores y de la enseñanza allí donde la figura docente se vuelve *factor* (Biesta, 2020) o *coach* (Grinberg, 2008) del proceso de un aprendizaje autónomo y automatizado.

Al decir de Sadin, hemos pasado de una era del acceso a una era del exceso en la que las capacidades humanas parecen quedar reemplazadas por las de una máquina capaz de enunciar una verdad con fuerza performativa frente a la cual el ser humano no puede decir nada. Un proceso tendiente a automatizar la existencia, advierte el autor, en el que la humanidad se somete a un sistema utilitario que le sustituye sus rasgos propios. O más bien, la paradójica situación en la que la máquina asume esos rasgos y es la que, eventualmente, "nos humaniza" devolviendo los rasgos que nos fueron destituidos.

A modo de corolario

Inscrita en los estudios críticos de la educación digital (Docuypere, Grimaldi y Landri, 2021) la noción de plataforma que proponemos aquí busca correrse de su sentido instrumental o meramente técnico para acercarse a una definición que sume otras capas asociadas con su configuración sociopolítica, sus implicancias para el presente y su devenir futuro. Es decir, no se trata sólo de la forma en que se materializa en distintos soportes sino de anudar elementos que permitan pensarla como horizonte de sentido, como racionalidad de nuestra época. Las plataformas parecen haberse convertido en la medida de todas las cosas, definiendo el universo de lo posible, de lo pensable y de lo deseable.

El campo de la pedagogía crítica muestra una vacancia en la investigación educativa que examine los efectos performativos de las tecnologías al tiempo que ubique a estas propuestas como parte de un dispositivo socio-técnico más amplio (Decuypere, Grimaldi y Landri, 2021).

Estos procesos se vuelven interrogantes centrales de nuestra época y reclaman de las humanidades y de las ciencias sociales una mirada atenta que, como proponía Benjamin, pase a la historia el cepillo a contrapelo. Este libro se inscribe en esa voluntad de abrir conversaciones con la educación de nuestro tiempo y sobre su tiempo desde una mirada no mimética que pueda escapar de los automatismos que configuran las formas de pensar o que de lugar al desacuerdo (Sadin, 2020). Es desde allí que procuramos pensar la singularidad de la educación en un presente tan atravesado por la digitalización de la vida como por la pregunta acerca de lo común en tiempos de dispersión. Pensar la educación en un contexto en el que a la vez que se digitalizan los lazos parece revitalizarse la necesidad de encuentro con otros, la materialidad de la presencia y el sostenimiento de la mirada. Y reflexionar acerca de la producción y transmisión de la cultura en un presente en el que la movilidad y la portabilidad suponen una modalidad de consumo individualizada, veloz y de contenidos breves y fragmentados. ¿Qué tipo de perspectiva estamos desarrollando frente a lo diferente cuando los algoritmos nos enfrentan con lo conocido –lo que "nos gusta"– cuando todo se parece un poco a lo mismo? ¿será la escuela uno de los pocos sitios que nos reunan con lo que no necesariamente deseamos, buscamos o nos gusta?

¿Qué trajo la pandemia a la discusión en torno a la digitalización del mundo, de sus instituciones y de los vínculos? ¿Qué nos deja pensar en relación con las formas de la escuela y sus alcances, sus límites pero también su potencia?

Así, a la vez que la interrogación en torno de la formación, la experiencia y su transmisión surca desde hace algunas décadas el debate, ella porta una larga historia que, si bien no es objeto de este libro, ofrece elementos clave para pensar la educación en tiempos en que el mundo, sus instituciones y los vínculos tienden a digitalizarse. Qué permanece vigente entre sus promesas, qué amenaza con diluirse, qué no queremos perder y qué queremos imaginar, son algunos de los ejes vertebrales que no debe perder una crítica de la transmisión y de la pedagogía por venir.

Quizás la pregunta no es si hay un afuera, cosa que posiblemente resulte extraña a nuestro tiempo, sino más bien cuáles son las formas en las que queremos imaginar ese *entre*. En ese sentido, este libro busca abrir una reflexión que pueda subvertir los términos de la discusión. E imaginar más que una educación de plataformas, la educación *como* plataforma, esto es, como aquella superficie que sirve de apoyo o base para algo que no está determinado según métricas o predicciones sino más bien por aquello que ocurre en el encuentro con otros y con lo desconocido.

Bibliografía

AHMED, S. (2019) *La promesa de la felicidad. Una crítica cultural al imperativo de la alegría.* Buenos Aires: Caja negra.

ARMELLA, J. y GRINBERG, S. (2018) Gestión del self y Pedagogías uno a uno. Espacio-tiempo dislocados en la era del gerenciamiento. En *Em Aberto*, Brasília, v. 31, n. 101, pp. 43-61.

BALL, S. y GRIMALDI, E. (2021) Neoliberal education and the neoliberal digital classroom, *Learning, Media and Technology*, 47:2, 288-302, <https://doi.org/10.1080/17439884.2021.1963980>.

BERARDI, F. (2017) *Fenomenología del fin. Sensibilidad y mutación conectiva.* Buenos Aires: Caja Negra.

——— (2003) *La fábrica de la infelicidad. Nuevas formas de trabajo y movimiento global.* Madrid: Traficantes de sueños.

BIESTA, G. (2020) What constitutes the good of education? Reflections on the possibility of educational critique. *Educational Philosophy and Theory* 52(10), 1023-1027. <https://doi.org/10.1080/00131857.2020.1723468>.

CHIONG, C. & SHULER, C. (2010) Learning: Is there an app for that? Investigations of young children's usage and learning with mobile learning devices and apps. New York: The Joan Ganz Cooney Center at Sesame Workshop Recuperado de <https://clalliance.org/wp-content/uploads/files/learningapps_final_110410.pdf>.

COSTA, F. (2021) *Tecnoceno. Algoritmos, biohackers y nuevas formas de vida.* Buenos Aires: Taurus.

CRARY, J. (2008) *Suspensiones de la percepción. Atención, espectáculo y cultura moderna.* Madrid: Akal.

DUCUYPERE, M., GRIMALDI, E. & LANDRI, P. (2021) Introduction: Critical studies of digital education platforms, *Criticak Studies in Education*, 62:1, 1-16, <https://doi.org/10.1080/17508487.2020.1866050>.

DUSSEL, I. y QUEVEDO, A. (2010) *Educación y nuevas tecnologías: los desafíos pedagógicos ante el mundo digital.* Documento Básico del VI Foro Latinoamericano de Educación. Buenos Aires: Santillana.

FERRER, C. (2015) *Los destructores de máquinas y otros ensayos sobre técnica y nación.* Buenos Aires: Ediciones Biblioteca Nacional.

GEE, J. P. (2003) *Lo que nos enseñan los videojuegos sobre el aprendizaje y el alfabetismo.* Málaga: Ediciones Aljibe.

——— (2007). *Good Video Games + Good Learning. Collected essays on Video Games*, Learning and Literacy. New York: Peter Lang.

GRINBERG, S. (2008) *Educación y poder en el siglo XXI. Gubernamentalidad y Pedagogía en las sociedades de gerenciamiento.* Buenos Aires: Miño y Dávila editores.

——— (2013) "Sociedad de la información, tecnologías y educación. Hacia una genealogía". Presentado en XIII

Jornadas y I Congreso Internacional del Maestro Investigador Universidad Pontificia Bolivariana. Medellín, Marzo.

ITO, M. (2009) *Engineering Play. A cultural history of educational software.* Cambridge: MIT Press.

————— *et al.* (2010) *Hanging Out, Messing Around, and Geeking Out. Kids Living and Learning with New Media.* Cambridge: The MIT Press.

KESKIN, N. O. & METCALF, D. (2011) The Current Perspectives, Theories, and Practices of Mobile Learning.The Turkish *Online Journal of Educational Technology*, 10(2). <http://tojet.net/articles/v10i2/10220.pdf>.

LAZZARATO, M. (2007) *Políticas del acontecimiento.* Buenos Aires: Tinta Limón.

PASQUALE, F. (2015) *The black Box society: The secret algorithms that control money and information.* Cambridge: Harvard University Press.

RODRÍGUEZ, P. (2012) *Historia de la Información.* Buenos Aires: Capital Intelectual.

RUSELL, S. & NORVIG, P. (2004) *Inteligencia Artificial. Un enfoque moderno.* Pearson Prentice Hall.

SADIN, E. (2018) *La inteligencia artificial o el desafío del siglo. Anatomía de un antihumanismo radical.* Buenos Aires: Caja Negra.

————— (2020) "La pandemia mostró que hacen falta más material y camas que inteligencia artificial", Entrevista a Eric Sadin, *El país,* Disponible en <https://elpais.com/tecnologia/2020-07-21/eric-sadin-la-pandemia-mostro-que-hacen-falta-mas-material-y-camas-que-inteligencia-artificial.html>.

SIMMEL, G. (2004) *Schopenahauer y Nietzsche*, Buenos aires: Terramar.

SIMONS, M. y MASSCHELEIN, J. (2013) Se nos hace creer que se trata de nuestra libertad: notas sobre la ironía del dispositivo de aprendizaje. *Pedagogía y Saberes* Año II N° 38. Universidad Pedagógica Nacional. Facultad de Educación. Colombia, 93-102.

SRNICEK, N. (2018) *Capitalismo de plataformas.* Buenos Aires: Caja Negra.

STIEGLER, B. (2010) *Taking care of youth and the generations.* Stanford: Stanford University press.

THOMPSON, G. & COOK, I. (2017) The Logic of Data-Sense: Thinking Through Learning Personalisation. *Discourse: Studies in the Cultural Politics of Education* 38 (5): 740-754.

VAN DIJCK, J.; POELL, T. & DE WAAL, M. (2018). *The platform society. Public values in a conective world.* New York: Oxford University Press.

WILLIAMSON, B. (2018) Silicon startup schools: technocracy, algorithmic imaginaries and venture philanthropy in corporate education reform, *Critical Studies in Education*, 59:2, 218-236, <https://doi.org/10.1080/17508487.2016.1186710>.

UNESCO (2013). *El futuro del aprendizaje móvil : implicaciones para la planificación y la formulación de políticas.* Disponible en <http://repositorio.minedu.gob.pe/handle/123456789/2460>.

————— (2019). *Consenso de Beijing sobre la inteligencia artificial y la educación.* Disponible en <https://unesdoc.unesco.org/ark:/48223/pf0000368303>.

POPKEWITZ, T.; OLSSON, U. y PETERSSON, K. (2006). "The learning society, the unfinished Cosmopolitan, and governing education, public health and crime prevention at the beginning of the twenty-first century". *Educational Philosophy and Theory*, Vol. 38, N° 4. (431-449).

Paradojas de la libertad

Un análisis arqueológico de las interfaces de las plataformas educativas *online*[1]

Emiliano Grimaldi

Departamento de Ciencias Sociales, Universidad Federico II, Nápoles, Italia

Stephen J. Ball

Instituto de Educación, Universidad de Londres, Londres, Reino Unido

Introducción

El uso de plataformas digitales en entornos educativos mixtos y *online* es, hoy en día, un vector clave para una reconfiguración fundamental de la experiencia educativa en todo el mundo. Van Dijk, Poell y de Waal (2018: 4) se refieren a esta reconfiguración como *plataformización* (*platformisation*), un proceso que implica el uso de plataformas, *i.e.* arquitecturas programables y tecnológicamente mediadas, compuestas de interfaces, algoritmos, datos y modelos de negocio, que están diseñadas para construir la experiencia educativa, el conocimiento educativo y el estudiante de nuevas maneras.

La *plataformización* implica tres procesos imbricados entre sí, *i.e.* económicos, políticos y educativos: el crecimiento de un mercado rentable a nivel mundial de Tecnologías Educativas (*EdTech*), la problematización de la escolarización tradicional basada en el aula, que encuentra en las tecnologías digitales la "solución" a sus defectos, y, por último, el establecimiento concomitante de plataformas educativas online (*educational online platform*, de aquí en adelante *EPs*), como elementos constitutivos de la experiencia educativa contemporánea (Williamson, 2016). Las empresas dedicadas a la tecnología informática y un sin número de proveedores –con y sin fines de

---

1. Publicado originalmente en: Emiliano Grimaldi & Stephen J. Ball (2021) Paradoxes of freedom. An archaeological analysis of educational online platform interfaces, *Critical Studies in Education*, 62:1, 114-129, DOI: 10.1080/17508487.2020.1861043.

Traducción: Gabriel Saia.

lucro– de tecnologías educativas actúan ahora como fuerzas líderes en lo que respecta al campo de la educación, ofreciendo soluciones de "aprendizaje" a gobiernos, universidades, escuelas y docentes, que, según se afirma, son adaptables, flexibles, ajustables y rentables (Ball *et al.*, 2017, Selwyn *et al.*, 2020).

Las EPs están diseñadas para abordar múltiples problemas: proveer aprendizaje *online*, gestionar aprendizajes en entornos mixtos, garantizar el aprendizaje hogareño y la educación de la primera infancia, promover la participación y el compromiso en las aulas, aprender idiomas, preparar exámenes, contribuir con el diseño de escuelas innovadoras, llevar a cabo la administración escolar y el análisis estadístico (*analytics*) de los aprendizajes.

En el actual debate político, las tecnologías digitales y las plataformas educativas son posicionadas en el centro de la escena por la retórica reformista, que piensa en éstas como si se tratara de "magia técnica" que posibilita la "educación abierta" (*opening up education*) y, de este modo, mejora la libertad de los estudiantes al hacer de la educación algo más accesible, personalizada, transparente y efectiva. Se sostiene que estas tecnologías van a liberar "el poder del aprendizaje –despertar la curiosidad, estimular la innovación y provocar el disfrute del descubrimiento del mundo" para jóvenes estudiantes que son "nativos digitales" <https://ec.europa.eu/digital-single-market/en/openingeducation>–; ver también (OECD, 2018).

Como resultado de la expansión global del mercado de las EdTech y la proliferación de políticas educativas que promueven la digitalización, las EPs se convirtieron en una parte común de la experiencia de aprendizaje para un número cada vez mayor de estudiantes en todo el mundo (Van Dijck *et al.*, 2018: 117). Tres aspectos, entre otros, son de interés para entender cómo la *plataformización* está reelaborando la idea de educación, cómo ésta se organiza, qué significa ser educado y el modo en que vivimos la experiencia educativa en calidad de profesores, estudiantes, padres, analistas, investigadores y ciudadanos:

- La *plataformización* como espacio de convergencia para tecnologías, políticas, actores, intereses y marcos educativos múltiples y heterogéneos, donde los proveedores de *EdTech* y las tecnologías son actores culturales, políticos, normativos y económicamente claves para la reescritura del futuro educativo (Ball *et al.*, 2017).
- La movilización de marcos educativos y visiones para el futuro educativo que posicionan los dispositivos electrónicos y el aprendizaje *online* como componentes clave para la instrucción dentro de ecosistemas educativos más amplios (Cherner y Mitchell, 2020).

- El desarrollo de convenciones educativas, patrones de diseño recurrentes, marcos espaciotemporales y normas sociales que regulen la experiencia educativa *plataformizada* (Decuypere, 2019) y establezcan determinados grupos de regularidades en la epistemología y las políticas educativas (Gillespie, 2010).

Este último punto es particularmente significativo en relación con las interfaces gráficas de usuario (*graphical user interfaces, GUIs* –véase figuras *infra*–), que las plataformas emplean como "puntos de contacto en los que se encuentran diferentes sistemas corporales o maquínicos", como dispositivos culturales. Conectados a distintas formas de poder y vigilancia, estos dispositivos (y las mencionadas formas) median las experiencias educativas cotidianas y permiten determinados modos de disposición (*agency*) para sus usuarios (Gane y Beer, 2008: 54).

Hacia una arqueología de las interfaces de plataformas educativas

En el emergente cuerpo textual encargado de tratar la *plataformización*, un gran número de recursos analíticos se movilizan para desenmarañar la materialidad y la operatividad de las EPs, reflexionando sobre su capacidad performativa para reencuadrar la experiencia educativa y rehacer sus sujetos (Erstad y Sefton-Green, 2013; Nemorin, 2017; Decuypere, 2019). Para contribuir a esta literatura, y partiendo de trabajos previos, nos centraremos en la epistemología educativa de las EPs, particularmente en sus GUIs, y los efectos a nivel ético de la *plataformización* educativa con especial reparo en la formación del estudiante (Grimaldi y Ball, 2019).

Basándonos en el foucaultiano método arqueológico (Foucault, 1973) y en una serie de estudios sobre arqueología de medios (Manovich, 2002; Ernst, 2011; Parikka, 2012), abordaremos las GUIs en tanto superficies epistémicas y cuestionaremos las formas específicas de espacialización de la experiencia educativa que éstas encarnan, las estructuras temporales que reordenan la forma y el formato de dicha experiencia y los procesos según los cuales se le atribuye valor a esta experiencia. El marco arqueológico nos invita a centrarnos en las particulares libertades educativas y la forma de autonomía en las que las EPs y sus interfaces crean sus condiciones de posibilidad. Tres procesos distintos de formación son tenidos en cuenta aquí: a) la configuración del espacio digital educativo y el tipo de razón según la cual el estudiante se convierte en sujeto a través de la experiencia educativa de dicho espacio; b) la secuencia temporal –y el ritmo– de la experiencia educativa y sus características teleológicas; y, por último, c) el tipo de normas mediante las cuales la experiencia educativa y su(s) sujeto(s) son clasificados y valorados, y donde la diferencia se produce dentro del conjunto. A raíz de esto, cuatro áreas de investigación pueden ser esbozadas:

- *campos de visibilidad*, es decir, formas de ver y percibir que son características de la experiencia de aprendizaje, que son producidas por medio de las interfaces de la plataforma;
- *formas de racionalidad*, es decir, maneras de pensar y de cuestionar que se tornan actuales gracias a la interfaz de la plataforma, movilizando vocabularios específicos y procedimientos para la producción de la verdad de la experiencia de aprendizaje;
- *división de las prácticas*, es decir, los modos de actuar, intervenir y dirigir de la experiencia educativa, modos que son encarnados en la materialidad de las GUIs y que provocan la identificación y constitución de ciertos cuerpos, gestos y deseos como individuos (Patton, 1989: 264);
- *modos de formación de la identidad*, es decir, la manera de modelar sujetos que implica el ejercicio de procedimientos educativos, terapéuticos o formativos aplicados a los individuos con el fin de convertirlos en cierto tipo de sujetos (Foucault, 1997).

El objetivo es demostrar el potencial de este tipo de análisis para la comprensión de los diferentes modos en que, a través de la interacción e inmersión en las plataformas GUIs, los estudiantes son subjetivados, así como la manera en que las EPs producen ciertos tipos de libertad educativa y autonomía en dichos sujetos. Para emprender este análisis, usaremos ejemplos ilustrativos obtenidos de una EP ampliamente difundida. Se trata de la EPs *Blackboard Learn* <https://www.blackboard.com/learning-management-system/blackboard-learn.html>, lanzada en 1997 por Blackboard Inc., un poderoso proveedor de *EdTech* a nivel global, emplazado en los Estados Unidos. Blackboard Learn es un sistema de gestión de aprendizaje mixto (*blended learning management system, BLMS*), una EPs constituida por un conjunto de aplicaciones de software con un fuerte soporte de plataformas móviles, que ofrece desde herramientas de *e-learning* hasta aulas virtuales, administración de cursos, gestión de asignaturas, seguimiento de progreso, calificaciones y colaboración estudiantil. Este sistema fue diseñado para pedagogías mixtas y programas de aprendizaje online (*e-learning*), y contiene prestaciones para ambas modalidades. En el mercado global de los BLMS, Blackboard Learn cumple un rol prominente, siendo uno de los tres sistemas que comparten la mayor parte de dicho mercado (junto con Moodle y Canvas –Kuran *et al.*, 2017–). Con el fin de proporcionar ejemplos del potencial de un marco arqueológico, utilizando la demostración y los tutoriales gratuitos en línea, analizaremos las múltiples formas que asumen las interfaces del panel de control (*dashboard*) de Blackboard Learn. Es decir, al abordarlas como superficies discursivas de aparición (*emergence*), como operaciones concretas que generan efectos gubernamentales (Ernst, 2011: 239) que "pueden hacer que algunas [acciones] sean fáciles de concebir mientras que otras se vuelven impensables" (Manovich, 2002: 76).

Aquí, un análisis arqueológico nos permite identificar un conjunto distintivo de tensiones epistemológicas que delimitan las configuraciones espaciales y temporales dentro de las cuales los elementos de la experiencia educativa y el estudiante como sujeto se manifiestan. El estudiante se torna visible, cognoscible, maleable y, en general, gobernable a través de las EPs dentro de las tensiones que se dan en el espacio, entre *hipertextualidad* y *modularización*, y en el tiempo, entre *coexistencia* y *linealidad*. De esta manera, identificamos las condiciones de posibilidad para la formación de una especie paradójica de libertad educativa, cuyas actividades de elección, conexión, producción, acumulación, aprobación y aprendizaje son reguladas por medio de normas de rendimiento y carácter/potencial. La libertad y la regulación constituyen una neoliberalización de la pedagogía y el aprendizaje, la apertura a múltiples posibilidades de autoeducación y un inconfundible potencial para asegurar la experiencia educativa (Ball, 2017; Grimaldi y Ball, 2019). Junto a van Dijck, sostenemos que a través de las interfaces, los algoritmos y los protocolos, las plataformas permiten usos y usuarios particulares, y son éstas las que fomentan algunas interacciones y conexiones de los usuarios, al tiempo que desalientan otras tantas (van Dijck *et al.*, 2018: 7).

Configurando el espacio educativo digital

El panel de control que observan los estudiantes en la mayor parte de los BLMS está configurado de un modo que resulta familiar para usuarios de internet. Luego de iniciada la sesión, una variedad de actividades "obvias" se vuelven posibles a través de la interfaz (véase figura 1). El estudiante se vuelve parte de un espacio virtual dentro del cual distintos datos e información (texto, datos, figuras, video, audio, links) se hallan dispuestos para facilitar el proceso de "aprendizaje". De esta manera, se genera una expectativa en la que el observador/usuario obtendrá un conocimiento tópico o adquirirá una habilidad a través de la lectura, la búsqueda, la exploración, la escritura, la creación, la elaboración, el emparejamiento, la separación, la conexión, la asociación y el montaje. Mirar estas interfaces implica, arqueológicamente, prestar atención a las formas que cobra la espacialización por medio de las cuales la experiencia de aprendizaje se construye, se gestiona y, al mismo tiempo, se abre a la vista (Foucault, 1973). Esto implica abordar las GUIs como superficies de emergencia de un conjunto de visibilidades y racionalidades que hacen de la experiencia de aprendizaje algo posible y producen su sujeto.

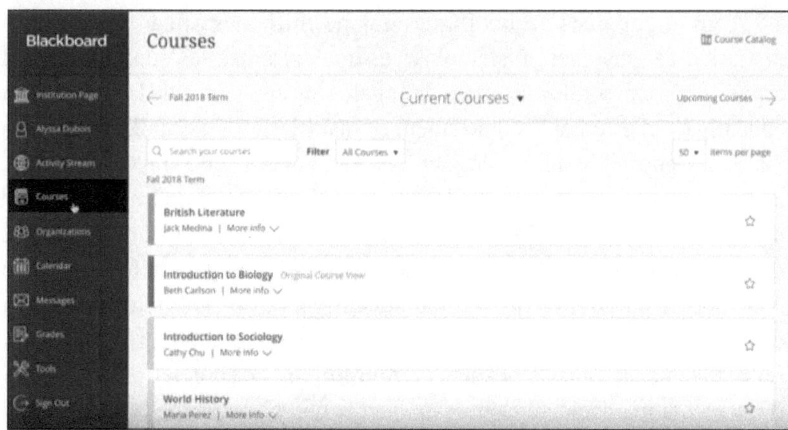

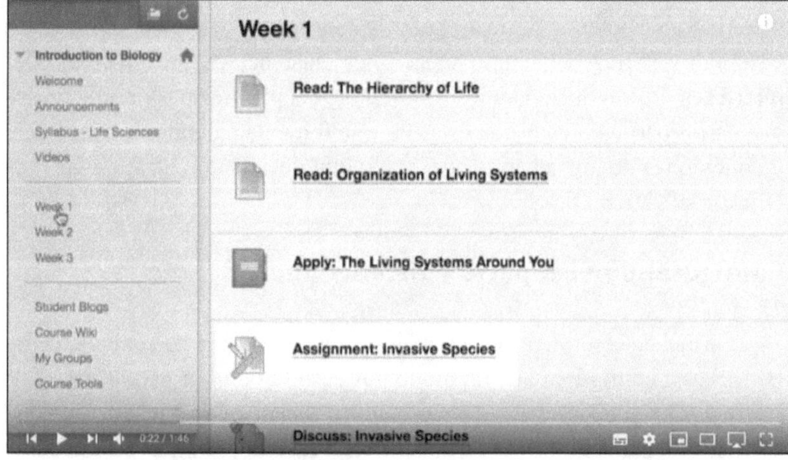

Figura 1 – El hipertexto y la base de datos como formas de espacialización de la experiencia de aprendizaje.

En el caso de Blackboard Learn, es posible identificar dos marcos espaciales imbricados, el *hipertexto* y la *base de datos* (*database*), y dos racionalidades relacionadas pero diferentes según las cuales el estudiante se

     Silvia Grinberg y Julieta Armella

hace sujeto a través de su participación en dicho espacio: *elección* (*choice*) como *conexión* y *elección* como *pedido* (*ordering*). La página de inicio del panel de control de los estudiantes de Blackboard Learn (véase figura 1) es uno de los muchos ejemplos de GUIs de las EPs donde un modo secuencial se halla encapsulado dentro de un modo espacial, como resultado de la imbricación de estos dos marcos espaciales.

Al entrar en relación con el panel de control, el estudiante se encuentra inmersa en un espacio navegable y llano, dentro del cual el catálogo del curso se erige como una actividad contínua de re-encargo (*re-ordering*) nodal y asociativo de los datos disponibles, la información, las experiencias de aprendizaje y los caminos hipertextuales a seguir. Este espacio es un mundo interconectado de relacionalidad que opera a través de una conectividad creciente (Edward and Usher, 2008: 117). El estudiante es posicionado en un espacio ya conectado (*ibid.*: 126), donde la movilidad se despliega a través de enlaces asociativos y una lógica hipertextual del movimiento. Los estudiantes pueden dar forma a su entorno de aprendizaje, siguiendo múltiples enlaces de búsqueda, filtrando y eligiendo diversas visualizaciones, moviéndose constantemente hacia atrás y hacia adelante entre flujos de actividades, cursos y lecciones, grupos, conversaciones, blogs, planificaciones temporales, recursos multimedia y multimodales –internos y externos–, tareas, trabajos y evaluaciones (véase figura 1). La hipertextualidad entendida como la posibilidad de establecer y seguir enlaces entre los elementos modulares de la experiencia educativa, hace posible un estado constante de movimiento multidireccional y habilita una multiplicidad de imbricaciones en un espacio de posibilidades potenciales y desconocidas (Sennett, 2007). Si en dicho espacio la elección, la autonomía y la libertad asumen la forma del ensamblaje y de la (re)conexión, el conocimiento se torna más efímero, más susceptible de ser re-secuenciado y remodelado en el acto de la lectura, la escritura y la composición. La hipertextualidad es una forma de espacialización que autoriza e invita al estudiante a promulgar y volverse el sujeto de diferentes narrativas. En el espacio del hipertexto, maleable y compuesto de diversos elementos, "siempre es posible crear cuadros dentro de cuadros" y activar diferentes (aunque diseñadas) narrativas en "diferentes partes de la pantalla mediante la combinación de textos e imágenes, como resultado de la interacción entre la interfaz, el usuario y el trabajo de la plataforma" (Manovich 2002, p. 272). Como observan Decuypere y Simons (2016: 139-141), cuando el estudiante está inmerso en un panel de control, como se muestra en la ya referenciada figura 1, éste se enfrenta a un número potencialmente infinito de caminos que se pueden seguir, a múltiples posibilidades de conocer, y así el estudiante se presenta y se hace conocible por otros indefinidos. A primera vista, esta organización espacial del aprendizaje se distancia de la lógica fabril del tradicional aprendizaje en un aula, que está ordenado linealmente, estandarizado en sus contenidos y su diseño, que se muestra como repetitivo y secuencial (Edward y Usher, 2008: 117).

Al mismo tiempo, las interfaces de los BLMS, *i.e.* Blackboard Learn, despliegan una segunda forma de espacialización que se entrelaza con la hipertextualización. De hecho, los cursos, textos, audiovisuales, imágenes, enlaces, archivos adjuntos, tareas, visualización de datos, etc. son "almacenados" en el profundo espacio del formulario de la base de datos (véase figura 1). Como nota Manovich (2002: 57), la base de datos es una forma cultural que "ofrece un modelo particular del mundo y de la experiencia humana" y "afecta la forma en que el usuario concibe los datos que contiene". Se trata, pues, de una espacialización vertical y jerárquica, donde el encargar (*ordering*) asume la forma y la lógica del menú (elegir y escoger), y la elección y experiencia educativas se producen como una "interactividad basada en el menú" (*menu-based activity*), "en la que todos los objetos posibles que el usuario puede visitar forman una estructura de árbol ramificado" y la alumna continuamente se enfrenta "con opciones que le permiten escoger" (Manovich, 2002: 57). La base de datos como forma de espacialización produce un espacio modularizado para el aprendizaje (Höhne y Schreck, 2009: 501), constituido como una colección de muestras/módulos discretos (cursos, módulos, unidades didácticas, tareas, fuentes, profesores, asistentes, rendimiento de estudiantes, etc.). Estos pequeños y autosuficientes "átomos" pueden editarse, combinarse y recombinarse en objetos de mayor o menor escala, pero al mismo tiempo "ellos continúan manteniendo su identidad separada" e independiente y, de manera significativa, se puede acceder a ellos por separado (Manovich, 2002: 51). Como ya hemos visto, la experiencia educativa (en tanto que provisión y consumo) es representada como una colección de piezas discretas que pueden organizarse y ordenarse autónomamente por un estudiante "libre", movido por una ética de "creador", enfrentando un mundo hecho de bloques de construcción atómicos listos para ser reconfigurados, para jugar con ellos. La experiencia y los contenidos educativos son modularizados y se transforman en un grupo fragmentado pero integrado de componentes que se pueden elegir y ensamblar de diferentes maneras "para formar un sistema de trabajo de elementos de construcción funcionalmente orientados hacia la adquisición de competencias" (Grimaldi y Ball, 2019: 11). En este espacio modularizado, el endurecimiento del orden jerárquico en el encolumnado del menú corresponde, además, a un

   Silvia Grinberg y Julieta Armella

incremento de variabilidad en la posible –y contingente– rearticulación del espacio. Los objetos de la experiencia educativa pueden existir en versiones diferentes y potencialmente infinitas.

El espacio modularizado tiene dos rasgos significativos, a saber: actualizabilidad (*updateability*) y escalabilidad. Sus átomos individuales y/o paquetes de relaciones dentro de una estructura dada pueden ser reelaborados periódicamente a través de actualizaciones automáticas o manuales. Al mismo tiempo, "diferentes versiones del mismo objeto multimedia pueden generarse en varias dimensiones o niveles de detalle", dándole al usuario la posibilidad de cambiar en cualquier punto la escala de su experiencia, pasando de un curso completo/módulo/unidad a una sola "dosis" (*shot*) (Manovich, 2002: 58). Por último, la modularización –entendida como forma de espacialización– permite la intensificación y la aceleración de la representación numérica del aprendizaje, es decir, del proceso por el cual, a través de la generación de datos en tiempo real, la experiencia continua de aprendizaje se divide en un conjunto de unidades discretas numéricamente representadas.

De esta manera, la perspectiva arqueológica nos permite identificar una primera tensión en la espacialización de la experiencia de aprendizaje en las EPs, como en el caso de Blackboard Learn. El aprendizaje y el estudiante como sujeto se tornan visibles y se despliegan entre la imbricación continua de dos configuraciones espaciales; un espacio plano, conectivo y sin límites, propio de la hipertextualidad, y el espacio jerárquicamente ordenado y programable de la base de datos. Aquí, el estudiante es confeccionado como un selector autónomo paradójico, donde el aprendizaje como elección es simultáneamente una actividad de navegación relativamente ilimitada en un espacio plano de conexiones y conectividad, y una práctica de re-encargo de los elementos modulares y actualizables que están limitados en el espacio de un menú de software jerárquicamente estructurado.

Re-secuenciando la experiencia educativa

El segundo tema al que nos invita el análisis arqueológico consiste en el abordaje de la secuenciación temporal, el ritmo de la experiencia educativa y la relación que ésta guarda con sus rasgos teleológicos. Las GUIs son superficies de emergencia para un conjunto de estructuras temporales que organizan la experiencia de aprendizaje, narrando visualmente la historia de su sujeto y atribuyéndole ciertas características teleológicas. En el caso de Blackboard Learn, los dos marcos espaciales descritos previamente se entrelazan con la actualización de dos estructuras temporales distintas que conducen la experiencia de aprendizaje: el tiempo de *coexistencia* y el tiempo de *linealidad*. Como en el caso de la espacialización, también es posible destacar dos racionalidades diferentes pero relacionadas, según las cuales el estudiante se configura como sujeto, a través de la experiencia educativa, mientras se halla inmerso dentro de estas estructuras temporales: *movilidad* como *repetición* y *movilidad* como *acumulación* (véase figura 2).

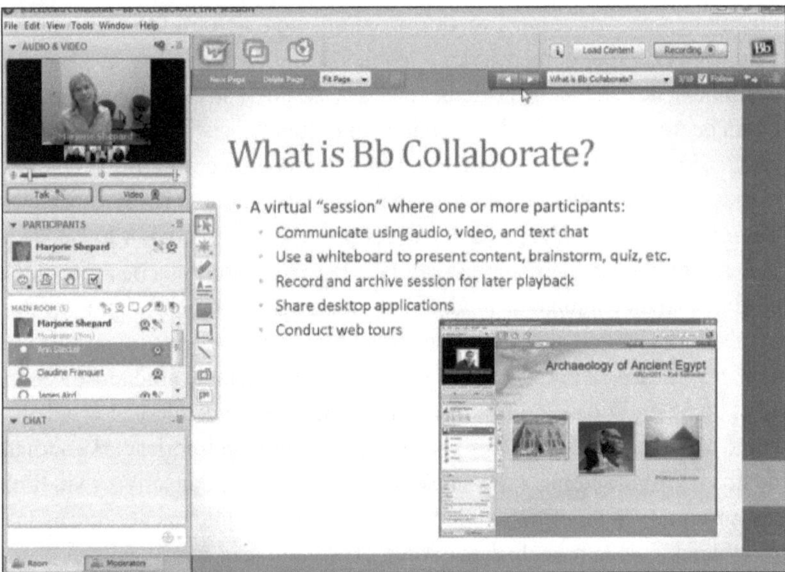

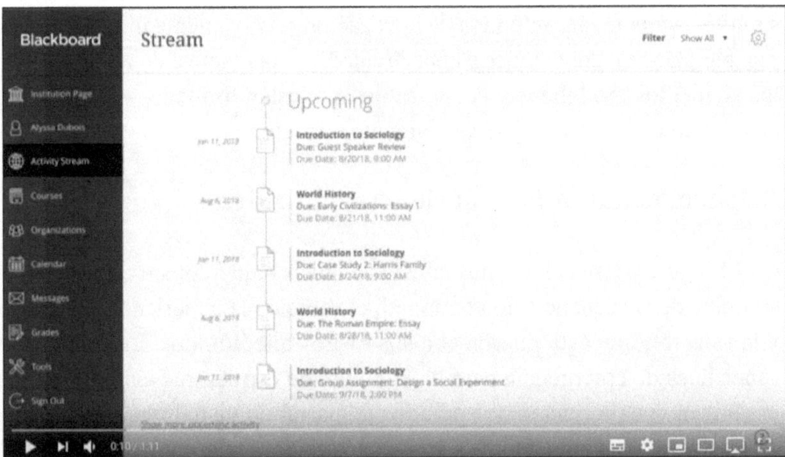

FIGURA 2 – Co-existencia y linealidad como estructuras temporalis para la experiencia de aprendizaje.

    SILVIA GRINBERG Y JULIETA ARMELLA

A través de la inmersión en las interfaces del panel de control, el estudiante es posicionado constantemente dentro del tiempo especializado y distribuido, donde diferentes actividades y aplicaciones pueden ejecutarse simultáneamente. Las ventanas superpuestas (*overlapping windows*) pueden hacer operaciones múltiples en un tiempo que fluye entre narrativas, textos, mensajes, notas y datos que pueden visualizarse, producirse y acumularse por medio del montaje espacial de un presente abigarrado. La experiencia de aprendizaje puede propagarse potencialmente en varias direcciones distintas y proceder a través de actividades de despliegue y cambio entre, por ejemplo, lecciones, búsquedas hipertextuales, lectura, trabajo colaborativo o tareas realizadas (véase figura 2, arriba). Aquí, el tiempo de aprendizaje es un tiempo de yuxtaposición, de rapidez y lentitud, de lado a lado, donde múltiples flujos temporales se cruzan y se separan los unos de los otros (Van Den Broeck, 2020).

Esto puede extenderse a los objetos de aprendizaje (*learning objects*), "que a menudo son creados por múltiples autores y están en constante desarrollo en el tiempo" (Parikka, 2012: 124). En Blackboard Learn es posible ejecutar y utilizar simultáneamente una gran cantidad de tareas: trabajos colaborativos y videoconferencias (Blackboard Collaborate), actividades interactivas (Blackboard App) o softwares de evaluación (Blackboard SafeAssign y Analíticas de aprendizaje). De este modo, las capas microtemporales de la experiencia de aprendizaje emergen como complementarias del aparentemente sólido, permanente, contínuo y cerrado macrotiempo que se da en los cursos, las aulas y las materias (Edwards y Usher, 2008: 120). En dicha configuración temporal, el estudiante es un sujeto multifuncional, que puede realizar múltiples actividades en el mismo espacio (Decuypere y Simons, 2016: 141).

En todo esto, el acceso a los contenidos y espacios, la visualización, las conexiones y la comunicación tienen una inmediatez dinámica. En los procesos de aprendizaje –que se encuentran en constante desarrollo–, la dicotomía reversibilidad/irreversibilidad pierde toda relevancia posible: el estudiante siempre puede volver atrás, comenzar de nuevo, seguir adelante o más sinuosamente, ir más rápido o más lento. El despliegue y el cambio ofrecen formas de repetición potencialmente infinitas. El tiempo de aprendizaje puede desplegarse como un bucle (*loop*), una repetición, creado por el movimiento circular del estudiante individual que da lugar a la progresión de eventos de aprendizaje, que se consolidan gracias a la constante necesidad del estudiante de ser (auto)evaluado, a fin de comprender si será necesaria una repetición posterior. Se trata, pues, del interminable tiempo del "intento" (*attempt*), que posibilita diferentes rutas y ritmos de aprendizaje. El flujo lineal del aprendizaje es alterado "por medio de estructuras de control, tales como 'si/entonces' (*if/then*) y 'repetir/mientras' (*repeat/while*)" (Manovich, 2002: 266). El bucle de aprendizaje-evaluación-autoevaluación-aprendizaje se convierte, así, en el "motor" que pone en marcha la narrativa del estudiante efectivo.

La coexistencia y el bucle crean la posibilidad de una clase particular de rapidez, un tiempo acelerado pero abigarrado en el que se espera que el sujeto esté siempre moviéndose en actividades de búsqueda, archivo, conexión, adición, acopio, preservación, autoevaluación y, por último, aprendizaje. De este modo, el aprendizaje es (re)concebido dentro de los *tropos* de velocidad y rapidez que se encuentran integrados al imaginario de internet (Beer, 2018). La inmediatez, la conectividad y la comprensión del espacio hipertextual actúan como el correlato de la velocidad, con esta última convirtiéndose en un "reino de la elección al que [el estudiante] se subordina" (Edwards y Usher, 2008: 125). A través de dicha estructuración temporal, se hace del estudiante un sujeto del que se espera que muestre "la voluntad-de-velocidad" (*will-to-speed*) y el "deseo de llegar a algún lugar", la movilidad es valorada en sí misma (Edwards y Usher, 2008: 125).

No obstante, nuestra lectura de las estructuras temporales en las que se organiza la experiencia de aprendizaje en Blackboard Learn es aquella donde la voluntad-de-velocidad y el imperativo de una "movilidad rápida" (*fast mobility*) dan como resultado un abigarrado marco temporal de coexistencia que está paradójicamente imbricado con un tiempo de *linealidad*. En el marco del montaje espacial general de aprendizaje, las interfaces de los estudiantes encapsulan el tiempo de coexistencia dentro de una producción de tiempo lineal y progresiva (véase figura 2, abajo).

Esto es, las actividades, los cursos, las tareas y las interfaces calificadas promulgan un tiempo en el que la identidad es construida por medio de la narrativa, como si se tratase de una historia evolutiva. El aprendizaje dentro de dicha estructura temporal es registrable, rastreable y exteriorisable en la medida en que se torna visible como un conjunto de resultados, cumplimientos y culminaciones. Como Van Dijck *et al.* (2018: 121) observan, "el seguimiento de datos puede ser usado para registrar información detallada acerca del tiempo que un estudiante necesita para resolver un problema, para registrar las etapas cognitivas presentes en la resolución de problemas, para medir la cantidad de instrucción necesaria o para rastrear la interacción del estudiante". Dentro de este marco de registro, el tiempo es irreversible, establece una continuidad y una duración, y posiciona el presente puntual como el tiempo dentro del cual imaginar, planificar y organizar el futuro. Un régimen no-volátil de memoria de aprendizaje (Kirschenbaum, 2008: 89) permite la anticipación, el perfilado y el modelado a través del análisis y el *feedback*. En este caso, las interfaces operan como una memoria externa, capaces de recuperar información minuciosa, exacta y, a menudo, estandarizada sobre los estudiantes siempre que sea necesario hacerlo. Esto varía desde las tareas prácticas y los cumplimientos hasta las puntuaciones de las materias, las calificaciones de los cursos, las rúbricas de evaluación y la retroalimentación de los profesores, organizadas a través de visualizaciones sincrónicas o series temporales. La memoria se vuelve acumulativa y evolutiva; se transforma en el archivo externo y objetivado para (auto)generar un perfil de estudiante, conectando aprendizaje y momentos de evaluación de un modo preformateado por el diseño de la interfaz, como si fuera una forma de análisis generado por el mismo usuario.

De este modo, estamos en presencia de una segunda tensión epistemológica. La experiencia de aprendizaje hipertextual y modular en una plataforma como Blackboard Learn se desarrolla entre las contínuas imbricaciones de estas dos estructuras temporales. El aprendizaje se encapsula en una linealidad fundamental en la que "aprendizaje" es desarrollo (en relación a un punto final o a una serie de puntos) y exteriorizable en datos, puntuaciones y respuestas; pero, al mismo tiempo, diferentes "caminos" y ritmos de aprendizaje –como si se tratara de formas válidas de cumplimiento– se posibilitan, esto incluye el volver sobre los propios pasos y la repetición como potencialmente infinitas. Entre el tiempo de despliegue característico de la coexistencia y el tiempo acumulativo de la linealidad y la memoria exteriorizada, se lo invita al estudiante a desear, a un tiempo, la movilidad como repetición, es decir, la reanudación (*looping*) y la apertura a un proceso abigarrado, rápido e impredecible, y la movilidad en tanto desarrollo dentro de una (planeada, delimitada y, por tanto,) narrativa predecible, que procede a través de la acumulación con vistas a una realización.

Valoración del sujeto educativo y la producción de diferencias

Proviene del campo de la arqueología un tercer asunto referido al tipo de normas a través de las cuales la experiencia educativa y su(s) sujeto(s) son clasificados y, por este proceso, se les asigna un valor, y cómo la diferencia se produce mediante la operación de interfaces de las EPs. La asignación de valor se entiende aquí como parte de la producción de un conjunto específico de principios para la fundación de la realidad educativa. Nuestro argumento se dirige hacia el nexo espaciotemporal de la experiencia educativa descrita hasta ahora, siendo ésta la que constituye las condiciones de posibilidad de dos procesos paradójicos de la creación de valor en educación: valor educativo como *formación de carácter* (*character formation*) y valor educativo como *datos* (*data*) (véase figura 3). Como sucede en el caso del marco espaciotemporal de la experiencia educativa, también es posible identificar dos racionalidades, relacionadas pero distintas, según las cuales el estudiante y su experiencia educativa, mediadas por una plataforma de Blackboard Learn, son confeccionadas como sujeto/objeto de valor: *valor* como *activación* y *valor* como *rendimiento* (*performance*).

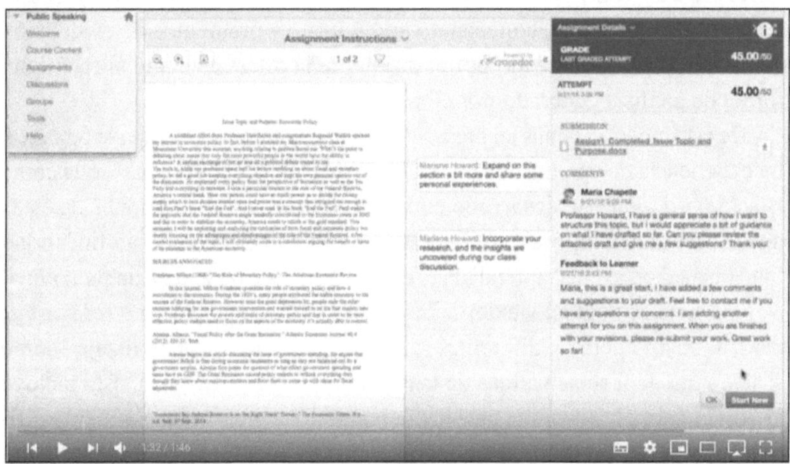

FIGURA 3 – La creación de valor como formación del carácter y producción y visualización de datos.

Las interfaces de un BLMS, como es el caso de Blackboard Learn, ofrecen al estudiante múltiples posibilidades a la hora de visualizar sus actividades/experiencias educativas, no solo a través de procesos de narración y montaje, sino también con calificaciones, emparejamientos y puntuaciones. El valor de una experiencia educativa (y por añadidura, del estudiante como sujeto) puede ser construido y comprendido dentro del profundo tiempo de una interacción con profesores y grupos de pares en torno a un conjunto definido de materializaciones (trabajos, tareas cargadas, conversaciones en línea, etc.; véase figura 3, arriba). De acuerdo con las características de la configuración espaciotemporal que habitan, los estudiantes son valorados según un conjunto específico de dimensiones: autonomía, confiabilidad, receptividad, creatividad, voluntad de mejoría y según las capacidades de elegir, planificar y conectar, como traídos a la realidad por medio de las trazas digitales que dejan. El valor educativo se refiere al valor de lo logrado, de la competencia y la realización, así como también a la capacidad de abordar una tarea y un trabajo. Aquí, el sujeto-de-valor educativo es aquel que muestra un carácter definido, la capacidad de activación y auto-propiedad, la capacidad de explotar las posibilidades potencialmente infinitas de la libertad que la plataforma, entendida como un espacio de conectividad, despliega (o se supone que debería desplegar) frente a éste. Una experiencia educativa de valor es personalizada, y la diferencia se produce a través de la activación, el autodominio y la excepcionalidad.

Al mismo tiempo, por medio de la vigilancia en línea y la "construcción de identidades a través de la clasificación (*sorting*)", se constituyen dos dimensiones normalizadas de la experiencia educativa (Nemorin, 2017: 17). Dentro del espacio/tiempo de la libertad, se crea un conjunto de condiciones de posibilidad para una (autónoma, creativa y activa) personalidad (*personhood*), encuadrada y articulada según el rendimiento, entendido como datos. Cuando se trata de la cuestión de la calificación, por ejemplo, el tipo de visualizaciones que se le hacen patentes al estudiante en los BLMS depende en gran medida de los datos de calificaciones en un sentido numérico y ordinal (véase figura 3, abajo). El valor se construye a partir de parámetros ajustables, se visualiza en términos de frecuencia de las ocurrencias y no se encuentra "localizado dentro de una persona", sino que se produce a través de "un proceso de vinculación entre un componente biológico y otro computacional, a través de las personas, los conjuntos de datos y los métodos de modelización" (Goriunova, 2019a: 6). Este es un valor relativo y analítico que depende del rendimiento dado por el posicionamiento datado dentro de un orden jerárquicamente organizado. El valor es escalable, puede ser diseccionado anatómicamente en micro-rendimientos y tiene tanto una dimensión sincrónica (de comparación) como una diacrónica (de mejora). Este se puede definir como el valor de un rendimiento singular que se encuentra en comparación con otros rendimientos como si fuera parte de un proceso de desarrollo (una historia de micro-rendimientos). Los datos de rendimiento producidos por una plataforma como Blackboard Learn son dispositivos técnicos que hacen del estudiante un sujeto de aprendizaje individualizado, que, sin embargo, se supone que tiene un alma y la capacidad para ser reflexivo y poder auto-mejorarse. Además, dicho estudiante también está dotado de la capacidad de reflexionar sobre su propia experiencia educativa como si se tratase de un todo coherente, que cobra sentido a través de la mediación técnica de la visualización de rendimiento. Aquí, las interfaces de los BLMS y sus visualizaciones actúan como dispositivos clave en "la creación de sentido a través de la reflexión, la memoria [externalizada] y las prácticas de asignación de significación para eventos y experiencias [de aprendizaje datado]" (Goriunova, 2019a: 5). A través de la traducción del aprendizaje en procesos de datos y "sistemas de seguimiento que continuamente relacionan el progreso individual con el rendimiento estandarizado" (Van Dijck *et al.*, 2018: 118), el cuerpo se convierte "en información pura", de manera que se puede volver más móvil, maleable, comparable y predecible (Nemorin, 2017: 17).

Así, en una configuración espacio-temporal de este tipo, se lo invita al estudiante a tomar decisiones (como conectar y ordenar) y moverse (como repetición y acumulación) dentro de un espacio paradójico de creación de valor y la producción de diferencia. Por un lado, se incentiva al estudiante a ser activo y emprendedor, *i.e.* a promulgar cierta subjetividad a través de la confección de un personaje (*persona*) digital, con todas las ingeniosas prácticas relacionadas con el mantenimiento de dicho personaje. Por otro lado, esto implica el trabajo continuo, y la vigilancia y petición (*solicitation*) de un yo (*self*) en línea, a través de la visualización datada de su propio valor. Los BLMS prometen a los estudiantes individualización, singularidad y una experiencia de aprendizaje centrada en la multiplicidad, es decir, la posibilidad "de destacarse mediante la creación de un acontecimiento singular" y "con todo, dicha singularidad sólo puede producirse a través de la agregación constante, la comparación, la clasificación y la reorganización" de los datos de rendimiento (Goriunova, 2019b: 135).

Paradojas de la libertad. El aprendizaje digital como activación y rendimiento

Al tratar desde un marco arqueológico foucaultiano el análisis de las condiciones de posibilidad para el tipo de experiencia de aprendizaje, y de los sujetos de aprendizaje que tanto las EPs como sus respectivas GUIs crean, hemos intentado demostrar lo que puede (y podría) hacer dicho análisis en este campo investigativo. En ese sentido, el método llama la atención sobre el espacio, el tiempo y los marcos éticos que constituyen la experiencia de aprendizaje de un estudiante digital activo y dócil (véase figura 4).

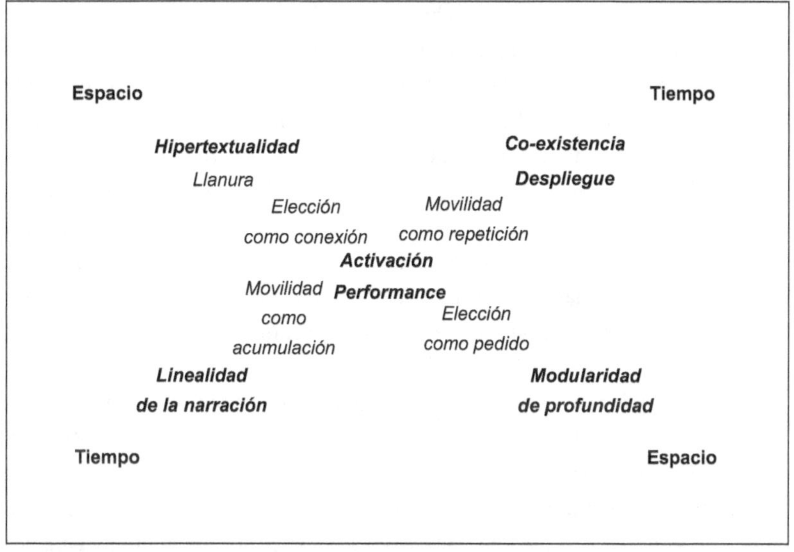

FIGURA 4 – Aprendizaje digital como activación y rendimiento.

Nuestra exploración inicial sobre cómo las EPs (re)configuran la experiencia de aprendizaje nos permitió identificar dos procesos divergentes de espacialización y dos formas de visibilidad de la experiencia educativa: el espacio plano, horizontal, abierto, conectivo, en constante cambio y potencialmente ilimitado del hipertexto, y la profundidad, limitada pero accesible, planeada y maleable del espacio modular. Al ver cómo estas dos formas de visibilidad se entrecruzan en una plataforma como Blackboard Learn, identificamos en la experiencia de aprendizaje una tensión epistemológica fundamental. El estudiante se posiciona como alguien autónomo que escoge, proclamado y formado dentro de actividades de conexión relativamente ilimitadas, pero él es, al mismo tiempo, un sujeto que padece un sinnúmero de prácticas de reordenamiento jerárquico. En relación con la primera, el aprendizaje se le aparece al estudiante (y al profesor) en su positividad a través de narrativas diacrónicas y múltiples de sus propios movimientos (actividades, tareas, trabajos, registros, tiempos de finalización, interacciones, etc.). En relación al segundo, la multiplicidad de estas narrativas es constantemente codificada en la visualización de datos sincrónicos/tabulares. La experiencia de aprendizaje se funda y constituye según la visibilidad de la actividad y de los datos de rendimiento. En la intersección entre estas múltiples formas de espacialización y temporalización emerge un tipo particular de estudiante digital, que es el objeto de un gobierno de individualidad y una forma de gobierno por individualización (Foucault, 1982: 211).

Cuando está inmerso en espacios educativos navegables pero modularizados y en marcos temporales abigarrados pero irreversibles, y al mismo tiempo es invitado a ser diferente y constantemente "normalizado" a través de datos de rendimiento, el estudiante digital es constituido y entra en un juego de continuidades y discontinuidades entre los valores fundamentales de la educación del s. XX (el *curriculum* basado en el conocimiento, la centralidad del profesor, la asequibilidad colectiva y la educación como vehículo de la igualdad) y los principios postindustriales de la personalización (*customisation*) individual, la flexibilidad, la producción bajo demanda y la logística "justo a tiempo", y el cultivo del potencial (Sennett, 2007; Biesta, 2013; van Dijck *et al.*, 2018). Aquí se encuentra el funcionamiento de formas definidas de dualidad entre la producción de la libertad y la disciplina (Grimaldi y Ball, 2019). Los usuarios de una EPs, como Blackboard Learn, son invitados intermitente o simultáneamente a representar, mediante trazas digitales, su aprendizaje como una actividad de elección, selección y creación de sentido autónoma, rápida y proactiva. El asunto de valor en la experiencia educativa se transforma en la valoración y la apreciación de la diferencia, la individualidad y la singularidad como opuestas al conformismo. La libertad como elección, la movilidad como solidez (*fastness*) (la voluntad de acelerar) y la gubernamentalidad se alimentan las unas a las otras. Los estudiantes son seducidos a través de un poderoso discurso de excepcionalidad, de la posibilidad de elección de sus propios y particulares caminos de aprendizaje, de la construcción de sus propias y personalizadas experiencias educativas, por medio de la selección de una gran (pero no infinita) cantidad de opciones que se les presenta. Son liberados respecto de un posicionamiento asimétrico dentro de la relación maestro-estudiante, la enseñanza se reubica como dirigida (*targeting*) para cada estudiante individual por separado. A un tiempo, se les hace moralmente responsables por sus propias experiencias educativas y por los resultados obtenidos (Edwards y Usher, 2008, p. 122), siendo investidos con la responsabilidad (y su respectiva ansiedad) de personalizar sus propias experiencias educativas.

No obstante, "el estudiante digital flexible" se erige como un modo técnico de individuación (Wark, 2019: 66), mediante el cual el usuario se convierte en un tomador-de-sentido (*meaning-taker*), cuyo valor e identidad en tanto sujeto educativo se da por medio de una agregación de datos de rendimiento exteriorizados y representados a través de modos de visualización cerrados, estrictamente ordenados, lineales, de desarrollo y comparables. En este caso, la cuestión del valor en la experiencia educativa se convierte en la valoración y evaluación de los resultados, con la experiencia educativa comprendida como el valor (usualmente numérico) de su(s) resultado(s) objetivado(s) (Edwards y Usher, 2008: 122). Desde y en relación con estas valoraciones, las EPs constantemente realizan preguntas y cuestionan al estudiante; constantemente investigan y registran su experiencia de aprendizaje; institucionalizan la búsqueda de excelencia y mejora, y las premian (Foucault, 2004: 25). Enfrentando estas valoraciones, se requiere que los estudiantes produzcan una narrativa de desarrollo, les otorguen un sentido (*made sense of*) y se den sentido (*make sense of*) a sí mismos bajo estos términos. Esto implica el re-ensamblaje de las elecciones, los caminos, los datos de rendimiento y un cierto tipo de conocimiento de sí mismo, que es en sí una característica de la organización (clasificación, ordenación, recuperación, transmisión) de datos y de bases de datos. Según Goriunova (2019a: 5), los datos se refieren a (y crean un) sujeto plástico, un sujeto fuera del sí mismo (*self*) –un doble de datos. Esta es una forma de conocimiento abstracto que se adhiere a un cuerpo y viaja con la persona, un "meta yo" (*meta self*), una narrativa de la propia excelencia y productividad que es, a un tiempo, expansiva y reductiva. Ayudamos en "la multiplicación del individuo, la constitución de un yo (*self*) adicional" (Poster, 1990: 97) –una versión de aquello en lo que nos hemos convertido y de lo que podríamos llegar a ser. La plataforma representa sus datos y los dobles que construye como fidedignos, confiables y expertos –irrefutables.

El doble de datos es "una construcción mutable que siempre está en proceso de ser ensamblado" y, al mismo tiempo, "tiene la capacidad de adquirir la suficiente consistencia como para volverse activo, transduciendo en las personas varias acciones que se vuelven sobre ellas mismas. Su singularidad ontológica tal vez radica en una forma de capturar algo en los seres humanos, y en volver a ellos, a través de encuentros, eventos y procesos de movilización". En cuanto tal, siempre es potencialmente "optimizable" de acuerdo a las necesidades deseadas (Nemorin, 2007: 17).

Dentro de dicha configuración espaciotemporal y de este conjunto de dobles, el aprendizaje se vuelve una actividad movida por un deseo que no alcanzará jamás su cumplimiento (Manovich, 2002: 269) –un estado del ser, una relación irreconciliable entre el estudiante y el universo del conocimiento en constante expansión. El estudiante flexible digital es un sujeto "perdido en el espacio", impulsado por la voluntad-de-velocidad (*will-to-speed*) (Edwards y Usher, 2008: 125). El ciclo aprendizaje-evaluación-autoevaluación-aprendizaje se convierte en el "motor" que pone en movimiento la narrativa teleológica del estudiante efectivo, donde el intento por alcanzar un estado de satisfacción es atrapado dentro de un bucle de experiencias de aprendizaje. Aquí, el aprendizaje se convierte en un conjunto de actos interrumpidos (*punctuated*) de libertad que oscilan entre una racionalidad instrumental cerrada de la auto-educación, una gubernamentalidad educativa basada en la lógica control/securitaria y una comunicación antidialógica (una neoliberalización de la pedagogía y el aprendizaje; véase Ball, 2017). Esto abre las posibilidades para una educación que va más allá de la oposición (y separación) binaria entre la producción y el consumo de la experiencia educativa. Como argumenta Van Den Broeck (2019: 14), el atractivo que genera dicha experiencia educativa deriva de una particular clase de dualidad de libertad y limitación (*restraint*), donde "forma e informe (*formlessness*) no se excluyen sino que, en su lugar, se requieren y sacan provecho la una de la otra" y debido a que el aprendizaje viene "con un grado considerable de libertad", uno voluntariamente (y feliz) se somete a las garras de sus formas de rigor, cercanía e intimidad (*closeness*).

El estudiante digital libre y activo, y el aprendizaje en cuanto tal, están sujetos a una mirada digital (*digital gaze*) cuidadosa, implacable y empíricamente vigilante, que constituye un tipo particular de verdad sobre el aprendizaje y el estudiante (Foucault, 1973: xiii). Esta mirada es diseñada, construida y animada a distancia por las labores colaborativas del diseñador, el analista y el ingeniero (Beer, 2018) y se experimenta como más cercana, a la mano, en las interpretaciones del profesor o el instructor. La mirada escanea toda la experiencia de aprendizaje, "acogería y recogería cada uno de los acontecimientos singulares que se producen dentro de ella; a través del acto de ver, ésta se convierte a sí misma en un lenguaje datado y visual que declara y enseña sobre el aprendizaje" (Foucault, 1973: 114). El estudiante "ve los datos" y "es visto por los datos" (Beer, 2018: 134) y, a través de visualizaciones datadas, su valor se hace transparente para el ejercicio del (auto)gobierno. Aquí, la mirada digital no es "reductora, sino fundadora del individuo [el estudiante] en su calidad irreductible" (Foucault, 1973: xiv). El ojo digital, como mirada proyectada, trabaja sin cesar para absorber la experiencia de aprendizaje en su totalidad, y para dominarla, estableciéndose como "sirviente" del aprendizaje y amo de la verdad sobre el aprendizaje (*ibid.*: 115).

Lo que hemos presentado en este texto no es un análisis definitivo, sino que dispusimos un conjunto de "columnas y cuerdas anticipatorias de puntos" (Foucault, 1991: 90). Nuestro análisis abre un campo de problematización, destacando la necesidad de futuras investigaciones sobre la puesta en práctica de la experiencia de aprendizaje mediada por EPs específicas. Hemos propuesto un marco conceptual para el análisis tanto de la configuración de interfaces gráficas de usuario (GUIs) como de las condiciones de posibilidad del tipo de libertad educativa que estas plataformas crean –a lo largo de los vectores de visibilidad, racionalidad, división e identidad. Dentro del proceso de aprendizaje, sugerimos que el estudiante es constantemente confrontado e informado (o compuesto) por su propio doble de datos. En tanto que configuración digital adaptativa y en constante actualización, el doble actúa sobre el sujeto encarnado, quien es "invitado" a componerse, descomponerse y recomponerse a sí mismo en su propia imagen. La visibilidad, la calculabilidad y la comparabilidad operan juntas para aclamar a un sujeto maleable, flexible, auto-mejorable, receptivo –es decir, esencialmente neoliberal. Asimismo, hemos esbozado una ontología crítica de la experiencia educativa, en tanto es producida por y a través de las EPs. Esto implica cuestionar los límites que éstas imponen al estudiante y la relación de estos límites con las actuales condiciones socio-históricas concretas que definen lo históricamente contingente, aunque aparentemente necesario, de las formas de educación *online* y mixtas. Es necesaria una elaboración ulterior a nivel conceptual y una mayor investigación empírica que nos permita comprender cómo las tensiones, dualidades y paradojas que identificamos se desarrollan de manera diversa según el diseño de la plataforma abordada y en las múltiples puestas en escena de la epistemología del aprendizaje respecto al uso de estas plataformas tanto en las escuelas como en los hogares.

Bibliografía

BALL, S. J. (2017) *Foucault as Educator.* Cham: Springer.

————; JUNEMANN, C. & SANTORI, D. (2017) *Edu.Net: Globalisation and*

Education Policy Mobility. Londres: Routledge.

BEER, D. (2018) *The Data Gaze. Capitalism, Power and Perception*. Londres: Sage.

BIESTA, G. (2013) Interrupting the Politics of Learning. *Power and Education, 5*(1), 4–15, <https://doi.org/10.2304/power.2013.5.1.4>.

CHERNER, T. & MITCHELL, C. (2020). Deconstructing EdTech frameworks based on their creators, features, and usefulness, *Learning, Media and Technology,* <https://doi.org/10.1080/17439884.2020.1773852>.

DECUYPERE, N. (2019) Researching educational apps: ecologies, technologies, subjectivities and learning regimes. *Learning, Media and Technology, 44*(4), 414-429, <https://doi.org/10.1080/17439884.2019.1667824>.

————& SIMONS, M. (2016) What screens do: The role (s) of the screen in academic work. *European Educational Research Journal, 15*(1), 132-151, <https://doi.org/10.1177/1474904115610335>.

EDWARDS, R. & USHER, R. (2008) *Globalisation & pedagogy: Space, place and identity. 2nd edition*. Londres: Routledge.

ERNST, W. (2011) Media Archaeography: Method and Machine versus History and Narrative of Media. In E. Huhtamo & J. Parikka (Eds.), *Media Archaeology. Approaches, Applications, Implications* (pp. 239-255). Berkeley, CA: University of California Press.

ERSTAD, O. & Sefton-Green, J. (2013) *Identity, community and learning lives in the digital age*. Cambridge: Cambridge University Press.

FOUCAULT, M. (1973) *The Birth of the Clinic. An Archaeology of Medical Perception*. London: Pantheon Books.

FOUCAULT, M. (1982) The subject and power. *Critical inquiry,* 8(4), 777-795.

——— (1991) Questions of Method. In Gordon, C., Miller, P. and Burchell, G. (Eds.), *The Foucault Effect: Studies in Governmentality*. Brighton: Harvester/Wheatsheaf.

——— (1997) What is enlightenment? In Rabinow P. (Ed.), *Ethics: Subjectivity and Truth. Essential Works 1956–1984, Vol. 1*, (pp. 303-319). Nueva York: New Press.

———(2004) *Society must be defended: Lectures at the collège de France, 1975–76*. Londres: Penguin.

GANE, N. & BEER, D. (2008) *New media: The key concepts*. Oxford/Nueva York: Berg.

GILLESPIE, T. (2010) The politics of 'platforms'. *New media & Society,* 12(3), 347-364.

GORIUNOVA, O. (2019a) Digital subjects: an introduction. *Subjectivity,* 12(1), 1-12, <https://doi.org/10.1057/s41286-018-00065-2>.

———(2019b) The digital subject: People as data as persons. *Theory, Culture & Society*, 36(6), 125-145. <https://doi.org/10.1177/0263276419840409>.

GRIMALDI, E. & BALL, S.J. (2019). The blended learner: digitalisation and regulated freedom - neoliberalism in the classroom, *Journal of Education Policy,* <https://doi.org/10.1080/02680939.2019.1704066>.

HÖHNE, T. & SCHRECK, B. (2009). Modularised Knowledge. In M. A. Peters, A. C. Besley, M. Olssen, S. Maurer and S. Weber (Eds.). *Governmentality*

Studies in Education (pp. 499-508). Rotterdam: Sense Publishers.

KIRSCHENBAUM, M.G. (2008) *Mechanisms. New Media and the Forensic Imagination*. Cambridge, MA: The MIT Press.

KURAN, M.Ş.; PEDERSEN, J. M. & ELSNER, R. (2017) Learning management systems on blended learning courses: An experience-based observation. In *International conference on image processing and communications* (pp. 141-148). Cham: Springer.

MANOVICH, L. (2002) *The Language of New Media*. Boston: MIT Press.

NEMORIN, S. (2017) Affective capture in digital school spaces and the modulation of student subjectivities. *Emotion, Space and Society*, 24, 11-18, <https://doi.org/10.1016/j.emospa.2017.05.007>.

OECD (2018) *A Brave New World: Technology & Education*. Retrieved at: <https://www.oecd.org/education/ceri/Spotlight-15-A-Brave-New-World-Technology-and-Education.pdf>.

PARIKKA, J. (2012) *What is Media Archaeology?* Cambridge: Polity.

PATTON, P. (1989) Taylor and Foucault on power and freedom. *Political Studies*, 37(2), 260-276.

POSTER, M. (1990) *The Mode of Information: Poststructuralism and Social Context*. Cambridge: Polity Press.

SELWYN, N.; HILLMAN, T.; EYNON, R.; FERREIRA, G.; KNOX, J.; MACGILCHRIST F. & SANCHO-GIL, J. M. (2020) What's next for Ed-Tech? Critical hopes and concerns for the 2020s, *Learning, Media and Technology*, 45:1, 1-6, <https://doi.org/10.1080/17439884.2020.1694945>.

SENNETT, R. (2007) *The culture of the new capitalism*. Yale: Yale University Press.

VANDEN BROECK, P. (2020) The problem of the present: On simultaneity, synchronisation and transnational education projects, *Educational Philosophy and Theory,* 52:6, 664-675, <https://doi.org/10.1080/00131857.2019.1707662>.

VAN DIJCK, J.; POELL, T. & DE WAAl, M. (2018) *The Platform Society: Public Values in a Connective World*. Oxford: Oxford University Press.

WARK, S. (2019) The subject of circulation: on the digital subject's technical individuations. *Subjectivity*, 12(1), 65-81, <https://doi.org/10.1057/s41286-018-00062-5>.

WILLIAMSON, B. (2016) Silicon startup schools: technocracy, algorithmic imaginaries and venture philanthropy in corporate education reform. *Critical Studies in Education*, 59(2), 218-236, <http://doi.org/10.1080/17508487.2016.1186710>.

Educación anticipada:
gobernar hábitos, memoria y políticas futuras[1]

P. Taylor Webb

Departamento de Estudios Educativos, Facultad de Educación,
Universidad de British Columbia, Canadá

Sam Sellar

Universidad de Australia Meridional, Australia

Kalervo N. Gulson

Escuela de Educación y Trabajo Social de la Universidad de Sydney, Australia

Introducción

Patton, Sawicki y Clark (2013) describieron las prácticas políticas que construyen imágenes de futuros posibles como "política predictiva" o "política prescriptiva", donde la primera "se refiere a la proyección de estados futuros resultante de la adopción de alternativas particulares" y la segunda "se refiere al análisis que recomienda acciones porque producirán un resultado particular" (p. 23). Por ejemplo, Beijing, Brasil, Canadá, la Comisión Europea, Alemania, Japón, la OCDE y el Reino Unido han desarrollado oficinas con funcionarios que procuran anticipar futuros a través de diferentes iniciativas de políticas predictivas y prescriptivas (Wilsdon, 2014). Las actividades en las que estas oficinas podrían participar incluyen: mapas de *crowdsourcing* para desastres naturales, pronóstico de bajas en el campo de batalla, anticipación del terrorismo y predicción de crímenes relacionados con pandillas, o "vigilancia policial predictiva". Las nuevas formas de datificación y automatización permiten a los gobiernos y otras partes interesadas de los sectores de poder aprovechar el pasado para construir imágenes de futuros educativos con el fin de dirigir el presente (Hartong, 2019, comunicación personal). El gobierno de los futuros educativos se ha descrito como gobierno anticipatorio (Selwyn, 2018; Williamson, 2015).

---

1. Publicado originalmente en: P. Taylor Webb , Sam Sellar & Kalervo N. Gulson (2020) Anticipating education: governing habits, memories and policy-futures, Learning, Media and Technology, 45:3, 284-297, DOI: 10.1080/17439884.2020.1686015.

Traducción: Florencia Etcheto.

Dentro de las aulas, Williamson (2016a) definió el conjunto de diferentes tecnologías basadas en el conocimiento como "un híbrido de prácticas científicas de datos extraídas de la estadística, la informática, la ciencia de la información y el aprendizaje automático, combinado con la experiencia en psicología y neurociencia del campo existente de las «ciencias del aprendizaje»" (p. 401). Las tecnologías de sensores que usan los estudiantes son un ejemplo de cómo las tecnologías basadas en el conocimiento y la IA se utilizan en la práctica educativa (de Freitas, 2018). Los sensores proporcionan datos biométricos y neurológicos, y estos datos se utilizan luego para diseñar pedagogías de "precisión" para anticipar el aprendizaje futuro, tal vez incluso como un futuro "individualizado" o "personalizado" (Thompson and Cook, 2017).

El aula no es el único espacio donde se rige el futuro de la educación. Los algoritmos y el aprendizaje automático se utilizan para desarrollar recomendaciones de políticas educativas, incluidas las mediciones en "tiempo real" del rendimiento del sistema (es decir, sistemas escolares y universitarios). Luckin *et al.* (2016) vinculan aspectos de la educación basados en datos y argumentan que "a través de la implementación de estándares de datos comunes y requisitos para compartir datos, [el aprendizaje automático] podrá proporcionar análisis sobre la enseñanza y el aprendizaje en todos los niveles, si se trata de una asignatura, una clase, una universidad, un distrito o un país en particular" (p. 48). Consecuentemente, Luckin *et al.* (2016) afirman que los avances en IA proporcionarán capacidades para diagnosticar, analizar e intervenir en los sistemas educativos, en "tiempo real". Afirmaron que la IA "podría producir el análisis de datos a nivel de escuela que indicará en *tiempo real* cuándo una escuela está experimentando problemas... Los sistemas educativos deberán ser ágiles para aprovechar el *rico* análisis a nivel de sistemas en tiempo real que estará continuamente disponible" (p. 48, énfasis nuestro).

Estos desarrollos en IA y aprendizaje automático brindan un contexto importante para nuestra discusión, pero nuestro artículo no se centra en tecnologías específicas. En su lugar, discutimos la introducción de la IA en los contextos de las políticas educativas para examinar cómo se utilizan y modifican el tiempo y la temporalidad al anticipar los futuros educativos con tecnologías basadas en el conocimiento. En este sentido, nos planteamos dos preguntas principales: ¿Quién o qué concibe la temporalidad a la hora de anticipar los futuros educativos? ¿Y cómo se utilizan el tiempo y la temporalidad de manera asumida y no reconocida, quizás incluso subrepticiamente, al anticipar futuros educativos? Por ejemplo, los lectores pueden

     Silvia Grinberg y Julieta Armella

consultar qué es "tiempo real" o, para el caso, "tiempo real enriquecido", dado que los humanos y las máquinas perciben la temporalidad de manera diferente (Parisi, 2013).

Este artículo es teórico y especulativo. Está conectado a tres cuerpos de literatura: gobernanza educativa y tiempo (Lingard y Thompson, 2017); IA en educación (Fenwick, Mangez y Ozga, 2014) y razonamiento maquínico del tiempo (Parisi, 2013). Discutimos cómo la IA influye en las prioridades de la educación anticipada (es decir, "el futuro", ubicación de grado, niveles de lectura, oportunidades de empleo futuras) y cómo los sistemas educativos anticipan lo que la IA puede hacer con los conjuntos de datos existentes (por ejemplo, datos de aprendizaje de los estudiantes, datos de rendimiento del sistema). El artículo se centra en las formas en que los sujetos educativos conjugan concepciones contrapuestas del tiempo, en las que la IA "no añadiría nuevas cualidades; al contrario, restaría tiempo real de la experiencia vivida" (Parisi, 2013: 240). Nuestra tesis es que la gobernanza anticipatoria *atrapa a los sujetos en hábitos específicos, los gobierna a través de recuerdos proporcionados; y (des)-orienta a los sujetos para futuros calculables.* Por lo tanto, el capítulo aborda detenidamente esta cuestión, describiendo los futuros educativos dentro de concepciones contrapuestas de la temporalidad.

Políticas intempestivas

Las "políticas de temporalidad" producidas por la gobernanza anticipatoria se desarrollan en torno a dos ejes: (a) cómo se "usa" o se practica el tiempo (por quién o qué) en los intentos de gobierno (por ej., como una variable en diferentes algoritmos, como un imaginario social o cultural, etc.), y (b) cómo se concibe el tiempo (Adams, Murphy y Clarke, 2009: 247). Esto sugiere que para comprender la gobernanza anticipatoria en la educación es necesario comprender el tiempo y la temporalidad de manera amplia. Para el resto de nuestra presentación, el tiempo y la temporalidad se entienden en las siguientes tres modalidades:

- Cronológico: prácticas relacionadas con la medición del tiempo en divisiones regulares para especificar un orden fijado de eventos (por ej. pasado, presente, futuro). El tiempo cronológico es cuantitativo y empírico.
- Aiónico: en contraste con las cronologías, inconmensurable, duracional, "eterno", circular, ilimitado, "sin tiempo". Este tiempo es cualitativo, intuido, percibido, "tiempo vivido" (Bergson, 2001).
- Kairológico: momentos en los cuales actuar, momentos de potencial, "avance creativo" (Whitehead, 1978), sentido de oportunidad (por ejemplo

"momento adecuado", "momento equivocado"), "inoportuno", como una intervención directa en los ordenamientos cronológicos (Brown, 2005).

Analizamos cada una de estas modalidades más adelante y en relación con las prácticas de gobernanza anticipatoria en la educación.

Comprender la educación anticipada también requiere comprender quién o qué está concibiendo el tiempo. Nos interesa pensar cómo razonan temporalmente las máquinas, con reminiscencias de contextos de gobierno caracterizados por "múltiples expertos del futuro" (Rose y Abi-Rached, 2013). Rose y Abi-Rached (2013) explicaron:

> Hoy estamos rodeados de múltiples expertos del futuro, utilizando una gama de tecnologías de anticipación (exploración de horizontes, previsión, planificación de escenarios, análisis de costo-beneficio y muchas más) que imaginan esos futuros posibles de diferentes maneras, buscando exponer algunos aspectos y para evitar otros... Frente a tales futuros, las autoridades tienen ahora la obligación no sólo de "gobernar el presente", sino de "gobernar el futuro" (p. 14).

Queremos enfatizar que las concepciones del tiempo son generadas *tanto* por quienes formulan las políticas como por las máquinas, en las que "las reglas algorítmicas ahora generan o construyen patrones a partir del reensamblaje de datos" (Parisi, 2019: 2). Lo significativo de las temporalidades maquínicas es la amplia gama de aplicaciones producidas por la intensificación de la nueva potencia informática y la disponibilidad de *big data* educativa, incluida la posibilidad de que la IA aprehenda los datos educativos "por sí mismos". Esto es, considerar lo que otros han descrito como una "autopoiesis" de la temporalidad maquínica (Stendera, 2015) y las diferentes formas en que la IA se involucra en el razonamiento temporal (Parisi, 2013).

A lo largo de nuestra discusión utilizamos el ejemplo de las *learning analytics platforms* (LAPs) –plataformas de análisis de aprendizaje– como una forma de ilustrar algunas de las implicancias temporales en relación con la anticipación de futuros educativos. Las LAPs se han convertido en una tecnología predominante basada en el conocimiento en la educación y están "programadas con la capacidad de anticipar o predecir el probable progreso futuro de los alumnos" (Williamson, 2016b: 136). Williamson (2016b) caracterizó las LAPs como formas de usar los datos de aprendizaje de estudiantes para rastrear, anticipar y predecir el progreso académico futuro. Discutimos e ilustramos las LAPs más adelante y, específicamente, en relación con los futuros educativos.

Comenzamos discutiendo enfoques de la IA que producen anticipaciones cronológicas de futuros educativos mediante el análisis de experiencias pasadas. La crono-lógica guarda una concepción privilegiada del tiempo que ha alentado la gobernanza de la educación desde la década de 1950. Hoy en día, las anticipaciones cronológicas de los futuros educativos son cada vez más producto de cálculos maquínicos del tiempo cronológico. Discutimos el surgimiento de las LAPs en educación y argumentamos que las anticipaciones cronológicas de los futuros educativos concretizan las prácticas políticas que financian, privatizan y desarrollan el capital humano (Brown, 2015). En ese sentido, sostenemos que la gobernanza anticipatoria automatiza y acelera el desarrollo del capital humano.

Luego, ilustramos cómo los futuros educativos también residen en el tiempo aiónico. El tiempo aiónico es una concepción de la temporalidad completamente diferente, que contrasta con concepciones cronológicas. Dedicamos un espacio sustancial a discutir las ideas poco ortodoxas de Gilles Deleuze (1994) sobre el tiempo aiónico. Examinamos cómo los sujetos educativos se posicionan dentro de formas de gobernanza que chocan cuando los responsables políticos y la IA utilizan diferentes concepciones del tiempo para anticipar futuros educativos. Más importante aún, argumentamos que las anticipaciones maquínicas de los futuros educativos gobiernan los hábitos y recuerdos del sujeto educado, o lo que Parisi y Goodman (2011) describen como "control mnemónico".

Concluimos con una tercera concepción del tiempo (*kairós*) para especular sobre qué podría hacerse en esta coyuntura crítica para la política y la práctica educativas. Si la IA gobierna cada vez más el desarrollo del capital humano y sus resultados perjudiciales para grupos particulares, ¿qué posibilidades tenemos de intervenir en las prácticas anticipatorias? Concluimos con algunas especulaciones intempestivas, siguiendo la afirmación de Brown (2005) de que "la inoportunidad desplegada como una estrategia intelectual y política efectiva, lejos de ser un gesto de indiferencia hacia el tiempo, es un intento de restablecer el tiempo" (p. 4). Siguiendo a Deleuze (1994), postulamos que una forma de restablecer el tiempo es restablecer los hábitos y recuerdos temporales. Además, y en contraste con los intentos gubernamentales y privados de controlar la IA (por ejemplo, listas de verificación sobre "ética y confiabilidad en la IA"), argumentamos que la IA y el aprendizaje automático pueden contribuir a la desterritorialización de los hábitos educativos y de la memoria.

Ayer, hoy y mañana: anticipaciones cronológicas de la educación

La forma dominante de tiempo en la educación es la ordenación cronológica o serial de pasados, presentes y futuros. Las formaciones lineales y teleológicas de las cronologías son los análogos precisos de las formas de gobernanza de la educación que pueden cuantificarse y medirse (Fenwick, Mangez y Ozga, 2014). En este sentido del tiempo, la temporalidad "frecuentemente se reduce a la hora del reloj, la economía se reduce a cuestiones monetarias y los espacios isotrópicos y descontextualizados dominan los lugares significativos" (Rämö, 1999: 323; citado en Papastephanou, 2014: 170).

La crono-lógica sustenta las racionalidades de las ciencias políticas desarrolladas en la década de 1950 (Lerner y Laswell, 1951). El concepto de "ciencias políticas" se refería al papel que las políticas públicas podían desempeñar para ayudar a los gobiernos a resolver problemas, incluyendo la reconstrucción de posguerra y el gobierno del Estado (esto es, empleo, seguridad) (Simons, Olssen y Peters, 2009). Las ciencias políticas se diseñaron para brindar soluciones a problemas sociales y para "gestionar "lo público" y "sus problemas" a través de un enfoque multidisciplinario que figuraba exclusivamente dentro de las ciencias sociales e incluía distintas perspectivas: política, derecho, sociología, economía, educación, etc. (Parsons, 1995: 6).

La crono-lógica asume que el tiempo es empírico, objetivo y algo que se puede contar (como el tiempo del reloj). Los calendarios, horarios, fechas límite y metas de desempeño son los objetos y prácticas de la educación cronológica. Lo que es interesante dentro de la cronopolítica es cómo el tiempo en la formulación de políticas educativas está preestructurado y aquellos en posiciones de poder pueden usar el tiempo para su ventaja (por ejemplo, cuándo se programan las reuniones o cómo se determina de quién llega tarde a clase). La cronopolítica gobierna la educación sin cesar, ya que la cronológica tiene una cercana hegemonía sobre cómo se concibe y se practica la temporalidad.

Relojes y tiempo maquínico: infraestructuras de datos en educación

Marx (1863) argumentó que "el reloj es la primera máquina automática aplicada a fines prácticos. A través de él se desarrolló toda la teoría de la producción de movimiento regular" (sp.). Actualmente, el ascenso de la IA está dando forma a nuevos tipos de máquinas automáticas que se utilizan

 Silvia Grinberg y Julieta Armella

para gobernar las temporalidades de la educación. En esta línea, Selwyn (2015: 72) afirma que:

> el "pensamiento de sistemas" manejados por algoritmos, donde los problemas sociales complejos (e irresolubles) asociados con la educación pueden verse como problemas estadísticos complejos (pero con solución)... conduce a un estado recursivo en el que el análisis de datos empieza a producir entornos, tanto como los entornos educativos que producen datos.

Las formas anticipatorias de gobernanza cronológica residen en ideas amplias de "política computacional" que utilizan IA para producir representaciones computacionales, modelado, simulaciones y procedimientos relacionados (Gulson y Webb, 2017a). La integración de formas novedosas de datos y la creación de nuevas plataformas de datos, además de la infusión de principios comerciales en las redes de gobernanza educativa, producen interacciones intensificadas entre personas, redes, algoritmos y capacidades computacionales.

Williamson (2016b) examinó las plataformas de análisis de aprendizaje (LAPs) como uno de los tipos de plataformas de datos en educación observando que

> Las plataformas de análisis de aprendizaje operan como dispositivos anticipatorios que están integrados en las rutinas pedagógicas del aula y se basan en desarrollos técnicos en el aprendizaje automático. La importancia de los algoritmos de aprendizaje automático radica en que exhiben tendencias de emergencia, adaptabilidad, anticipación y predicción. El aprendizaje automático y el software de análisis predictivo son parte de un mundo en el que ahora prevalecen los "resultados probabilísticos" y las predicciones sobre el futuro, con implicaciones significativas en la forma en que las personas piensan y anticipan su propio futuro... (p. 136)

Es importante señalar que las infraestructuras de datos, como las LAPs, producen formas particulares de políticas de educación anticipada. La aplicación principal de las LAPs es identificar estudiantes "en riesgo" e intervenir computacionalmente de manera que mejoren los resultados perjudiciales de aprendizaje (por ejemplo, prevenir la deserción, aumentar la matrícula, etc.) (West, Heath y Huijser, 2016). Basándose en una amplia gama de campos, incluidas las "ciencias del aprendizaje", la teoría de la información, la psicología y la informática, las LAPs tratan de abordar la complejidad del aprendizaje humano mediante el análisis de grandes conjuntos de datos educativos, incluidos los datos de las interacciones de los foros de estudiantes, el acceso a recursos como bibliotecas y resultados de evaluaciones. Si bien las LAPs no dependen de la IA, el uso del aprendizaje automático ha identificado "efectos de tiempo", los aumentos o disminuciones inexplicables en los valores de las variables, en las predicciones de la deserción de los estudiantes (Aulck *et al.*, 2017: 19).

El aprendizaje automático puede calcular o computar tiempo cronológico cuando construye o modela futuros probables. En el contexto de las LAPs, estos cálculos operan en tres condiciones o premisas interrelacionadas: (a) una codificación realista *naïf* del aprendizaje (Scott, 2005); (b) algoritmos que utilizan estas codificaciones con fines predictivos; y (c) la generación de múltiples simulaciones donde los usuarios pueden llevar a cabo formas de autoevaluación (Gibson y de Freitas, 2016). Las LAPs pueden proporcionar diagnósticos e intervenciones sincrónicas (es decir, simulaciones), que modelan múltiples trayectorias temporales para anticipar el futuro de los estudiantes. Las LAPs, por lo tanto, se basan en y producen formas de gobernanza anticipatoria a través de cálculos cronológicos que ponen en serie pasados, presentes y futuros.

Existe una gran variedad en el desarrollo y uso de las LAPs y otras infraestructuras de datos globales en la educación surgidos en los últimos treinta años (Gulson y Sellar, 2019). Estas infraestructuras de datos aceleran la "sin*cron*ización de las culturas educativas" a través de la insistencia en que el tiempo sigue siendo lineal, teleológico y cuantificable (Papastephanou, 2014: 169, énfasis nuestro). Las crono-lógicas asumen que el tiempo es un universal que confiere igualdad y homogeneidad a través de la experiencia vivida y encarnada (Bennett y Burke, 2018). Por ejemplo, las LAPs dependen de codificaciones particulares (es decir, representaciones y reducciones matemáticas) para simular el aprendizaje, pero al hacerlo, inevitablemente reducen, aplanan o hipostasian el aprendizaje en categorías computables y, para nuestros propósitos, representativas (por ejemplo, género, edad, etnia, etc). Es decir, las simulaciones de aprendizaje producidas por las LAPs solo pueden calcular lo que está codificado, dejando muy poco fuera de esta representación y el cálculo posterior. Las predicciones y anticipaciones de las LAPs requieren variables computables, que son los ordenamientos organizados "crónicamente" del pasado de un estudiante.

Las anticipaciones cronológicas, entonces, aplanan y reducen el número de futuros educativos. Estos futuros ya están determinados en gran medida y, en el ámbito de la educación, con frecuencia están determinados por los deseos de financiarizar, privatizar y desarrollar el "capital humano" (Becker, 1964; Foucault, 2008). La educación anticipatoria no se encuentra por fuera de los registros y prácticas del desarrollo del capital humano, sino que automatiza y acelera las crono-lógicas que han transformado la educación en desarrollo del capital humano durante los últimos sesenta años (Brown, 2015). Además, el capital humano futuro (es decir, el capital humano futuro y anticipado) probablemente reproducirá las desigualdades biopolíticas existentes en la educación (Gulson y Webb, 2017b). Hoy en día, una "biopolítica computacional" que utiliza información, código y biología podría automatizar y acelerar fácilmente las prácticas existentes de clasificación, seguimiento, mitigación y mejoras u optimizaciones de género, raza y sexualidad asociadas con el desarrollo del capital humano (Foucault, 2008; Rose, 2001).

La sincronización de las infraestructuras de datos globales en la educación recuerda a las "sociedades de control" que modulan las experiencias de educación y formación del capital humano (Deleuze, 1992). El sujeto educado ya no es un individuo con un "potencial" asumido que espera ser desbloqueado a través de la escolarización. Más bien, "los individuos se han convertido en *dividuals"* (dividuos) y masas, muestras, datos, mercados o "bancos" (Deleuze, 1992: 5). Los sujetos educativos y otros individuos se modulan constantemente como una "estadística de devenir" (por ejemplo, racial, de género, biométrico, neurológico, etc.) (Sellar y Thompson, 2016).

El deseo es lo que marca a las sociedades de control "porque expresan aquellas formas sociales capaces de generarlos y utilizarlos" (Deleuze, 1992: 6). Así, Stiegler (2016) argumentó que la gobernanza es ahora una forma de "hipercontrol" a través de "datos personales producidos por ellos mismos, recopilados y publicados por las propias personas, sea a sabiendas o no, y estos datos luego se explotan mediante la aplicación de computación intensiva a estos conjuntos masivos de datos" (p. 58). Las LAPs no son simples repositorios de medición educativa, sino plataformas que producen sujetos deseantes. En otras palabras, estas plataformas generan "prosumidores" de datos educativos, no solo consumidores de su archivo, sino también productores que interactúan con los datos de forma co-creativa (Williamson, 2016b: 125). Los futuros anticipatorios son, entonces, las extensiones de pasados y presentes ordenados cronológicamente, y formas de guiar o empujar a los sujetos educados a anticipar, desear y "prosumir" (en lugar de consumir) su propio futuro ordenado cronológicamente. Las LAPs sincronizan sujetos educativos y sistemas escolares en la "axiomática capitalista" del desarrollo del capital humano (Deleuze y Guattari, 1983: 184).

La gobernanza anticipatoria es el resultado lógico de las epistemologías cronológicas y cuantitativas que promulga la política educativa. Las capacidades de la IA ahora aceleran las epistemologías cronológicas que se han utilizado para gobernar la educación desde la década de 1950 (Webb y Gulson, 2015). La preponderancia de las anticipaciones cronológicas opaca cómo se rigen también los hábitos y los recuerdos del sujeto educado. En otras palabras, la crono-lógica opaca el modo en que la IA infiere futuros a través de su propio sentido de la temporalidad desarrollado a partir del aprendizaje algorítmico no humano[2].

Las concepciones aiónicas del tiempo permanecen relegadas al discurso filosófico y rara vez se han discutido dentro de los procesos y prácticas de la política educativa (cf. Thompson y Cook, 2014; 2017). Sin embargo, el tiempo aiónico proporciona otras formas de comprender cómo la IA calcula los futuros educativos, quizás brindando una manera de explicar los ciclos interminables del desarrollo del capital humano en la educación. Nuevamente, sugerimos que el "tiempo de reinicio" puede ser una alternativa kairónica a las anticipaciones algorítmicas calculadas en formas cronológicas de gobernanza educativa.

Anticipaciones aiónicas de la educación: hábitos, recuerdos y futuros

En nuestro tiempo, como nunca antes, se ha roto la continuidad del pasado al futuro. (Rabinow, 2008: 59)

Las concepciones aiónicas del tiempo llaman la atención sobre la calidad de la duración (por ejemplo, "eterna", interminable, cíclica) y difieren de las concepciones cronológicas del tiempo que enfatizan la secuencia de eventos y las teleologías binarias que se extienden hacia atrás o hacia adelante (por ejemplo, pasado y futuro). El tiempo aiónico no es ni sucesivo ni serial, sino intensivo o afectivo, repetitivo y no representacional (Deleuze, 1994). El tiempo aiónico es algo sentido y aprehendido, y "se extiende eternamente en dos direcciones (pasado y presente) a la vez" (Piotrowski, 2019). Si cronos presupone epistemologías cuantitativas, aion presupone sensibilidades cualitativas[3].

Deleuze (1994) desarrolló una teoría del tiempo aiónico en relación con lo que llamó las tres síntesis del hábito, la memoria y la novedad. Esta

---

2. Parisi (2019) discutió el pensamiento maquínico como "...automatización de la automatización: la generación automatizada de nuevas reglas algorítmicas..." (p. 2).

3. La epistemología privilegia las ideas de «conocimiento» discursivo, que no es una buena metáfora para comprender la duración. En cambio, las sensibilidades encarnadas son una forma alternativa de entender la duración.

   Silvia Grinberg y Julieta Armella

concepción no cronológica del tiempo se desarrolló "en contraste con los puntos de vista donde el tiempo actúa como contenedor de eventos, o donde el tiempo es una representación según la cual se sitúan los eventos" (Williams, 2011: 62). Las experiencias de tiempo son intensivas y orientan a los sujetos a través de diversas sensaciones y prehensiones de tiempo. Por lo tanto, el tiempo es contextual –no es neutral ni objetivo– y opera relacionalmente como una dinámica de poder y desigualdad" (Bennett y Burke 2018: 3). Deleuze (1994) creía que una forma de restablecer el tiempo era restableciendo los hábitos y los recuerdos.

La concepción del tiempo aiónico de Deleuze se basa en su idea de "síntesis" y, específicamente, en sus ideas de síntesis "pasiva" y "activa". Las síntesis activas se ocupan del pensamiento consciente y las síntesis pasivas se producen de forma no consciente, a través de la sensación y la prehensión. La cognición no consciente también ha sido una forma de describir las epistemologías abductivas de la IA (Hayles, 2014), incluyendo las capacidades de la IA para inferir el tiempo y razonar temporalmente (Parisi, 2013)[4]. Si bien sus ideas sobre el tiempo aiónico son algunas de las más desarrolladas, las "tres síntesis del tiempo" de Deleuze pueden ser poco intuitivas, particularmente su énfasis en las formas en que los hábitos y los recuerdos intuyen, sienten y aprehenden la temporalidad.

Primera síntesis del tiempo

Deleuze (1994) argumentó que la primera síntesis del tiempo aiónico es el hábito. Los hábitos son una colección de procesos pasivos e inconscientes de sensación y prehensión. El coloquialismo del "reloj interno" es una forma de describir estos hábitos, mientras que el "desfase horario" (*jet lag*) es un síntoma de la alteración de los hábitos temporales (por ejemplo, la crono-biología: tasas metabólicas, ritmos circadianos, latidos cardíacos, ciclos de sueño). La sensación y la prehensión son procesos interdependientes y operan sobre la base de encuentros pasivos más que del reconocimiento consciente. Son habituales, instintivos y están relacionados con una variedad de sentidos pasivos que interactúan con entornos que están en constante cambio (por ejemplo, aumentos y disminuciones imperceptibles de la luz del día). Para

---

4. La cognición no consciente es una forma de describir el "pensamiento" exclusivo de la IA, y no tiene nada que ver con la inteligencia humana ni con que sea o sirva como replicante de la inteligencia humana. La caracterización de la cognición no consciente se atribuye a formas de IA involucradas en el "aprendizaje no supervisado", en lugar de formas de IA que utilizan datos de entrenamiento en el "aprendizaje supervisado".

Deleuze (1994), sensaciones y prehensiones operan como multiplicidades. Encontramos pasivamente –y no reconocemos– una serie de sensaciones y prehensiones diferentes. Es a través de estas síntesis automatizadas y habituales que el tiempo y la temporalidad se pliegan subjetivamente, aquello que hemos nombrado como sensibilidades afectivas y encarnadas al interactuar con la política educativa (Webb y Gulson, 2012; 2013).

En relación con la educación anticipada, Thompson y Cook (2014) toman prestada la idea de "hábito" de Deleuze (1994) para argumentar que "el hábito de la formulación de políticas educativas [...] es la contracción colectiva de eventos pasados en un presente vivido que está orientado hacia el futuro", en el que la formulación de políticas educativas "contrae eventos o problemas pasados en un presente vivido centrado en la solución como un medio para construir un futuro mejor" (p. 706). Thompson y Cook (2014) observaron que la formulación de políticas educativas es habitual "porque las temporalidades a las que dan lugar las actividades de formulación de políticas no han cambiado, el pensamiento está atrapado en viejos circuitos temporales" (p. 706). Estamos de acuerdo en que la gobernanza educativa está atrapada en hábitos de tiempo cronológico. Por lo tanto, las anticipaciones de la educación circulan y repiten los hábitos formales tanto de las prácticas educativas como de las temporalidades, a menudo bajo el pretexto de un "futuro prometedor".

Las ideas de duración del tiempo explican cómo el gobierno anticipatorio automatiza formas de control continuo evidenciadas como "entrenamiento perpetuo" (Deleuze, 1992: 7). Las ideas de espera y aburrimiento –correlativas a la anticipación (Piotrowski, 2019)– son "... experimentadas como una suspensión dolorosa del paso del tiempo de desarrollo" (Bignall, 2010: 8). El sujeto repetitivo y de duración caracterizado como el "estudiante aburrido" no está intrínsecamente desmotivado ni falto de imaginación, sino más bien atrapado en las prácticas y recuerdos habituales de la escolarización.

Como tal, el sujeto que anticipa es la acumulación de todos los pequeños momentos de espera y aburrimiento que acompañan a las promesas de futuros educativos. Bignall (2010) argumentó que el aburrimiento en realidad "ayuda al cumplimiento del deseo" (Spacks, 1995, citado en Bignall, 2010: 8), en tanto "el aburrimiento no es simplemente incapacitante y disruptivo, sino que también se entiende como la base putativa para el surgimiento de la individualidad reflexiva" y juega un "papel provocador... como una fuerza causal o motivadora de los procesos constructivos" (Bignall, 2010: 8). En otras palabras, los tiempos de espera anticipados y el aburrimiento educativo son productivos porque ejercen presión sobre los sujetos educa-

   SILVIA GRINBERG Y JULIETA ARMELLA

tivos para acelerar los tiempos de espera embebidos de anticipación. Estos procesos productivos de individualidad podrían surgir de los esfuerzos por terminar con el aburrimiento habitual de la escuela. Por ejemplo, los procesos productivos de la individualidad pueden ser deseos de promulgar perfiles LAPs para acelerar y potencialmente desterritorializar las rutinas habituales del currículum.

El aburrimiento y la espera se utilizan como táctica administrativa de "aplazamientos ilimitados" en las anticipaciones educativas (Deleuze, 1992: 5). Por ejemplo, el tiempo dedicado a anticipar futuros educativos va acompañado de espera y aburrimiento, un «optimismo cruel», que representa inversiones afectivas dirigidas a acelerar la llegada de futuros educativos retrasados en la anticipación (Berlant, 2011). En este sentido, el aburrimiento embebido en las anticipaciones maquínicas sincroniza los deseos de convertirse en capital humano para escapar de los interminables aplazamientos de hoy. Desafortunadamente, la mayoría de estos futuros educativos no se materializarán para muchos (Sellar y Zipin, 2019). La gobernanza anticipatoria nunca es tan cruel como cuando acelera el pasado en presentes automatizados dolorosamente suspendidos.

Segunda síntesis de tiempo

La segunda síntesis del tiempo aiónico es la memoria. La memoria organiza hábitos como fotografías que asisten (o desencadenan) las síntesis pasivas del recuerdo. Otro ejemplo de memoria pasiva es la memoria motora del músculo al tocar el piano. Sin embargo, la memoria no solo se encarna, sino que organiza los hábitos según un principio de duración, "sin el cual el presente nunca pasaría" (Smith, 2013: sp). Aparentemente, la memoria funciona para explicar cómo llegan a operar los hábitos y, en la formulación de Deleuze, contrasta con las representaciones psicológicas del hábito.

La memoria fue utilizada por Deleuze (1994) para ilustrar cómo el tiempo cronológico es paradójico. Smith (2013: sp) describió la situación de la memoria, o lo que describió como "la paradoja de la contemporaneidad", cuando observó lo siguiente:

Aunque tendemos a pensar que el presente "es" y el pasado "no es" o "ya no es", de hecho ocurre lo contrario. Por pequeño que sea, es el instante que pasa lo que "no es" (ya que cada vez que tratamos de agarrarlo, ha pasado y ha sido reemplazado por el instante siguiente), mientras que el pasado mismo se conserva.

Las ideas cronológicas del presente se vuelven problemáticas una vez que el tiempo se entiende como duradero, "eterno" o sin fin. En otras palabras, la cronología no es el contenedor de los eventos educativos, sino que la duración proporciona la base para las explicaciones cronológicas del tiempo. La memoria, entonces, es la forma predominante de gobernar los hábitos educativos. En otras palabras, la memoria orienta a los sujetos educativos hacia las cualidades de duración del tiempo y "coloniza" esas subjetividades a través de la memoria mientras opaca y borra futuros posibles no "coordinados y creados por el presente y el pasado" (Thompson y Cook, 2014: 707).

Volviendo a nuestro ejemplo, las LAPs pueden concebirse como un archivo de memorias educativas codificadas (además de servir como simulaciones cronológicas para rastrear y anticipar el progreso académico futuro). Las LAPs representan y archivan futuros educativos al recordar los momentos de aprendizaje pasivo como "datos". Parisi y Goodman (2011) describen esta forma de gobernanza como un "control mnemotécnico" a través del cual los hábitos inconscientes del tiempo son hipostasiados como datos que alimentan las LAPs. La hipostatización de las prehensiones pasivas del tiempo es control mnemotécnico que equivale al "gobierno virtual de lo no vivido" (p. 165) y "nunca puede ser vivido a pesar de orquestar el presente de forma preventiva como presente-futuro a través de la entrada de potencialidades reales en ocasiones de experiencias" (p. 175). El control mnemotécnico explota las prehensiones pasivas del tiempo que se sienten familiares a pesar de que no se han experimentado conscientemente, a pesar de que ahora están representados o memorizados dentro de los archivos LAPs. En su control de lo no vivido, el control mnemotécnico dirige las anticipaciones a un "pasado no vivido, un futuro no sentido" (Parisi y Goodman, 2011: 164).

El archivo de recuerdos educativos producido a través de estas plataformas de aprendizaje también se puede combinar con infraestructuras de datos globales para producir recuerdos adicionales de clasificaciones de escuelas y universidades, y otros datos biopolíticos para anticipar posibles oportunidades de empleo. Las infraestructuras de datos globales en educación producen continuamente archivos de información que se utilizan para anticipar los sujetos educativos y sus posibilidades de empleo, mientras los seducen subrepticiamente para que propongan estos mismos futuros. Los datos mandan que es lo que los sujetos recuerdan y, a su vez, estos recuerdos promueven los hábitos educativos del mañana (por ejemplo, promulgan circuitos repetitivos de ideas y pensamiento).

Tercera síntesis de tiempo

La tercera síntesis del tiempo tiene que ver con las condiciones que producen futuros (o lo "nuevo"). Los futuros, sin embargo, son una paradoja temporal para Deleuze (1994) porque el hábito y la memoria reproducen constantemente temporalidades a través de ciclos pasivos. No hay nada "nuevo" o futuro dentro de los ciclos de duración de los hábitos y la memoria. En otras palabras, el futuro sólo reproduce y refuerza trayectorias dependientes que arraigan hábitos y recuerdos existentes.

Para Deleuze, sólo algo "nuevo" podría considerarse futuro, mientras que los usos tradicionales de "futuro" son solo repeticiones del pasado. Smith (2013: sp) es útil cuando pregunta si es…

> … paradójico buscar las condiciones de lo nuevo, ya que lo condicionado (lo nuevo) estaría determinado por sus condiciones, y por tanto no sería verdaderamente nuevo, ¿como un efecto que ya está contenido en su causa? La respuesta es sí…

Para nuestros propósitos, la gobernanza anticipatoria en educación no ofrece nada nuevo, incluso si promete un "futuro". Los futuros de la gobernanza anticipatoria están determinados por sus condiciones y simplemente repiten los hábitos y recuerdos existentes. Thompson y Cook (2014) explican que los hábitos educativos y la memoria…

> son síntesis de captura, en tanto lo nuevo no es posible dentro de un presente vivido colonizador en el caso de la primera síntesis, y un proceso repetitivo de un pasado puro (segunda síntesis) que no tiene salida para esos sujetos y objetos creados repetitivamente (p. 707).

Aquí, la gobernanza anticipatoria automatiza y acelera la colonización de hábitos y memorias educativas.

El "nuevo" (o futuro deleuziano) sólo se produce a través de un quiebre activo o ruptura del hábito y la memoria. Smith (2013) señala que:

> Deleuze propuso reemplazar la pareja posible-real por la relación virtual-actual: mientras que lo real se asemeja a lo posible, y lo actual difiere de lo virtual. El tiempo, para Deleuze, no pasa de un término actual a otro, sino de lo virtual a lo actual… (sp.)

Con respecto al restablecimiento de hábitos y recuerdos, Voss (2013) argumentó que la tercera síntesis del tiempo de Deleuze "introduce un corte o cesura en la conciencia y produce el sistema de un yo disuelto" (p. 212). La ruptura de los hábitos y memorias educativas es un intento de romper con las cronologías que habitan los sujetos educativos, y a través de las cuales se entienden a sí mismos. Por ejemplo, Bignall (2010) discutió la ruptura de los hábitos temporales de manera similar:

La tercera síntesis del tiempo involucra el pensamiento del tiempo como "intempestivo"; instituye una "cesura" en el tiempo del presente (Deleuze 1994, pp. 88-89), con respecto al pasado puro que lo fundamenta, para imaginar un futuro que aún no ha llegado y que imaginativamente "dibuja una diferencia" del presente. (p. 16)

La tercera síntesis del tiempo exige un corte para que se produzca algo nuevo y para que no se repita el pasado.

Si bien hablar de restablecer hábitos y recuerdos puede parecer des-alentador, Bignall (2010) proporcionó un ejemplo razonable de ruptura de hábitos y recuerdos pasados. Ella dice: "por ejemplo, podría preguntarme: ¿mi forma habitual está parcialmente compuesta por algunas asociaciones sin las cuales estaría mejor (un colega agotador, un pariente odioso)?" (p. 16). La capacidad de anticipar algo distinto de lo posible es otra manera de hablar de la virtualidad o de lo virtual. Voss (2013) concluyó que las rupturas habituales y mnemotécnicas llevan "al sujeto abandonado y sin fundamento a un punto de metamorfosis, cuando todas sus posibilidades de devenir son liberadas. Libera al sujeto… del imperio de la identidad y la ley" (p. 207). En otras palabras:

La tercera síntesis del tiempo implica, por lo tanto, pensar el presente real vivido en términos de sus repeticiones y sus consistencias habituales a través del tiempo, y preguntarse si las relaciones parciales que componen los cuerpos complejos reales (los "pequeños yoes" que existen "debajo" del "yo que actúa") fueran devueltos al caos virtual de donde vinieron, acaso serían dignos de regresar en la misma forma. (Bignall, 2010: 16)

Usamos la idea de la relación real-virtual como base para restablecer el tiempo en la educación, y discutimos esto en el apartado final.

Olvidar la educación

La política educativa siempre ha tenido una íntima relación con el futuro, prometiendo una preparación para un mañana complejo. Pero, ¿y si el mañana nunca llega? ¿Qué pasa si la educación es un dispositivo temporal que repite el pasado (Ball 1995)? El auge de la anticipación y la predicción constituyen un momento decisivo en la historia de la gobernanza de la educación. Este *fin de siècle* llega como resultado de tradiciones educativas que ofrecen futuros

     Silvia Grinberg y Julieta Armella

más esperanzadores, a menudo empantanados por intentos de actualizar tales futuros. En otras palabras, la educación ha sostenido que los futuros posibles son cognoscibles, incluso si la certeza sobre tales condiciones sigue siendo esquiva. Sin embargo, los hábitos que profesan incertidumbre sobre los futuros educativos rara vez cuestionan que el mañana se pueda *anticipar*.

Hemos argumentado que la gobernanza anticipatoria automatiza el control de los hábitos y recuerdos educativos. Y así, advertimos que se pueden romper hábitos y memorias educativas dirigidas al desarrollo del capital humano y la reproducción biopolítica. Rabinow (2008) argumentó de manera similar cuando afirmó:

> …el signo diacrítico más adecuado para distinguir la modernidad como época es el que marca una ruptura temporal con el pasado. Hacer una distinción identifica una ruptura: nos muestra dónde mirar para ver lo que se toma como la dimensión crucial del mundo que, mientras aceptemos esta distinción particular, ha cambiado para siempre. (p. 63)

La educación habitualmente se equivoca en sus relaciones con el mañana: siempre ha privilegiado los futuros generados a partir de las relaciones posible-real y ha ignorado o menospreciado los futuros generados a partir de las relaciones virtual-actual. Es por eso que la educación siempre está tratando de "reformarse" o "mejorarse" a sí misma; los esfuerzos de reforma son los intentos habituales de mejorar sus recuerdos fallidos de un futuro glorioso. La gobernanza educativa ha mostrado que los hábitos anticipatorios involucrados en el gobierno de la memoria de otros están diseñados para producir capital humano que se ha establecido en un pasado capitalista para futuros financiarizados (Robertson, 2016). Habitualmente lo hace de manera desigual (Brown, 2015). ¿Es posible romper con estos hábitos y recuerdos? ¿Es posible generar algo "nuevo" en educación? ¿La educación es simplemente una repetición de lo mismo, vendida como "el futuro" y comercializada como "lo nuevo"?

Una tercera concepción del tiempo, kairós, nos anima a sintonizarnos con la potencialidad del presente momento anticipatorio. Derrida (1994) invocó al kairós en su discusión sobre cómo las ideas de Marx rondan el presente, o el "tiempo del ahora", sosteniendo la contingencia y, con una cuidadosa selección, las condiciones para la ruptura de pasados habitualmente repetidos. Es importante destacar que creemos que la introducción de nuevas tecnologías de IA puede contribuir a una ruptura en la gobernanza educativa. Actualmente se gasta mucha energía y financiación para la investigación en el esfuerzo por "humanizar" la IA a través de intentos de erradicar el sesgo y centrarse en ideas como "IA explicable" (cf. Edwards, 2018). Los intentos de humanizar la IA se basan en la premisa de que la IA aún no forma parte de la política y la gobernanza de la educación posthumana (Hayles, 1999; 2014). Pero esta humanización es simplemente otra forma de control: es la premisa de los proyectos de gobernanza anticipatoria para gestionar la emergencia de formas que se consideren congruentes con los valores de hoy.

Acelerar la anticipación: dejar ir la educación

Sugerimos que la educación debería hacer proliferar modos de incertidumbre inherentes a la gobernanza anticipatoria, específicamente como mandatos o rupturas al control mnemotécnico habitual en la educación. Por ejemplo, la gobernanza anticipatoria usa y desarrolla epistemes relacionadas con las probabilidades, los pronósticos y los modelos predictivos y se "redirige como un mandato para caracterizar y habitar los grados y tipos de incertidumbre" (Adams, Murphy y Clarke, 2009: 247). ¿Podemos dejar que la IA infiera "lo nuevo" o lo virtual, en contra de los llamados morales ubicuos para regular la IA o desarrollar una "ética en la IA" que simplemente restablezca los viejos regímenes de lo posible-real? ¿Podemos acelerar la IA para producir lo virtual y así romper con los hábitos y los recuerdos de la educación?

El aceleracionismo describe la visión de que el crecimiento económico impulsa el desarrollo tecnológico y viceversa, estableciendo ciclos de retroalimentación positiva que comprimen el tiempo de producción (Land, 2014). Mientras que algunos aceleracionistas abogan por gestionar este proceso o llevarlo al límite, otros argumentan que esta dinámica no es susceptible de regulación humana. Los aceleracionistas incondicionales responden a la pregunta de qué se debe hacer con el cambio tecnológico proponiendo que dejemos de lado nuestra suposición de que se puede y se debe hacer algo (Garton, 2017). Desde esta perspectiva, el problema de la gestión de los sistemas tecnoeconómicos se replantea como un problema de deseo de tal control, o de repetición del hábito y la memoria. ¿Hasta dónde podemos llegar para dejar ir este deseo? Este dejar ir implica una desterritorialización del deseo, y luego reterritorializaciones compensatorias. Por supuesto, esto puede parecer el peor tipo de nihilismo pasivo, pero desde otra perspectiva puede verse como el proceso a través del cual se restablecen el deseo y el hábito.

La tarea educativa actual es acelerar las simulaciones LAPs, por ejemplo, de manera que rompan con los hábitos y recuerdos educativos, en lugar de descartar los resultados algorítmicos como "improbables" o "no posibles". En otras palabras, ¿qué otros hábitos y recuerdos podría calcular la IA además de los ya programados para desarrollar capital humano? Las probabilidades, incertidumbres y pronósticos especulativos de nuevas racionalidades algorítmicas, que identifican lo virtual, abren posibilidades en el presente que no dependen de la agencia humana o de políticas deliberativas. La oportunidad del momento presente quizá consista en dejar de lado el deseo de control que sustentan las ciencias políticas diseñadas para el desarrollo del capital humano, en lugar de buscar un control de otro tipo.

Reconocemos que el restablecimiento de hábitos y recuerdos probablemente sea una tarea demasiado ardua. También reconocemos la ambivalencia y la antipraxis del aceleracionismo. Otro momento kairónico o intempestivo para la gobernanza anticipatoria en la educación podría ser uno en el que maniobrar en la educación como "incomputable" (Majaca y Parisi, 2016) o como "imperceptible" (Grosz, 2002). Devenir-incomputable o devenir-imperceptible proporciona una política intempestiva que acepta que los futuros de la educación "operan con máquinas... cuyo peligro pasivo radica en la sobresaturación y el activo en la piratería o la introducción de virus" (Deleuze, 1992: 6). Puede haber tiempo en la educación para involucrarse en una "política de piratería" a medida que las anticipaciones de futuros educativos se vuelven cada vez más predecibles. Pero ese tiempo siempre es ahora.

Bibliografía

Adams, V.; Murphy, M. & Clarke, A. E. (2009) Anticipation: Technoscience, Life, Affect, Temporality. *Subjectivity* 28 (1): 246-265.

Aulck, L.; Velagapudi, N.; Blumenstock; J. & West, J. (2017) *Predicting Student Dropout in Higher Education.* <https://arxiv.org/pdf/1606.06364.pdf>.

Ball, S. J. (1995) Intellectuals or Technicians? The Urgent Role of Theory in Education Studies. *British Journal of Educational Studies* 43: 255-271.

Becker, G. S. (1964) *Human Capital: A Theoretical and Empirical Analysis, with Special Reference to Education.* Chicago: The University of Chicago Press.

Bennett, A. & Burke, P. J. (2018) Re/Conceptualising Time and Temporality: an Exploration of Time in Higher Education. *Discourse: Studies in the Cultural Politics of Education* 39 (6): 913-925.

Bergson, H. (2001) *Time and Free Will: An Essay on the Immediate Data of Consciousness.* Mineola, NY: Dover Publications.

Berlant, L. (2011) *Cruel Optimism.* Durham, NC: Duke University Press.

Bignall, S. (2010) Desire, Apathy and Activism. *Deleuze Studies* 4: 7-27.

Brown, W. (2005) *Edgework: Critical Essays on Knowledge and Politics.*

Princeton, NJ: Princeton University Press.

——— (2015) *Undoing the Demos: Neoliberalism's Stealth Revolution.* Brooklyn, NY: Zone Books.

DE FREITAS, E. (2018) The Biosocial Subject: Sensor Technologies and Worldly Sensibility. *Discourse: Studies in the Cultural Politics of Education* 39 (2): 292-308.

DELEUZE, G. (1991) *Empiricism and Subjectivity: An Essay on Hume's Theory of Human Nature.* New York: Columbia University Press.

———(1992) Postscript on the Societies of Control. *October* 59 (Winter): 3-7.

——— (1994) *Difference and Repetition.* New York, NY: Columbia University Press.

——— & GUATTARI, F. (1983) *Anti-Oedipus.* Minneapolis: University of Minnesota Press.

DERRIDA, J. (1994) *Specters of Marx: The State of the Debt, the Work of Mourning, and the New International.* Translated and edited by Peggy Kamuf. New York: Routledge.

EDWARDS, P. N. (2018) *We Have Been Assimilated: Some Principles for Thinking About Algorithmic Systems.* <https://doi.org/10.1007/ 978-3-030-04091-8_3>.

FENWICK, T.; MANGEZ, E. & OZGA, J. (2014) *Governing Knowledge: Comparison, Knowledge-Based Technologies and Expertise in the Regulation of Education.* New York, NY: Routledge.

FOUCAULT, M. (2008) *The Birth of Biopolitics: Lectures at the Collège de France 1978-1979.* Translated by G. Burchell and edited by M. Sennelart. Basingstoke: Palgrave.

GARTON, V. (2017) *Unconditional Accelerationism as Antipraxis.* Blog post. <https://cyclonotrope.wordpress. com/2017/06/12/unconditional-acce-lerationism-as-antipraxis/>.

GIBSON, D. & DE FREITAS, S. (2016) Exploratory Analysis in Learning Analytics. *Technology, Knowledge and Learning* 21 (5): 5-19.

GROSZ, E. (2002) A Politics of Imperceptibility. *Philosophy and Social Criticism* 28 (4): 463-472.

GULSON, K. N. & SELLAR, S. (2019) Emerging Data Infrastructures and the New Topologies of Education Policy. *Environment and Planning D: Society and Space* 37 (2): 350-366.

——— & WEBB, P. T. (2017a) Mapping an Emergent Field of 'Computational Education Policy': Policy Rationalities, Prediction and Data in the Age of Artificial Intelligence. *Research in Education* 98 (1): 14-26.

——— & WEBB, P. T. (2017b) Emerging Biological Rationalities for Policy: (Molecular) Biopolitics and the New Authorities in Education. In S. Parker, T. Gale, and K. Gulson (eds.) *Education Policy and Social Inequality: Policy and Inequality in Education.* Singapore: Springer, pp. 23-40.

HAYLES, K. (1999) *How we Became Posthuman: Virtual Bodies in Cybernetics, Literature, and Informatics.* Chicago, IL: The University of Chicago Press.

——— (2014) Cognition Everywhere: The Rise of the Cognitive Nonconscious and the Costs of Consciousness. *New Literary History* 45 (2): 199-220.

LAND, N. (2014) Teleoplexy: Notes on Acceleration. In R. Mackay, and A. Avanessian (eds.) *#Accelerate#: The Accelerationist Reader.* Falmouth: Urbanomic, pp. 509-520.

Lerner, D. & Laswell, H. D. (1951) *The Policy Sciences: Recent Developments in Scope and Method.* Palo Alto, CA: Stanford University Press.

Lingard, B. & Thompson, G. (2017) Doing Time in the Sociology of Education. *British Journal of Sociology of Education* 38 (1): 1-12.

Luckin, R.; Holmes, W.; Griffiths, M. & Forcier, L. B. (2016) *Intelligence Unleashed: An Argument for AI in Education.* London: Pearson.

Majaca, A. & Parisi. L. (2016) The Incomputable and Instrumental Possibility. *e-flux 77.* <http://worker01.e-flux.com/pdf/article_76322.pdf>.

Marx, K. (1863) *Letter to Engels.* <https://marxists.catbull.com/archive/marx/works/1863/letters/63_01_28.htm>.

Papastephanou, M. (2014) Higher Education and an Ethic of Time. In P. Gibbs, O.-H. Ylijoki, C. Guzmán-Valenzuela, and R. Barnett (eds.) *Universities in the Flux of Time: An Exploration of Time and Temporality in University Life.* New York, NY: Routledge, pp. 168-181.

Parisi, L. (2013) *Contagious Architecture: Computation, Aesthetics, and Space.* Cambridge, MA: MIT Press.

——— (2019) Critical Computation: Digital Automata and General Artificial Thinking. *Theory, Culture & Society,* <https://doi.org/10.1177/0263276418818889>.

——— & Goodman, S. (2011) Mnemonic Control. In P. T. Clough, and C. Willse (eds.) *Beyond Biopolitics: Essays on the Governance of Life and Death.* Durham, NC: Duke University Press, pp. 163-176.

Parsons, W. (1995) *Public Policy: An Introduction to the Theory and Practice of Policy Analysis.* Cheltenham: Edward Elgar.

Patton, C. V.; Sawicki, D. S. & Clark, J. J. (2013) *Basic Methods of Policy Analysis and Planning.* 3rd ed. New York, NY: Routledge.

Piotrowski, M. (2019) Subjectivity in the Folds: Education, Media Practices, and Environmental Activism amongst More-than-Human Pleats. *Unpublished doctoral dissertation.* <http://hdl.handle.net/2429/71050>.

Rabinow, P. (2008) *Marking Time.* Princeton, NJ: Princeton University Press.

Rämö, H. (1999) An Aristotelian Human Time-Space Manifold: From Chronochora to Kairotopos. *Time & Society* 8 (2): 309-328.

Robertson, S. (2016) Piketty, Capital and Education: A Solution to, or Problem in, Rising Social Inequalities? *British Journal of Sociology of Education* 37 (6): 823-835.

Rose, N. (2001) The Politics of Life Itself. *Theory, Culture & Society* 18 (6): 1-30.

——— & Abi-Rached, J. M. (2013) *Neuro: The New Brain Sciences and the Management of the Mind.* Princeton, NJ: Princeton University Press.

Scott, D. (2005) Critical Realism and Empirical Research Methods in Education. *Journal of Philosophy of Education* 39 (4): 633-646.

Sellar, S. & Thompson, G. (2016) The Becoming-Statistic: Information Ontologies and Computerized Adaptive Testing in Education. *Cultural Studies & Critical Methodologies* 16 (5): 491-501.

——— & Zipin, L. (2019) Conjuring Optimism in Dark Times: Education, Affect and Human Capital. *Educatio-*

nal Philosophy and Theory 51 (6): 572-586.

SELWYN, N. (2015) Data Entry: Towards the Critical Study of Digital Data and Education. *Learning, Media and Technology* 40 (1): 64-82.

——— (2018) Data Points: Exploring Data-Driven Reforms of Education. *British Journal of Sociology of Education* 39 (5): 733-741. <https://doi.org/10.1080/01425692.2018.1469255>.

SIMONS, M.; OLSSEN, M. & PETERS, M. A. (2009) *Re-reading Education Policies: A Handbook Studying the Policy Agenda of the 21st Century*. Rotterdam: Sense Publishers.

SMITH, D. W. (2013) *Review of the Book Gilles Deleuze's Philosophy of Time: A Critical Introduction and Guide*, by J. Williams. <https://ndpr.nd.edu/news/gilles-deleuze-s-philosophy-of-time-a-critical-introduction-and-guide/>.

SPACKS, P. M. (1995) *Boredom: The Literary History of a State of Mind*. Chicago: Chicago University Press.

STENDERA, M. (2015) Being-in-the-World, Temporality and Autopoiesis. *Parrhesia: A Journal of Critical Philosophy* 24: 261-284.

STIEGLER, B. (2016) *Automatic Society: The Future of Work*. Malden, MA: Polity Press.

THOMPSON, G. & COOK, I. (2014) Education Policy-Making and Time. *Journal of Education Policy* 29 (5): 700-715.

——— & Cook, I. (2017) The Logic of Data-Sense: Thinking Through Learning Personalisation. *Discourse: Studies in the Cultural Politics of Education* 38 (5): 740-754.

VOSS, D. (2013) Deleuze's Third Synthesis of Time. *Deleuze Studies* 7 (2): 194-216.

WEBB, P. T. & GULSON, K. (2012) Policy Prolepsis in Education: Encounters, Becomings, and Phantasms. *Discourse: Studies in the Cultural Politics of Education* 33 (1): 87-99.

——— & GULSON, K. (2013) Policy Intensions and the Folds of the Self. *Educational Theory* 63 (1): 51-68.

——— & GULSON, K. (2015) *Policy, Geophilosophy and Education*. Netherlands: Sense Publishers.

WEST, D.; HEATH, D. & HUIJSER, H. (2016) Let's Talk Learning Analytics: A Framework for Implementation in Relation to Student Retention. *Journal of Asynchronous Learning Network* 20 (2): 30-50.

WHITEHEAD, A. N. (1978) *Process and Reality*. New York, NY: Simon and Schuster.

WILLIAMS, J. (2011) *Gilles Deleuze's Philosophy of Time: A Critical Introduction and Guide*. <https://ndpr.nd.edu/news/gilles-deleuze-s-philosophy-of-time-a-critical-introduction-and-guide/>.

WILLIAMSON, B. (2015) Digital Education Governance: Data Visualization, Predictive Analytics, and 'Real-Time' Policy Instruments, *Journal of Education Policy* 31 (2): 123-141.

——— (2016a) Coding the Biodigital Child: the Biopolitics and Pedagogic Strategies of Educational Data Science. *Pedagogy, Culture & Society* 24 (3): 401-416.

——— (2016b) Digital Education Governance: Data Visualization, Predictive Analytics, and 'Real-Time' Policy Instruments. *Journal of Education Policy* 31 (2): 123-141.

WILSDON, J. (2014) From Foresight to Hindsight: The Promise of History in Responsible Innovation. *Journal of Responsible Innovation* 1 (1): 109-112.

La Inteligencia Artificial en el decir de la política educativa global:

derecho a la educación, escuela y *parresia*

Virginia Ithurburu

Argentina, Universidad Nacional de Quilmes

Introducción

Es posible reconocer la Inteligencia Artificial (IA) en las preocupaciones de las políticas y el gobierno de la educación a partir de la década de 1990 con la implementación de sistemas de datos e infraestructura de información a gran escala, para recopilar, procesar y analizar los datos educativos (Williamson & Eynon, 2020). También, es posible visibilizar la IA en la preocupación sobre "aprender a codificar" en las escuelas que comienza a plantearse en los ochenta y que desde allí ha acelerado su integración en los sistemas educativos nacionales de todo el mundo (Williamson *et al.*, 2019). Eric Sadin (2020) plantea que la presencia de la IA en la educación se viene manifestando desde la última parte de la década de 2010 con la "transformación digital" de la escuela pública a partir de la implementación de políticas basadas en discursos tecnoliberales, bajo modelos pedagógicos que utilizan y han utilizaron la tecnología para inaugurar la enseñanza personalizada con la inversión de fondos públicos masivos, partenariados por la industria digital (Sadin, 2020).

No obstante, existe otro acontecimiento de carácter mundial que visibiliza la IA en las políticas educativas locales y globales para dirigir los sistemas educativos: el uso de plataformas educativas para abordar la continuidad educativa a partir del cierre parcial o total de las escuelas como consecuencia de la pandemia COVID-19. A partir del 11 de marzo de 2020 la enfermedad del COVID-19 fue declarada como pandemia por la OMS (Organización Mundial de la Salud) y entre las medidas sanitarias que tomaron los distintos Estados, una que impactó en el ámbito educativo a fue el cierre parcial y total de las escuelas para reducir los contagios. De acuerdo con el monitoreo global de las escuelas realizado por la Coalición Mundial para la Educación –plataforma multisectorial presentada por la Organización de las Naciones Unidas para la Educación, la Ciencia y la Cultura (UNESCO)–, casi la mitad de los y las estudiantes del mundo estuvieron afectados por el cierre parcial o total de las escuelas desde el inicio de la pandemia y entre las recomendaciones planteó una lista de aplicaciones, plataformas y recursos educativos llamada "soluciones de aprendizaje a distancia" cuyo objetivo consistía en ayudar a los padres, maestros, escuelas y administradores escolares a facilitar el aprendizaje de los estudiantes y brindar atención social e interacción durante los períodos de cierre de la escuela (UNESCO, n.d.)

En este marco de visibilidades emerge la IA y se manifiesta con distintas intensidades en una política educativa que efectivamente está siendo dicha y se expande globalmente: la integración de la IA en los sistemas educativos nacionales. Es por ello, que resulta necesario problematizar acerca de cómo llegamos a hablar de IA y educación en el terreno discursivo de las políticas educativas globales contemporáneas para garantizar el derecho a la educación. En las siguientes páginas se interrogará acerca de cuáles fueron las sucesiones de acontecimientos en el campo de la educación global, tanto discursivos y como materiales que configuran la emergencia de un saber acerca de la IA y se ensamblan, amalgaman y despliegan en el decir de los discursos de la educación en un dominio particular: la política educativa global para garantizar el derecho a la educación.

Del derecho a la educación al futuro de los algoritmos: declaraciones y un consenso

A fines de la década de 2010 en el ámbito de la educación un documento mundial hizo evidente y con explícitamente en su semántica la emergencia de la IA en la política educativa global: la redacción en 2019 de un consenso para dirigir las políticas educativas nacionales hacia la integración de la IA en los sistemas educativos nacionales. El consenso se llevó adelante en el marco de la Conferencia Internacional sobre la Inteligencia Artificial y la Educación realizado en Beijing (República Popular China) entre el 16 y 18 de mayo de 2019 y contó con la participación de 50 ministros y viceministros y 500 representantes internacionales de más de 100 Estados, miembros de organismos de las Naciones Unidas, instituciones académicas, la sociedad civil y el sector privado. En su texto Documento final "Planificación de

     Silvia Grinberg y Julieta Armella

la educación en la era de la inteligencia artificial: dirigir los avances" los gobiernos y otras partes interesadas de los Estados Miembros de la UNESCO (Organización de las Naciones Unidas para la Educación, la Ciencia y la Cultura) dieron conformidad a una serie de medidas como respuesta a las oportunidades y los desafíos que presenta la IA en la Educación (UNESCO, 2019b).

Previamente al consenso, el informe *Science for Policy* para el *Joint Research Centre* (JRC) de la Comisión Europea (2018), ya había analizado el impacto potencial de la IA en el aprendizaje, la enseñanza y la educación para el desarrollo de políticas (Tuomi, 2018) a partir de las siguientes preguntas: ¿qué vocaciones y ocupaciones se volverán obsoletas en el futuro cercano?, ¿cuáles son las habilidades del siglo XXI en un mundo donde la IA es ampliamente utilizada?, ¿cómo debe ser IA incorporada en el currículum?, ¿cómo cambiará la IA a la enseñanza?, ¿puede IA evaluar de manera justa a los estudiantes? y ¿se necesitan menos aulas a partir del uso de la IA? (Tuomi, 2018). Según Tuomi, la IA ocupaba al momento del informe un lugar prioritario en las agendas políticas de todo el mundo y se planteaba como uno de los desafíos de política general.

Otro documento anterior al Consenso fue elaborado por la División de Políticas y Sistemas de Aprendizaje Permanente del Sector de Educación de la UNESCO en colaboración con ProFuturo (2019). En este documento también se había analizado hasta qué punto la IA afectaba al sector de la Educación centrándose en dos interrogantes: ¿qué ocurría con las prioridades de los países en desarrollo? y ¿por qué la IA debía ser una prioridad para abordar tan pronto como fuera posible para reducir la brecha digital y social? (UNESCO, 2019a). En este documento se presentaron ejemplos denominados "soluciones pedagógicas" de cómo la tecnología de IA ayudaba a los sistemas educativos a usar datos para mejorar la equidad educativa y la calidad en el desarrollo del mundo. Las soluciones pedagógicas presentadas fueron organizadas en dos grupos:

- Un primer grupo de soluciones referido a la promoción de la personalización y mejores resultados en los aprendizajes. A partir de la exploración de experiencias en países con políticas públicas, organizaciones filantrópicas y privadas se identificaron iniciativas en China, Uruguay, Brasil, Sudáfrica y Kenia donde se aplicó la IA para el acceso a la educación desde entornos colaborativos y sistemas de tutoría inteligentes para apoyar a los maestros.
- Un segundo grupo de soluciones alusivo a IA utilizada para el análisis de datos: *Education Management Information Systems* (EMIS). Se expusieron experiencias sobre la capacidad del Estado para gestionar a

gran escala sistemas educativos y aumentar los datos sobre las escuelas y el aprendizaje. Las experiencias de este segundo grupo identificadas fueron las implementadas en los Emiratos Árabes Unidos, Kenia, Bután, Kirguistán y Chile.

Otras experiencias destacadas en este documento fueron las referidas a la mención de la IA en los planes de estudios y en el curriculum donde se incluyeron por ejemplo el desarrollo del pensamiento computacional en escuelas. Las iniciativas relevadas fueron de: Unión Europea, Reino Unido, Estonia, Argentina, Singapur y Malasia. También, se identificaron casos de países que desarrollaron planes integrales para abordar la cuestión de la IA como política pública, entre estas iniciativas se encontraron: Francia, Corea del Sur y China.

Luego de la revisión de las "soluciones pedagógicas" y las experiencias, el documento concluyó en la necesidad de generar debates globales y locales sobre las posibilidades y riesgos de introducir la IA en la educación. Entre los desafíos que se formularon, se encontraron: el desarrollo de una visión de la política pública sobre IA para el desarrollo sostenible que garantizara la inclusión y la equidad; la formación de la docencia para adquirir nuevas habilidades digitales que permitían usar la IA de forma pedagógica y significativa; el desarrollo de la calidad e inclusión en los sistemas de datos y el aumento de la importancia de los datos en gestión del sistema educativo; el fomento de las investigaciones sobre IA en educación, tanto para la práctica como para la política; y el abordaje de la ética y la transparencia en relación con la recopilación, uso y difusión de datos (UNESCO, 2019a).

En 2021, se presentó un documento posterior al consenso y en plena pandemia COVID-19: "Inteligencia artificial y educación: guía para las personas a cargo de formular políticas" (UNESCO, 2021). Esta guía se desarrolló en el marco de la aplicación del Consenso de Beijing y su objetivo fue crear una visión común de las oportunidades y desafíos de la IA en el ámbito de la educación y enunciar las competencias básicas necesarias en la era de la IA. También, en su redacción se autodefinió como una guía para el desarrollo de políticas para la IA y la educación desde la planificación de objetivos humanistas y estratégicos.

La guía se presentó como un documento para direccionar el consenso y ofrecer una orientación a las personas a cargo de formular políticas para que se aprovecharan las oportunidades y pudieran enfrentar los riesgos que presenta la creciente conexión entre la IA y la educación. En su formulación se plantearon: definiciones que se consideran como "lo esencial" sobre IA para las personas a cargo de formular políticas, explicaciones sobre las prácticas emergentes y evaluación beneficio-riesgo (uso de la IA para la gestión y la impartición de la educación, uso de la IA para el aprendizaje y la evaluación y uso de la IA para capacitar a los docentes y mejorar la enseñanza), desafíos de aprovechar la IA para alcanzar el ODS 4, iniciativas y recomendaciones de políticas. En este documento se destaca un dato en relación a la IA: *"Se espera que la IA en educación tenga un valor de $6000 millones para 2024"* (UNESCO, 2021).

Estos documentos de política educativa global (Tuomi, 2018; UNESCO, 2019b, 2019a, 2021) se hace presente una narrativa cargada de cambios, crisis, riesgos, mitos, metáforas y promesas acerca de un presente y un futuro de la educación donde la IA está omnipresente y al mismo tiempo busca dirigir las acciones educativas. De la misma forma, se plantean nuevas panaceas y mandatos – algunos no tan nuevos- sobre cómo debería ser y cómo no debería ser el futuro de la educación a partir de la IA. Especialmente, se enuncian reformas necesarias que la educación, desde los sistemas educativos, debe llevar adelante para garantizar el derecho a la educación en la ya definida era de los algoritmos.

En este punto, es necesario recordar que la Educación como derecho humano fundamental está ligado a la Declaración Universal de Derechos Humanos (1948) y es uno de los principios rectores que respalda la Agenda 2030 para el Desarrollo Sostenible (UNESCO, 2015a) formulada en 2015. En esta agenda se definió el derecho a la educación como el Objetivo de Desarrollo Sostenible 4 (ODS 4) donde se plantea: *garantizar una educación inclusiva y equitativa de calidad y promover oportunidades de aprendizaje permanente para todos* (UNESCO, 2015a: 15). El ODS 4 es uno los 17 Objetivos de Desarrollo Sostenible que componen la Agenda 2030 cuya finalidad propone acciones para erradicar la pobreza, proteger el planeta y asegurar la prosperidad para 2030.

Ahora bien, para la concreción del ODS 4 se definió en el Foro Mundial sobre la Educación 2015 en Incheon (República de Corea) un Marco de Acción, con prioridades y estrategias, manifestadas en la Declaración de Incheon. En esta declaración la tecnología educativa se visibiliza en el decir de la política educativa global. Específicamente, se planteó el lugar que deberían ocupar las tecnologías en la educación para alcanzar el ODS 4 dentro del punto 10:

Es preciso aprovechar las tecnologías de la información y la comunicación (TIC) para reforzar los sistemas educativos, la difusión de conocimientos, el acceso a la información, el aprendizaje efectivo y de calidad, y una prestación más eficaz de servicios. (UNESCO, 2015a: 8)

Luego, en ese mismo año, en la Conferencia internacional sobre las tecnologías de la información y la comunicación (TIC) y la educación realizada en Qingdao (República Popular China) se redactó la Declaración de Quingdao donde se retomó el mandado de la Declaración de Incheon y se manifestó la comprensión común de las distintas y posibles maneras de aprovechar plenamente el potencial que encierran las TIC para la educación y para el logro de los 17 ODS, en especial el ODS4 y su Marco de Acción. La Declaración de Quingdao amplió el enunciado general sobre las tecnologías que se había formulado en la Declaración de Incheon y se explicitó que:

> Si se quiere alcanzar de aquí a 2030 el objetivo de una educación de calidad inclusiva y equitativa, y de un aprendizaje a lo largo de toda la vida, será necesario sacar provecho de las TIC, en especial del aprendizaje móvil, con miras a reforzar los sistemas educativos, la difusión de conocimientos, el acceso a la información, el aprendizaje efectivo y de calidad, y una prestación más eficaz de servicios. (UNESCO, 2015b: 22)

Dos años después de la Declaración de Quingdao, en 2017 se llevó adelante el Foro Internacional sobre las Tecnologías de la Información y la Comunicación (TIC) y la Educación 2030, organizado conjuntamente por la UNESCO y el Gobierno de la República Popular China, donde se reafirmó el enfoque del ODS 4 para la Educación 2030 expuesto en la Declaración de Incheon 2015 y los compromisos adoptados en la Declaración de Qingdao 2015 a para el aprovechamiento de las TIC para lograr el ODS 4. En el Comunicado de Quingdao de 2017, documento que se desarrolla a partir del foro, se menciona por primera vez a la IA como uno de los avances en el campo de las TIC:

> Considerando el potencial de los avances en materia de TIC, como los macrodatos y la inteligencia artificial, a la hora de impulsar la transformación de la manera en que se organizan las instituciones educativas y el aprendizaje, instamos a los gobiernos a que apoyen la investigación y las practicas piloto para aprovechar las tecnologías emergentes con el fin de transformar los sistemas educativos, equiparar el acceso a las oportunidades de aprendizaje y facilitar una prestación de servicios de aprendizaje inteligente e individualizada. (UNESCO, 2017: 16)

En este marco, y retomando las declaraciones precedentes (UNESCO, 2015a, 2015b, 2017) la IA comienza a visibilizarse junto al derecho a la educación. El Consenso de Beijing de 2019 que se autodefinió como el primer consenso global propuso consejos y recomendaciones sobre cómo sacar mayor provecho de las tecnologías de IA para la consecución de la Agenda

2030 de Educación y dirigir sus avances y desplegándose discursivamente en enunciados que ya venían siendo dichos en relación a la tecnología, tales como "aprovechar", "oportunidades" y "transformación". Pero, más allá de esta continuidad en los enunciados presentes en los distintos documentos desde el 2015 al 2021, una ruptura comienza a manifestarse y ser dicha desde el 2019 en el consenso y luego retomada en la guía con mayor detalle: existen "riesgos" y no solo "promesas" de la IA para garantizar el derecho a la educación.

La escuela y la profanación del "gran relato" de la IA en la educación

El cierre de las escuelas visibilizó la penetración de la tecnología para abordar la transformación de las coordenadas de espacio y tiempo de los sistemas escolares a partir del uso de plataformas y otras tecnologías para garantizar el derecho a la educación. Cabe destacar que la escuela como parte de los sistemas educativos es la institución obligatoria que los Estados cuentan para garantizar el derecho a la educación. Las organizaciones de los sistemas nacionales de instrucción pública a lo largo de los dos últimos siglos han creado y consolidado a la escuela como un marco institucional para atender a la infancia y el derecho a la educación elemental ha sido un principio universalmente reconocido.

Así, la escuela como institución ha generado un clima propicio para establecer el derecho a un tiempo y un espacio para la instrucción básica (Escolano Benito, 2000). El espacio y tiempo no han sido simples esquemas abstractos o estructuras neutras en las que se lleva adelante la educación institucionalizada y se han amalgamado con la época y las tecnologías. Es por ello que el cierre de los establecimientos educativos con la pandamenia COVID-19 en el 2020 puso en evidencia y profano una tendencia que ya estaba siendo marcada: la creciente penetración con de la tecnología educativa en los sistemas educativos de todo el mundo (Williamson, 2021; Williamson *et al.*, 2021).

Esta penetración ya se estaba manifestando con los procesos de digitalización, datificación y plataformización de la educación de las últimas tres décadas. De acuerdo a Ben Williamson (2018) los datos digitales, el código y los algoritmos desde hace un tiempo se mezclan con determinadas agendas políticas, intereses comerciales, ambiciones empresariales, objetivos filantrópicos, formas de experiencia científica y conocimientos profesionales, para crear nuevas formas de entender e imaginar la educación e intervenir en ella y se refuerzan en una determinada forma de reimaginar el futuro de la educación, que prolifera y gana credibilidad (Williamson, 2018).

Asimismo, la dinámica de la plataformización en la educación, sostienen van Dijck, Poell y de Waal (van Dijck et al., 2018), sólo puede comprenderse si se abordan los tres mecanismos que gobernaban –y aún gobiernan– el ecosistema de las plataformas: la datificación, la selección y la mercantilización. La datificación en la educación, sostienen al igual que Williamson (2018), no solo refiere a las grandes cantidades de datos que se generan y recopilan automáticamente a través de los dispositivos y servicios que los estudiantes, maestros, padres y administradores, sino también alude a la personalización, entendida esta última como la capacidad de realizar un seguimiento automático de las personas y transformarlo en datos. Ambos procesos de datificación y mercantilización adquieren importancia en las plataformas en tanto posibilitan la monetización del contenido y los flujos de datos a través de los modelos de negocio y las estructuras de gobierno con la mercantilización.

Estos mecanismos de datificación, personalización y mercantilización han penetrado profundamente en la educación y se han materializado aún más con la pandemia. No solo se ha transformado el contenido de los materiales didácticos y los procesos de aprendizaje de los estudiantes, sino también afectando los principios pedagógicos y la organización de escuelas y universidades (van Dijck *et al.*, 2018). Tanto la datificación como la personalización son cuestiones sociales, éticas y normativas que traen al menos tres preocupaciones: las soluciones tecnocráticas a los problemas sociales que definen cada vez más las agendas de los gobiernos y las instituciones públicas configurando una agenda política neoliberal; las ambiciones expansivas de las plataformas educativas que plantean una perspectiva de una educación globalizada sin tener en cuenta los contextos locales y únicos de enseñanza y de aprendizaje; y la influencia de una arquitectura tecnocomercial de las plataformas corporativas en la educación. De esta manera, el imaginario sociotécnico se convierte en una realidad material (Williamson, 2018) previa, durante y posterior a la pandemia con el uso de las plataformas, la generación de datos y la traducción digital de prácticas educativos que han reconfigurados los tiempos y espacios escolares con la finalidad de garantizar el derecho a la educación.

Estos procesos de la plataformización e imaginarios sociotécnicos de la IA en el futuro de la educación adquieren visibilidad a partir de la reconfiguración de los tiempos y espacios escolares con la pandemia. En este contexto, la escuela como institución en su vinculación con la tecnología su función

  Silvia Grinberg y Julieta Armella

democratizadora para la continuidad pedagógica y al mismo tiempo evidenció las desigualdades. Sin embargo, la escuela como enunciado en las políticas educativas globales hasta 2019 ha estado ausente o bien oculta en el enunciado "sistema educativo".

En el discurso de las políticas educativas globales hasta el 2020, el "sistema educativo" es el enunciado que organiza y dirige las acciones educativas de la IA en la educación. En estos discursos se ensamblan, amalgaman y despliegan enunciados de un decir de la IA en la educación con la finalidad de formar visiones comunes y cambios para dirigir las acciones educativas presentes y futuras de la educación. Además, existe en ellos una abundancia de argumentos sobre cómo lo digital cambiará inevitablemente a la educación (Dussel, 2017) que constituye una suerte de "gran relato" que va dando forma a la IA en la educación, donde la escuela está ausente.

Eric Sadin (2020), plantea que existe un cambio en el estatuto de las tecnologías digitales con la pregnancia del fenómeno de la IA y sostiene que se ha constituido una suerte de "gran relato" que legitima un nuevo orden de verdad, un nuevo colonialismo y un devenir hacia una humanidad aumentada basada en un principio de la técnica universal de la IA. La razón de este gran relato se encuentra en el principio de neutralidad técnica que es indisociable y que alimenta un tipo específico de racionalidad: una *racionalidad instrumental extrema* que usa enunciados preformateados (Sadin, 2020). Sadin explica que la inteligencia artificial no constituye una innovación más entre otras, sino que es un principio técnico universal y una tecnología de lo integral, que en su interior pareciera tener un antagonismo que sedimenta una racionalidad: los tecnofílicos y los tecnofóbicos.

Este antagonismo tecnofílicos y los tecnofóbicos se impuso como si fuera evidente y en su denominación, según Sadin, ha ocultado el defecto de centrarse solo en los constituyentes sin tener en cuenta el contexto que los determina. Este es un espíritu que está predominando y que alimenta un tipo específico de racionalidad: una *racionalidad instrumental extrema* (Sadin, 2020). Esta racionalidad usa enunciados preformateados, empobrece el lenguaje y hace hablar a las máquinas con fines funcionales.

A partir de esto, Sadin propone la necesidad librar a un conflicto de racionalidades, y obrar bajo una racionalidad que tenga principios diferentes a la dominante:

En oposición a una racionalidad que espera de los sistemas que nos formulen la verdad, queremos mostrar la *parresia* –el término griego que designa el hecho de "decirlo todo", de atreverse a dar testimonio de los acontecimientos con coraje y dentro de una absoluta libertad de la

palabra– la que nos obliga a denunciar sin descanso esta racionalidad
que procede de una negación de nosotros mismos e instituye a grandes
pasos un antihumanismo radical al cual nos negamos en cuerpo y alma.
(Sadin, 2020: 285)

En este librar las luchas de las racionalidades, Sadin afirma que la educación es un campo cardinal para la existencia de la humanidad, que supone un
espacio y tiempo donde se adquieren conocimientos, se aprende a ejercer el
juicio, se desarrolla un conjunto común y permite constituirse como personas
singulares con un espíritu crítico y plenamente para expresar las capacidades.
La escuela, en la argumentación de Sadin, no debe representar el reflejo exacto
de la sociedad pero, debe inscribirse en su tiempo para cultivar una forma
saludable de "retiro" capaz de preservar ciertos principios que se juzgan
indispensables para la formación de conciencias esclarecidas (Sadin, 2020):

> Nos negamos a que la escuela busque ser el "espejo de la sociedad",
> quiera "estar en el último grito de la moda", ocultando, dentro de la
> mayor de las irresponsabilidades, prácticas históricas entre las cuales
> algunas son garantes de salvaguarda de una parte esencial de nuestra
> civilización. (Sadin, 2018: 280)

Siguiendo a Maarten Simons y Jan Masschelein (2014), la escuela desde
su especificidad en la educación es una cuestión de suspensión –cercana a la
idea de "retiro" que define Sadin– y de profanación. De suspensión, porque
permite un tiempo y un espacio diferente para educarse. De profanación,
porque hace posible construcción de lo común y lo público:

> Las materias de la escuela presentan exactamente este carácter profano:
> los conocimientos y las destrezas son activamente suspendidos de los
> modos en que la generación más vieja los dispuso para su uso en un tiempo
> productivo. Y, al mismo tiempo, esas materias aún no han sido apropiadas
> por los representantes de la generación más joven. Lo importante aquí
> es que precisamente esas cosas públicas –que, por ser públicas, están
> disponibles para un uso libre y novedoso– proporcionan a la generación
> más joven la oportunidad de experimentarse a sí misma como una nueva
> generación. (Simons & Masschelein, 2014: 40)

Ambos procesos para Simons y Masschelein hacen posible abrir el
mundo en la escuela. La escuela no está separada de la sociedad, pero es a
través de estos procesos que se hace "única" como lugar y tiempo esencial
para conocer y abrir el mundo. Sadin afirma que solo esta habilidad que
posee la escuela, la de "retiro", le permitirá a la humanidad ser capaz de
tomar sus propias determinaciones dentro de una sociedad gobernada por

   Silvia Grinberg y Julieta Armella

sistemas. Sin embargo, lejos de cerrar el debate, esta postura de Sadin frente a la inteligencia artificial en la escuela permite abrir nuevos interrogantes sobre cómo la escuela profanó el gran relato acerca de las promesas de la tecnología y la IA desplegado y amalgamado con otros.

De acuerdo a Inés Dussel (2017) los argumentos sobre los cambios de las tecnologías en la educación en su mayoría se basan en concepciones lineales, binarias y sistemas temporales cerrados en tanto refieren a la escuela moderna como una institución conservadora que se resiste al cambio de los medios digitales, centralizada, homogénea y orientada hacia el pasado y los medios digitales como dispersos, flexibles, heterogéneos y orientados hacia el futuro. Dussel propone romper con las narrativas lineales sobre la introducción de los medios digitales en la escuela, y ofrece otra mirada de la escuela en la cultura digital que permita comprender la realidad escolar contemporánea como la coexistencia de distintas temporalidades –y también espacialidades– que configuran constelaciones no lineales y heterogéneas particulares –recuperando este concepto de Walter Benjamin.

Las constelaciones densas de las escuelas son determinadas en parte por las tecnologías digitales, pero no solo por ellas, sino que conviven con otros medios, y es necesario estudiar esta complejidad, heterogeneidad y ambigüedad que se entreteje en las prácticas y los discursos que configuran la cultura de lo escolar en la era digital. El tiempo y espacio de lo escolar se entreteje en esta constelación con otros espacios y tiempos, físicos y analógicos, que portan distintas temporalidades y espacialidades. Estas constelaciones de tiempos y espacios de lo escolar, pueden ser comprendidas si se concibe a la escuela como una construcción material, como un ensamblaje provisorio, inestable, de artefactos, personas e ideas (Dussel, 2018).

Esta reconceptulización de la escuela requiere de una problematización sobre las condiciones para la perdurabilidad de los ensamblados sociales: la discursiva, la material y la estratégica, tratando de vincularlos a las operaciones y trabajos que hacen las escuelas (Law, 2009; en Dussel, 2018). La escuela, para sostenerse como ensamblado requiere en las nuevas temporalidades y espacialidades de condiciones discursivas que afirmen su importancia y su centralidad para la transmisión de la cultura, también la materialidad de las políticas y los dispositivos que dialoguen mejor con estas nuevas condiciones del saber.

Este ensamblaje de lo escolar en la era digital podría vincularse con el carácter ontológico de lo escolar en tanto suspensión de tiempo y espacio libre para la profanación. Simons y Masschelein definen a lo profano como todo aquello –no en el sentido religioso del término– que se ha tornado público (Simons & Masschelein, 2014). Cuando se produce la suspensión y la profanación se abre el mundo en la escuela y es el propio mundo lo que se libera, y allí hay una construcción material que se ensamblan:

> Profanar es problematizar, cuestionar, acercarse a distintas perspectivas, interrogar con lenguajes nuevos aquello que ya se había visto o se había creído. Habría que enseñar a perdurar en esos gestos, y de ahí el valor del ejercicio cotidiano. El elogio a la precariedad de la escuela pasa por apreciarla, cuidarla, expandirla, para que no se estabilice ni en lo efímero ni en lo desechable, sino como una condición vital de un ensamblado que está siempre al borde de su destrucción, pero también en movimiento, abierto, capaz de presentar el mundo y ayudar a crear nuevos montajes, imaginando otros futuros. (Dussel, 2018: 103)

Si la escuela es un espacio de "retiro" (Sadin, 2020) o de suspensión y profanación (Simons & Masschelein, 2014), que permite hacer posibles destinos y orientaciones, ¿qué es la IA en la suspensión y en la profanación de la escuela?, ¿es la mercantilización de las plataformas educativas?, ¿es la cuantificación de los datos educativos a gran escala y en tiempo real? ¿es el espacio y el tiempo para garantizar el derecho a la educación? Tal vez, aún no es posible entender la especificidad del ser y estar de la IA en la escuela, pero no hay dudas que la IA está siendo dicha para dirigir el futuro de la educación. No obstante, es necesario habilitar la pregunta ontológica de esta emergencia y describir esta rareza impuesta con un poder de afirmación dicha en los enunciados de las políticas educativas globales cuyo dominio son los algoritmos en la educación. Allí, en la emergencia de esta voluntad de saber (Foucault, 2005) –entendida como las relaciones entre lo decible y lo visible– es donde se está definiendo la IA en la educación y la escuela pareciera estar ausente.

Necesidad de una *parresia* de la IA en la educación

> *Una teoría crítica de la inteligencia artificial –que nos falta de un modo brutal– requiere hacerse filosofo no solamente de la técnica sino de un compuesto heterogéneo que no dejó de consolidarse desde inicios del año 2000.*
>
> *Es el compuesto hecho de la alianza implacable entre los poderes industriales, económicos, los responsables políticos, una amplia parte del mundo universitario y científico y de los grupos de influencia de todo tipo que, bajo la apariencia de inscribirse en el "sentido de la historia" y de representar fuerzas "progresistas", trabajan en la erradi-*

cación veloz de los principios que nos sustentan y para la
propagación de un antihumanismo radical

(Sadin, 2020: 38)

En la reciente historia de la aplicación de la IA en la educación el campo académico se da inicio en la década de 1980 y es allí donde la IA en la educación se define como un campo de investigación según Ben Williamson y Rebecca Eynon (2020). Los hechos que marcan esta existencia son la primera publicación del *International Journal of Artificial Intelligence in Education* –Revista Internacional de Inteligencia Artificial en la Educación– en 1989 y la formación de la *International AI in Education Society* (IAIED) –Sociedad Internacional de Inteligencia Artificial en la Educación– en 1993. Ambos hechos fueron presididos por el desarrollo de los sistemas de instrucción asistida por computadora de los sistemas de tutoría inteligente en las décadas anteriores de 1960 y 1970, que han planteado dos líneas de actividad complementarias de la IA en la educación: el desarrollo de herramientas basadas en AI para las aulas y el uso de AI para comprender, medir y mejorar el aprendizaje, este último relacionado estrechamente con las ciencias del aprendizaje y la ciencia cognitiva (Williamson & Eynon, 2020).

Ahora bien, si la tecnología educativa se está expandiendo y se está extendiendo en alcance, sostiene Williamson, entonces la investigación crítica de tecnología educativa debe avanzar en su alcance (Williamson, 2021), como así también debe reconocer la naturaleza políticamente inherentemente de la educación y la tecnología. De acuerdo a Neil Selwyn (2017, 2019), esto exige el reconocimiento de las cuestiones de poder, control, conflicto y resistencia (Selwyn, 2017), como así también iniciar una *parresia* acerca de la IA en la educación.

Sadin advierte que la investigación genealógica se hace necesaria para exponer la naturaleza compuesta y resultante de múltiples juegos de fuerza que caracterizan a estos hechos históricos que se producen. También, revela necesario capturar en qué propiedades y funcionalidades marca una ruptura con las tecnologías precedentes desde el período de su aparición hasta ahora que se hace imperioso identificar *¿cómo estas tecnologías se convierten de modo imperceptible pero cada vez más masivo, en una instancia menos destinada a informar que a orientar la acción humana?* (Sadin, 2020: 52).

Neil Selwyn (2019) sostiene que hay pocas respuestas claras en lo que respecta a la IA en la educación, aunque son tecnologías con un potencial evidente para cambiar sustancialmente muchos aspectos de la enseñanza. Todas estas tecnologías conllevan supuestos implícitos sobre qué es la educación y en qué intereses opera la educación. Es por ello que no se trata de discutir si las tecnologías de IA son de alguna manera "mejores" o no que los humanos, sino de pensar la IA entrelazada en el debate político sobre qué es la educación y qué tipo de educación para las sociedades futuras (Selwyn, 2017, 2019). En este sentido, los estudios críticos en educación y tecnología en tanto refieren al estudio de las políticas tecnológicas y las formas de distribución del poder son necesarios deberían construir una perspectiva que permita descolonizar la tecnología educativa y desafiar las narrativas de las iniciativas educativas hegemónicas impulsadas por Silicon Valley (Selwyn, 2017).

Williamson y Eynon reconocen que hay algunos eslabones faltantes que requieren un estudio crítico, entre los que se encuentran la investigación de la IA desde una perspectiva etnográfica, los vínculos de la IA con la filosofía de la educación y la vinculación con otras comunidades académicas que trabajan sobre la IA en la educación. Con relación al estudio acerca de los fundamentos de la educación, afirman que es necesario desarrollar conexiones más sólidas, con argumentos para articular y promover la singularidad del área emergente de la IA y la educación como un lugar de estudio crítico, abrir al debate sobre los propósitos y valores de los sistemas educativos, que se pierde en discusiones instrumentales (Williamson & Eynon, 2020). Grimaldi y Ball plantea que se necesita una mayor elaboración conceptual e investigación empírica para comprender cómo las tensiones, dualidades y paradojas que se manifiestan en las epistemologías del aprendizaje en el uso de las plataformas educativas. Ben Williamson, Felicitas Macgilchrist y John Potter (2021) sostienen que la investigación crítica sobre el aprendizaje, los medios y la tecnología deben desempeñar un papel importante en el examen del estado histórico y actual de la tecnología en la educación para participar en la configuración de esos futuros pospandémicos (Williamson *et al.*, 2021).

En estas páginas se dio inició una *parresia* de la IA en la política educativa global. Una *parresia* que posibilite estudiar la emergencia de estas nuevas narrativas sobre la IA en la educación desde la arqueología (Foucault, 2002) para visibilizar los nuevos regímenes de prácticas discursivas y los principios que orientan y guían la acción hacia un futuro que necesita ser pensado. Una *parresia* que permita correr el halo mágico del "gran relato" donde las tecnologías parecen portar en sí la promesa de la democratización (Grinberg, 2022). Una *parresia* donde todo acerca de la escuela, el derecho a la educación y la IA pueda ser dicho, problematizado e investigado.

                    Silvia Grinberg y Julieta Armella

Bibliografía

Dussel, I. (2017) Los tiempos de la escuela digital. Reflexiones desde la investigación en América Latina. *Actas Del XIV Congreso Nacional de Investigación Educativa.* 20 Al 24 de Noviembre de 2017. San Luis Potosí, pp. 105-126.

———— (2018) Capítulo 4. Sobre la precariedad de la escuela. En Larrosa, J. (ed.) *Elogio de la escuela.* Buenos Aires: Miño y Dávila editores.

Escolano Benito, A. (2000) 1. Tiempos y espacios para la escuela. En *Tiempos y Espacios para la escuela. Ensayos Históricos.* Biblioteca Nueva.

Foucault, M. (2002) *La Arqueología del Saber.* Buenos Aires: Siglo XXI editores.

———— (2005) *El orden del discurso.* Fabula Tusquets Editores.

Grinberg, S. (2022) Lo que la pandemia nos dejó. COVID 19. Shock, educación y tecno-presencias. *Revista Institucional, 60,* 17-33. <https://revistas.upb.edu.co/index.php/revista-institucional/article/view/7581>.

Sadin, E. (2018) *La siliconizacón del mundo. La irresistible expansión del liberalistmo digital.* Buenos Aires: Caja Negra.

———— (2020) *La inteligencia artificial o el desafío del siglo: anatomía de un antihuminismo radical.* Buenos Aires: Caja Negra.

Selwyn, N. (2017) Capítulo 1. Um Panorama Dos Estudos Críticos Em Educação E Tecnologias Digitais. In Pontes (Ed.), *Diálogos sobre Tecnología Educacional: Educação Linguística, mobilidad* e prácticas translíngues.

———— (2019) Should Robots Replace Teachers? AI and the Future of Education. *John Wiley & Sons, Inc.*

Simons, M. y Masschelein, J. (2014) *Defensa de la escuela. Una cuestión pública.* Buenos Aires: Miño y Dávila editores.

Tuomi, I. (2018) The Impact of Artificial Intelligence on Learning, Teaching, and Education Policies for the future. In *EUR - Scientific and Technical Research Reports* (Issue November).

UNESCO (n.d.) *Soluciones de aprendizaje a distancia.* <https://en.unesco.org/covid19/educationresponse/solutions>-

———— (2015a) Declaración de Incheon y Marco de Acción para la realización del Objetivo de Desarrollo Sostenible 4. *Documento Público,* 1-84. <https://unesdoc.unesco.org/ark:/48223/pf0000245656_spa>.

———— (2015b) *Declaración de Qingdao (2015) Aprovechar las oportunidades digitales. Liderar la transformación de la educación* (Vol. 2015).

———— (2017) Qingdao Statement: strategies for leveraging ICT to achieve Education 2030. *UNESCO International Forum on ICT and Education 2030, Qingdao,* 40. <https://unesdoc.unesco.org/ark:/48223/pf0000253061>.

———— (2019a) Artificial intelligence in education: challenges and opportunities for sustainable development. *Working Papers on Education Policy, 7,* 46. <https://en.unesco.org/themes/education-policy->.

———— (2019b) *Consenso de Beijing sobre la Inteligencia Artificial y la Educación.* <https://unesdoc.unesco.org/ark:/48223/pf0000368303>.

———— (2021) Inteligencia artificial y educación. Guía para las personas a cargo de formular política. In *UNESCO*. <www.unesco.org/open-access/terms-use->.

VAN DIJCK, J.; POELL, T., & DE WAAL, M. (2018) *The Plataform Society. Public values in a connectivite world.* Oxford University Press.

WILLIAMSON, B. (2018) *Big data en educación.* Morata.

———— (2021) Meta-edtech. *Learning, Media and Technology*, *46*(1), 1–5. <https://doi.org/10.1080/17439884.2021.1876089>.

————; BERGVIKEN RENSFELDT, A., PLAYER-KORO, C. & SELWYN, N. (2019) Education recoded: policy mobilities in the international 'learning to code' agenda. *Journal of Education Policy*, *34*(5), 705–725. <https://doi.org/10.1080/02680939.2018.1476735>.

———— & EYNON, R. (2020) Historical threads, missing links, and future directions in AI in education. *Learning, Media and Technology*, *45*(3), 223–235. <https://doi.org/10.1080/17439884.2020.1798995>.

————; MACGILCHRIST, F. & POTTER, J. (2021) Covid-19 controversies and critical research in digital education. *Learning, Media and Technology*, *46*(2), 117–127. <https://doi.org/10.1080/17439884.2021.1922437>.

Sobre el inconsciente algorítmico colectivo[1]

Joff Bradley

Japón, Escuela de posgrado de lenguas extranjeras de la Universidad de Teikyo

Introducción

En los últimos años de su vida, Bernard Stiegler (1952-2020) se preguntaba por la capacidad farmacológica (veneno y cura, ruptura y avance) de la inteligencia colectiva de la humanidad. Recurrió, entre otros, al geoquímico ruso Vladimir Vernadsky (1863-1945), al sacerdote jesuita Teilhard de Chardin (1881-1955) y al biólogo Alfred J. Lotka (1880-1949), para dar cuenta de la biosfera o historia de la vida orgánica en la tierra y considerar sus respectivos sentidos de la noosfera[2] o 'esfera terrestre de la sustancia pensante' (Teilhard, 1969: 151). Para Vernadsky (1945), la noosfera –la 'zona terrestre que contiene vida'– fue concebida como materia viva neguentrópica que actúa sobre la tierra –un proceso que resiste o ralentiza la entropía, y en

---

1. Publicado originalmente en: Bradley, J.P.N. (2022). On the Collective Algorithmic Unconscious. In: Peters, M.A., Jandrić, P., Hayes, S. (eds) Bioinformational Philosophy and Postdigital Knowledge Ecologies. Postdigital Science and Education . Springer, Cham. <https://doi.org/10.1007/978-3-030-95006-4_4>.

    Traducción: Julieta Armella y Virginia Ithurburu

2. La noosfera –literalmente esfera de la mente (*mind-shere*)– es un concepto que surgió en Paris, en 1926. El matemático Édouard Le Roy, filósofo francés y alumno de Henri Bergson, Pierre Teilhard de Chardin (la noosfera como 'capa pensante de la tierra'), y Vladimir Vernadsky se relacionan con la elaboración de esta idea. Se dice que la idea surgió en la Universidad de la Sorbona en la década de 1920. El concepto de noosfera ve la vida en la Tierra como una unidad que constituye la biosfera y la geosfera, con la conciencia de vida como una unidad discontinua, pero coextensiva con la vida misma. Describe la evolución terrestre de la vida, que subsume y transforma la biosfera. El ser humano es materia viva realizada según Vernadsky.

la teosofía o gnosis terrestre de Teilhard, especialmente en su *Le phénomène humain* [El Fenómeno del Hombre] (1955), fue considerada 'la piel de la tierra', destinada a alcanzar un punto Omega espiritual final. Stiegler tomó de esta perspectiva la concepción de la noosfera como un símbolo de la posibilidad neguentrópica o de resistencia bioinformacional a la tendencia entrópica de la información tal como es diseminada en la World Wide Web.

Pensando en el paso y la conexión desde la biosfera, la noosfera, hasta la tecnosfera y más allá, hacia la exosfera (tecnologías de control exosféricas o *Gestell* –el anillo de satélites que rodean el globo–), Stiegler comenzó a hablar de la necromasa noética como emergiendo del humus exosomático. Esto es, una materia viva muerta o humus almacenado en vastos archivos, bibliotecas antiguas, escuelas y universidades; en otras palabras, formas concretas de conocimiento humano o retenciones de la memoria terciaria almacenadas y transmitidas de generación en generación. En ese marco, previó la necesidad de una "batalla de inteligencia" para recuperar de la necromasa noética, la "improbable" posibilidad de producir conocimiento negentrópico o bifurcación positiva. Para él, el conocimiento negentrópico o la bifurcación positiva era un signo de resistencia a la homogeneidad del pensamiento, un medio para frenar la entropía o la ruptura del conocimiento. La bifurcación positiva era una línea de fuga que de alguna manera escapaba a la codificación de los paradigmas y patrones establecidos y, por lo tanto, no podía anticiparse. Algo que expresa lo singular en sí. Stiegler fue crecientemente crítico y pesimista respecto de la tendencia entrópica de las corporaciones de Big Data, el denominado capitalismo de plataformas y la tendencia hacia la gubernamentalidad algorítmica que entendía, destruía la creatividad y la posibilidad de la diferencia como tal.

Para Stiegler, "la figura astral de la humanidad" (Stiegler, 1998: 89), el proyecto del devenir astral del hombre, la elevación espiritual de la (hu) manidad (hu/mandkind) estaba en peligro por esa tendencia. Desde mi perspectiva, la promesa de la inteligencia colectiva (Lévy, 1999) se está descarriando por un 'inconsciente algorítmico colectivo' tóxico y estupefacto (el concepto que sugiero para explicar la ecología mental del momento); un proceso que parece empeñado en diseminar la contaminación mental del peor tipo. Stiegler, a través de la lectura de Gilbert Simondon, se esfuerza por subrayar que lo que está en peligro es la destrucción de la individuación psíquica y colectiva, y con ella la transindividualización colectiva de la necromasa noética. De hecho, a Stiegler le preocupaba que junto con la digitalización generalizada "la figura astral de la humanidad" se estuviera transformando en una monstruosa figura del devenir posthumano.

     Silvia Grinberg y Julieta Armella

La mecanósfera de la inteligencia colectiva

Entre el decenio de 1980 y principios de 1990 el psiquiatra y filósofo Felix Guattari, mientras escribía en el momento más intenso de la revolución de la computadora digital, advertía respecto de la apertura de ``nuevos universos de referencia" (*nouveaux univers de reference*) (2013), o, universos de valor y a través de ellos, la transformación de perspectivas y escalas. Dicho de otro modo, los entornos mediados por computadora diseñan nuevas formas de percepción del mundo. Algunos decenios más adelante, diversos autores afirman y podemos incluir a Stiegler entre ellos, que esos universos de referencia se han entregado a las industrias del marketing y a los expertos en tecnologías de la información, con resultados disruptivos y perjudiciales para la imaginación humana (Bradley, 2020a; Bradley y Kennedy, 2021c). Se trata de autores que señalan que si nos entregamos por completo a la información, puede producirse un déficit correspondiente de producción de conocimiento. Según Husserl, la producción de conocimiento ha sido tradicionalmente el lugar reservado a "los funcionarios de las humanidades" (Steinbock 1994: 585-584), de los cuales la filosofía es un pivote fundamental. De modo que, sin la curaduría pedagógica, sin los cuidados terapéuticos y curativos por parte de las humanidades o de los archivistas del saber (*savoirs*), lo que nos queda es una amnesia colectiva, un olvido de la necromasa noética, una crisis de la memoria o lo que Stiegler llama una *mnemosyne* en sí (Bradley, 2021b). Esto es una disminución de lo improbable, o, de lo "inesperado por venir de lo inmemorial" (Stiegler, 2018).

Inconsciente algorítmico colectivo

La consecuencia más grave de esa crisis de memoria sería que si cada vez se transmite menos conocimiento de una generación a otra, se producirá un correspondiente proceso de desindividualización, es decir, la proletarización del conocimiento, la pérdida de los saberes (*savoirs*): saber hacer, vivir, pensar, filosofar, y en su forma más extrema −con la mitad de la humanidad ahora en línea tanto en los países ricos como en los países pobres− de un vasto pensamiento colectivo planetario. A través de la ruptura de los circuitos de transindividualización, Stiegler sostiene que hay un cisma emergente entre las generaciones, un olvido radical del conocimiento y de la historia, un olvido peligroso de lo que se tiene en común, un olvido disruptivo de lo que significa ser humano. Como consecuencia, la sociedad se vuelve cada vez más incontrolable (Stiegler, 2012) y la vida, cada vez más imposible de vivir, cada vez más brutal y corta.

De hecho, está claro que los avances biodigitales y de otro tipo están alterando fundamentalmente lo que significa ser humano y el conocimiento filosófico es menos central en los debates sobre el futuro de la humanidad. Aún así permanece una autoría agónica respecto del futuro de las humanidades en las que la filosofía está muy involucrada. Permítanme retomar las observaciones del difunto Stephen Hawking quien, en *The Grand Design*, declaró que "los científicos se han convertido en los portadores de la antorcha del descubrimiento en nuestra búsqueda del conocimiento" (Hawking y Mlodoninow, 2010: 5). En otras palabras, la filosofía estaría muerta en la medida que la ciencia ha respondido a todas las preguntas metafísicas de la (hu)manidad, de las cuales "¿qué es ser"?, se vuelve fundamental. Este punto de vista bastante provocativo se produce solo unos años antes del Congreso Mundial de Filosofía celebrado en Beijing –China, 2018–, donde unos 7000 académicos de todo el mundo se reunieron y discutieron con humildad el tema de la conferencia 'Aprender a ser humanos'. Filósofos que todavía "rumean" sobre la naturaleza del ser humano en la época del avance tecnológico, de forma tal que el manifiesto dogmático de Hawking me parece que podría ser algo prematuro.

En este *impasse* del conocimiento y la razón, el antídoto de Stiegler radica en la pregunta acerca de la posibilidad de producir nuevas formas de apertura intelectual o neguentropía; una especie de *glasnost* filosófico, si se quiere. Para Stiegler, la neguentropía, lo improbable como tal, es una forma de traer apertura al mundo y resistir su cierre. Sin apertura no entra nada singular o excepcional. Frente a esta perspectiva, ¿qué argumentos se pueden esgrimir a favor del potencial negentrópico de la inteligencia humana que se encuentra en la poesía, el arte y la filosofía –o en las humanidades como tal? ¿Cuál es su fuerza con respecto a la reorganización radical en la World Wide Web, del intercambio de información y la producción de conocimiento? ¿Qué significa decir, como afirma Stiegler, que simplemente debemos volver a la "base del conocimiento" (Stiegler y Sloterdijk, 2016)? Para responder a estas cuestiones recurramos primero a la crítica que ha recibido la filosofía de Stiegler.

Sobre el no-pensamiento colectivo o la *Bêtise* planetaria (estupidez)

En *Morphing Intelligence: From IQ Measurement to Artificial Brains*, Catherine Malabou remite al escenario y la necesidad de construir formas emancipatorias de conocimiento. Ello en procura de una "visión política

     Silvia Grinberg y Julieta Armella

emancipadora de un ser cibernético (cybernetic being)... por el que deberíamos trabajar para construir una política justa y una visión emancipadora de un ser cibernético –juntos, llevando la relación de las dos inteligencias -natural y artificial– a su mayor afinidad" (Malabou y Shread, 2019: 123). En esa línea retomando a Pierre Lévy –el filósofo, teórico cultural y estudioso de los medios de comunicación francés– continúa vislumbrado las posibilidades de nuevas configuraciones educativas que podrían permitir la redefinición del concepto de inteligencia colectiva en sí. Al respecto, Malabou escribe:

> Muchos sociólogos y filósofos dedicados a la investigación del aprendizaje a distancia y las clases virtuales... creen que las nuevas configuraciones educativas nos permitirán redefinir el concepto de inteligencia rompiendo con el modelo de CI único y abriéndolo a una amplia variedad de personas muy diferentes en términos de edad, nacionalidad, idioma, expectativas, deseos y ritmo. (2019: 123-124)

Como Lévy, Malabou advierte la transformación de la propia inteligencia colectiva, tanto artificial como natural, incluso cuando pasa al automatismo y más allá. Su interrogación sobre el futuro de la educación es oportuna, en tanto se pregunta: "¿Cómo puede el 'universal sin totalidad' de la cibercultura y la inteligencia colectiva distribuirse entre los diferentes campos del conocimiento sin establecer nuevas hegemonías y nuevos centros?" (2019: 128). Ello con el objeto de ahuyentar las nuevas formas de dominación que pudieran surgir de los sistemas de sujeción existentes. Lo que viene de la sujeción - *sujetos*.

La respuesta de Malabou (2020) es que las críticas de Stiegler con respecto a la versión actual de la World Wide Web no resisten el escrutinio crítico, ya que no explica satisfactoriamente la mezcla ambivalente de vida, mente y máquina simbólicas y biológicas. Para la autora los binarismos se están desintegrando y fragmentándose en composiciones posthumanas cada vez más complejas. El punto de Malabou es que estamos entrando en un nuevo paradigma de conocimiento de tipo no representativo y más performativo, donde lo humano y lo no humano se entrelazan de otra manera. Tal paradigma abarca modos de explicación cuya lógica está centrada en un ser humano que es más que humano. Estos modos incluyen el materialismo posthumano, un nuevo y relacional materialismo, el realismo agencial y especulativo, la teoría descolonial y las filosofías indígenas.

Malabou, propone un sentido de creatividad más productivo y plástico frente a la visión más desesperada y pesimista de Stiegler. Para ello recupera la integración farmacológica de la inteligencia artificial y la inteligencia colectiva basada en nuevas formas de aprendizaje, por ejemplo, el aprendizaje a distancia. Así, sugiere que Stiegler se equivocó en esta cuestión ya que no advirtió el incalculable valor pedagógico de los proyectos de educación a distancia (sobre la promesa fallida de los MOOC, ver Stiegler, 2003). Mientras encuentra la posibilidad de un nuevo paradigma educativo de aprendizaje cooperativo o de una 'sociedad autodidacta' –la sociedad de aprendizaje de los amateurs–, y seguidamente mientras Stiegler destaca la importancia de la curaduría del conocimiento, Malabou no deja de ser cautelosa respecto los peligros farmacológicos de la automatización tecnológica asociados con el fomento de la autonomía del ciberespacio (Malabou y Shread, 2019: 126-127). Aun así, sigue viendo mucho de positivo en esta forma de autonomía.

Malabou modera este entusiasmo, observando y retomando a Jacques Rancière en *El maestro ignorante* (Rancière y Ross, 1999) al señalar que la dominación es una amenaza constante como el sistema de sujeción (el *dispositivo* -los mecanismos heterogéneos de capturar y transformar seres vivos en sujetos) que debe transformarse necesariamente para detener la reproducción de la dominación misma. Sin embargo, no aborda los efectos psicológicos más graves de esta forma de autonomía. Al respecto, el filósofo coreano Byung Chul Han (2020) y Franco Berardi (2010) ofrecen puntos de vista más convincentes y comprometidos en la medida en que exploran lo que se esconde detrás de esas formas aparentes de autonomía, es decir, el endémico problema moderno del aislamiento y la soledad. De hecho, también para Lévy, la dominación social es una función de la velocidad cognitiva y la explotación de la memoria (Peters, 2015) y, por lo tanto, es consciente de que existe un gran riesgo en el despliegue desenfrenado de la inteligencia colectiva.

Malabou escribe que, '[cada] individuo es libre de hacer lo que desee allí, de producirse a sí mismo y organizar su conocimiento como mejor le parezca', sin embargo, el tema de la soledad endémica, la adicción, los trastornos de atención, la perseverancia (Csikszentmihalyi y Hoopla, 2016) no se examinan en detalle en su trabajo. De hecho, podemos decir que Malabou comparte su visión excesivamente optimista del ciberespacio con Michel Serres, quien describe a la denominada generación *pulgarcita,* como aquella que se encuentra reescribiendo los cerebros en una gloriosa 'alegría incandescente': "El proceso de aprendizaje, que ha caído en la caja, nos ha dejado la alegría incandescente de la invención. ¿Nos ha condenado esto a volvernos inteligentes?" (Serres y Smith, 2015: 19).

Asimismo, Malabou comparte mucho con Lévy y su aparente optimismo ilimitado por el ciberespacio que "redefine incesantemente los contornos de un laberinto móvil y en expansión que no se puede cartografiar" (2019:

 Silvia Grinberg y Julieta Armella

127). En otras palabras, podemos decir que ella encuentra mucho sobre lo que celebrar en la "alucinación colectiva masiva" –tal como William Gibson lo llama célebremente en su libro de ciencia ficción de 1982 *Burning Chrome*– del ciberespacio bioinformático que se vuelve cada vez más universal, centrado y no totalizable. Pasemos ahora a Lévy para comparar su visión extropiana de la inteligencia colectiva antes de cuestionar el abrazo tecnófilo y acrítico del ciberespacio.

El romance del rizoma

Defensor durante mucho tiempo de la inteligencia colectiva y la promesa del ciberespaio, especialmente en su trabajo a principios de los años ochenta y noventa que influyó de manera significativa en su amigo Félix Guattari, Pierre Lévy (1997, 1999, 2001) comenzó a desarrollar varias teorías, entre ellas el *superlenguaje, ideografía dinámica*, la *cosmopedia* o *espacio del conocimiento*, árboles de conocimientos, *mundos virtuales de significación compartida*. En esos desarrollos celebraba las posibilidades de la inteligencia colectiva aumentada. De hecho, Lévy hasta el día de hoy sigue siendo optimista sobre las nuevas formas de inteligencia colectiva y describe con entusiasmo el Metalenguaje de la Economía de la Información (MLEI) como una herramienta que utiliza y transforma la memoria digital participativa en formas abiertas de conocimiento.

Para Lévy, como para Stiegler, la tarea consiste en producir herramientas que puedan resistir la homogeneización de la World Wide Web. Una nueva forma de "sistema de coordenadas semánticas llevaría a las ciencias humanas un paso más allá y aumentaría nuestro potencial de inteligencia colectiva" (Peters, Besley, Jandrić y Zhu, 2020: 44). Por ejemplo, el MLEI es un sistema de codificación de significados que puede aumentar la transparencia, la interoperabilidad y cómputo de las operaciones que tienen lugar en la memoria digital. Lévy contrasta el MLEI con empresas como Google y Facebook que promueven la inteligencia artificial, pero siempre con la condición de explotar los datos con fines comerciales. El MLEI, por otro lado, despliega una dimensión semántica abierta para crear y transformar el significado así como su cómputo. En directa relación, Lévy refiere a la necesidad de la *transparencia radical*. De hecho,

La condición crucial de este programa epistemológico-político es la transparencia, ya que esta cualidad sustenta tanto la formalización necesaria para el cálculo como la reflexividad crítica propia del humanismo filosófico. Pero en este caso, ya no se trata de la transparencia ordinaria en la que coincidimos sin dificultad, sino de *una transparencia radical que apunta a los mecanismos moleculares de producción de sentido: semántica lingüística, interpretación en contexto, operaciones de referencia, emergencia coordinada de autoridad y creencia.* (Peters, Besley, Jandrić y Zhu, 2020: 39) (énfasis agregado)

Sin embargo, con un espíritu menos crítico que Stiegler, Lévy habla positivamente del paso y evolución del conocimiento hacia una cuarta revolución en el aumento de la manipulación simbólica. Lévy anuncia una cuarta era de aumento y aceleración algorítmica que pasa por: 1) la autoconservación, 2) la manipulación de símbolos, 3) la mecanización e industrialización de la reproducción y difusión de símbolos:

Ahora estamos al comienzo de una cuarta revolución donde una infósfera ubicua e interconectada se llena de símbolos, es decir, datos, de todo tipo (música, voz, imágenes, textos, programas, etc.) que se transforman automáticamente. Con la democratización del análisis de big data, las próximas generaciones verán el advenimiento de una nueva revolución científica... pero esta vez será en las humanidades y las ciencias sociales. La nueva ciencia humana se basará en la riqueza de datos producidos por las comunidades humanas y en un poder de cómputo creciente. Ello conducirá a una inteligencia colectiva reflexiva donde las personas se apropiarán del análisis de *big data*, y donde los sujetos y objetos de conocimiento serán las propias comunidades humanas. (Lévy, 2015: 750)

Esta progresión parece consistente con la perspectiva de Michael Peters, quien ve el Capitalismo Mundial Integrado (un concepto de Guattari) como pasando a una cuarta etapa del capitalismo, "ya no orientada a la producción primaria (agrícola), secundaria (manufactura) o terciaria (servicios), sino que orientada a la producción de signos, sintaxis y... subjetividad' (Peters en Dillet, Mackenzie y Porter, 2013: 377). Esta aparente euforia es claramente extraña a planteos de Stiegler quien cuestionaba los nuevos procesos de transindividuación –definidos como la forma en que el conocimiento se transmite de generación en generación–, hasta ahora aparentemente al alcance de la mano, y ahora aparentemente al alcance del teléfono móvil. En palabras de Stiegler:

Veinticinco años después de la aparición de la Web, un nuevo proceso de transindividuación, asistido por computadoras en red que circulan información casi a la velocidad de la luz y pasando por infraestructuras exosféricas, continúa imponiéndose a los cientos de idiomas que constituyen el universo semántico de la humanidad. (2020: 182)

 Silvia Grinberg y Julieta Armella

Malabou (2020) se muestra escéptica respecto del pesimismo de Stiegler sobre el carácter impersonal e inescrúpuloso del poder algorítmico, y en esa línea descarta el argumento acerca de la inventiva humana como algo único y de alguna manera capaz de eludir la reproducción o simulacro de la computación cibernética. Para ella, las computadoras manifiestan formas de creatividad indistinguibles de la creatividad humana y sugiere que hay formas de creatividad inherentes al poder algorítmico más allá de los simulacros, la repetición y el resultado predecible del código informático. Si aceptamos este argumento, ello implicaría un grado de incalculabilidad que, según Stiegler (2020a), es propiedad exclusiva del *error* humano. De modo que, si esto fuera así, milagrosamente, lo inorgánico estaría llegando a aprender, a pensar y a crear.

Sin embargo, Malabou argumenta que el contraste hecho por Stiegler entre el "cálculo" cuantitativo y lo "improbable" cualitativo no se sostiene: "La sutileza del cálculo algorítmico actual deriva precisamente del hecho de que es capaz de simular el no cálculo, es decir, la espontaneidad, la libertad creativa y la franqueza de la emoción" (Malabou 2020: 150-151). Por otro lado, Malabou insiste en que el desarrollo de la inteligencia artificial es el desarrollo más importante del capitalismo. Es el futuro propio del capitalismo: el desarrollo de la inteligencia coincide con el desarrollo del capitalismo. Y es aquí donde Stiegler, Lévy y Malabou pueden entablar un diálogo fructífero.

Impulso utópico

A partir de la noción de inteligencia colectiva definida como la capacidad de cooperar intelectualmente en la "creación, innovación e invención" (Lévy en Peters, 2015: 259), Lévy explora cómo las redes digitales pueden expandir los procesos que esa inteligencia involucra. Se trata de "un proyecto científico, técnico y político que tiene como objetivo hacer que las personas sean más inteligentes con las computadoras, en lugar de intentar que las computadoras sean más inteligentes que las personas' (Lévy en Peters, 2015: 261). Lévy insiste en que las consecuencias futuras de la inteligencia colectiva reflexiva no se pueden imaginar plenamente hoy. En *Inteligencia Colectiva,* Lévy describe un 'período dinámico' que va desde la década de 1990 hasta el presente en el que el ciberespacio –en tanto 'modo de creación y navegación por el conocimiento (Lévy, 1999: 10)–, posee ramificaciones incalculables para la inteligencia humana que Levy, tomando prestado un concepto de Deleuze y Guattari, señala se está volviendo cada vez más desterritorializada.

Un nuevo modelo de humanidad parece dar señales de vida. Influenciado por Deleuze y Guattari, Lévy refiere a cómo 'el nomadismo de hoy refleja la continua y rápida transformación de los paisajes científicos, técnicos, económicos, profesionales y mentales' (1999: xxiii). Aquí, en la descripción de los vectores desterritorializados de la virtualización, podemos encontrar una contribución del impulso utópico. De hecho, el ciberespacio ofrece 'un nuevo rumbo, una nueva visión, una especie de utopía: una renovación del vínculo social a través de nuestra relación con el conocimiento' (1999: 11).

Necromasa noética

Basándose en *The Biosphere* de Vernadsky de 1926 y *La Vie, la mort de Derrida* , Stiegler deriva el concepto de necromasa noética, que podría definirse como el residuo de biomasa, entendido como detritus celular, biomasa muerta, materia orgánica muerta, fitomasa muerta, pero Stiegler entiende el concepto en el contexto de la historia de la inteligencia y la historia de la técnica (*tékhnē*). En el tiempo de la era psicozoica, la época de la Razón, en la envoltura geológica de la tierra, la necromasa noética es el don del pasado, el saber del pasado, el don del saber ofrecido por el pasado a las generaciones venideras. Según Ross (2020), podemos entender la necromasa de la siguiente manera: 'los restos orgánicos antiguos que se han convertido de biomasa en necromasa, a escala microcósmica formando el humus, y a escala macrocósmica la pedosfera, es decir, el conjunto de componentes elementales complejos que forman una condición previa esencial para la existencia continua de la biosfera' (p. 82). Para Vernadsky, la biosfera en tanto que totalidad se forma a partir de la biomasa como árboles, animales, virus, bacterias, etc. La biomasa se alimenta de la necromasa, es decir, de la materia muerta con la ayuda del Sol (Stiegler, 2019). Esto se convierte en el humus que Vernadsky llama *materia inorgánica organizada* o materia viva muerta como tal. Ahora bien, como la necromasa noética para Stiegler es la acumulación y retención de artefactos humanos y nuevas formas técnicas, la pregunta es cómo acceder a esta necromasa noética.

Las escuelas y universidades son instituciones que pueden acceder a la necromasa noética porque cultivan nuevas formas de vida o conocimiento noético. Stiegler insiste en que la 'misión' de las universidades es reconstruir la atención profunda con tecnologías digitales del espíritu y la mente. El planteo de Stiegler es que el acceso a tal necromasa noética está condicionado por la tecnología y la técnica y en nuestro tiempo estas formas de tecnología se han vuelto tóxicas y entrópicas, restringiendo efectivamente la diseminación del conocimiento negentrópico. Es aquí donde se muestra más escéptico sobre las perspectivas del ciberespacio y la inteligencia colectiva que Lévy.

Para Stiegler, la distinción entre lo que es propiamente la tecnosfera y la biosfera ya no se sostiene porque lo que estamos presenciando, según sus Conferencias de *Nanjing* (2020a), es una especie de devenir tecnosférico de la biosfera -un pasaje a la exosfera compuesto por el sistema de satélites de baja altitud que se mueven a toda velocidad alrededor y sobre la tierra. En otras palabras, una transformación colosal de la memoria externa, que llama en otros lugares el 'sistema mnemotécnico global' (Stiegler, 2015; Bradley, 2018) o lo que podemos nombrar concretamente como neurotecnologías, las Neuralink de Elon Musk (Stiegler, 2020b). Stiegler describe el estado actual de la tecnosfera como:

> (N)uestra situación aquí y ahora, es decir, en la biosfera en 2019, una biosfera que se ha convertido en una tecnosfera, basada no en bibliotecas sino en centros de datos, en la que los mercados, junto con las universidades, el conocimiento, la tecnología y las formas de vida todas han sido globalizadas, y donde la proletarización y la desnoetización se han generalizado y generalizado. (Stiegler, 2020a: 335)

Y nuevamente rastreando el paso de la biosfera y la tecnosfera a la exosfera y más allá, afirma:

> Esta recursividad es aquella de los circuitos de retroalimentación cibernéticos donde la gramática computacional, ahora efectuada a través de tres mil millones de teléfonos inteligentes repartidos por todos los continentes de la biosfera, se ha convertido en una tecnosfera y una exosfera. (2020a: 293)

El acceso a la necromasa noética depende de la tecnología y de la historia de la técnica, pero el problema es que la iteración actual de la World Wide Web y las formas dominantes del capitalismo de plataforma están destruyendo la necromasa noética a través de un proceso de proletarización generalizada, de una pérdida generalizada de conocimiento y de habilidades –un proceso que 'reduce a polvo' el humus noético, es decir, la transformación de la biosfera en tecnosfera durante tres millones de años a través de la noesis exosomática, que es el almacenamiento de conocimiento fuera del ser humano vivo. En *Qu'appelle-t-on panser? 2. La leçon de Greta Thunberg,* Stiegler escribe sobre una proletarización integral y generalizada acelerada por el capitalismo de plataforma que 'seca y reduce a polvo el humus noético derivado de los tres millones de años de transformaciones de la biosfera en la tecnosfera' (Stiegler, 2020). A través de un lenguaje crudo, Stiegler insiste en que plataformas como Amazon, Google y Netflix han tomado el dominio y el control sobre el acceso a la necromasa noética y están acelerando su desertificación efectiva. Y como tal, la noosfera, o el mundo del pensamiento, está siendo destruida, ya que depende de la necromasa para su sustento intelectual literal.

A Stiegler, concretamente, le preocupa que el conocimiento del pasado no se transmita a las generaciones futuras, que se esté convirtiendo en puro polvo. La producción de conocimiento está completamente sobredeterminada por la automatización. Esto tiene consecuencias dramáticas porque la necromasa noética contribuye a las formas futuras de vivir la noesis, es decir, abre caminos hacia el futuro. Bajo el capitalismo, el paso mismo de la geosfera o biosfera a la noosfera o mecanosfera (según Deleuze y Guattari y Lewis Mumford) está agotando la atmósfera noética que emana del fondo fértil pero igualmente agotado de la necromasa noética.

Aquí encontramos un interés compartido entre Guattari y Stiegler. Guattari escribe que la "crisis actual de los medios y la apertura de una era postmedia son los síntomas de una crisis mucho más profunda" (Guattari y Genosko, 1996: 266). Estas afirmaciones resuenan en la sociedad contemporánea cuando la iteración actual de la World Wide Web está precisamente experimentando una crisis respecto de las promesas democráticas de su formación inicial. Por su parte, Stiegler junto con su colaborador Sir Tim Berners Lee ha bregado por una reconfiguración más libre, abierta y nueva de la ciencia de la información, un nuevo tipo de comunicación. La esperanza es que esto evite una profunda crisis mental que propague niveles endémicos de Internet y adicción a los juegos, aislamiento social y soledad.

Para resistir a la proletarización -la captura de la atención por parte de las industrias de marketing y la desertificación de la necromasa noética-, Stiegler llama a la reconstitución de la tecnosfera a través de una nueva forma farmacológica de noodiversidad: un proceso de diferenciación del conocimiento. Por eso insiste en que debemos crear sistemas abiertos y dinámicos capaces de producir bifurcaciones y excepciones. Siguiendo la preocupación de Nietzsche por la muerte térmica y entrópica del universo con la muerte apocalíptica del Sol, Stiegler reflexiona sobre la posibilidad de una nueva forma de noosfera en el siglo XXI. A raíz de la era del Antropoceno, se especula sobre la posibilidad/imposibilidad farmacológica de una mutación neguentrópica de la biosfera en la noosfera o tecnosfera (Stiegler, 2020b).

Mecanosfera

Antes de pasar a Lévy y a su visión filosófica en la que encontramos que la futura civilización global podría basarse de manera amplia e irreparable en la interconexión digital y exosférica de las computadoras, y de la cual surgirá una nueva inteligencia colectiva, es necesario agregar un comentario sobre la mecanosfera en la filosofía de Deleuze y Guattari para distinguir entre la técnica (*tékhnē*) y lo maquínico. Deleuze y Guattari rechazan el dualismo de naturaleza y artificio al tiempo que sugieren que la evolución 'biológica' ha sido siempre una cuestión de técnica. Así, insisten en *Mil mesetas* que 'no hay biosfera o noosfera, sino en todas partes la misma mecanosfera' (Deleuze y Guattari, 1987: 69; véase también Ansell-Pearson, 2012: 125). La teoría de la involución creativa de Deleuze y Guattari subsume la noosfera o lo que podríamos llamar el cerebro mundial (Wells, 1938; Bradley, 2018) bajo el término mecanosfera. Sin embargo, aunque Deleuze y Guattari no encuentran telos en la noosfera (Lemmens, 2018), ello es importante dado el énfasis reciente que desarrolla Stiegler a partir del trabajo de Teilhard de Chardin y Vladimir Vernadsky.

Para Genosko (2016: 43), la máquina en cuanto concepto no es sinónimo del sentido de noosfera o cerebro mundial de Teilhard de Chardin (ni tampoco de Vladimir Vernadsky o HG Wells) porque la noosfera o mente consciente, como una piel que envuelve al planeta, es más parecida a una 'versión etérea de la megamáquina' como la elabora Mumford en *El mito de la máquina* (1970: 314). Ahora, si Genosko tiene razón cuando cuestiona la idea que la noosfera es parte de un proceso evolutivo no muy diferente del evolucionismo maquínico de Guattari –de "aparatos colectivos de subjetivación"–, entonces ello puede ser un punto de partida para argumentar que la inteligencia colectiva maquínica es consistente con la noosfera. De hecho, Guattari en 1992 habla de la necesidad de una 'nueva conciencia planetaria' que incluye una nueva alianza con las máquinas. Esta nueva conciencia planetaria se describe como una 'mecanosfera que rodea nuestra biosfera' (Guattari y Genosko 1996: 267). En otras palabras, es menos 'el yugo restrictivo de una armadura exterior', y más bien la 'floración maquínica abstracta, que explora el futuro de la humanidad' (1996: 267-268).

Filosofía mundial

Levy, en el borde del nuevo milenio, en su *World philosophie: Le marché, le cyberespace, la conscience,* esboza su visión de la educación de futuro. Celebra, allí, lo mejor de lo humano, señalando que el ciberespacio –'la gran sociedad virtual planetaria' (2000: 74)– acelerará el cultivo virtual de la forma humana: 'la cultura se ha convertido en un único tejido urbano, económico, hipertextual, cognitivo , tecnocientífico, afectivo. La fábrica de significados encuentra gradualmente su unidad en la noosfera' (2000: 176). En el capítulo

"L'éducation du future" Lévy describe la indefinida expansión del mundo humano, e insiste en que el humano es la primera especie en explorar la 'infinidad de sonidos, imágenes, ideas, sabores, perfumes, hechos, técnicas, conocimientos, formas de todo tipo así como el infinito supremo que incluye a todos los demás: lo infinito del amor' (2000: 177).

El ciberespacio, la conciencia colectiva o la noosfera (Levy cita varias veces a Teilhard de Chardin) solo pueden ayudar a expandir la conciencia y el aprendizaje que ayudarán a conquistar nuevos territorios de experiencia o nuevos terrenos de conciencia. La unión de ciberespacio y educación generará un despertar de la humanidad a través de nuevas formas de aprendizaje acelerado que aún estamos por presenciar. Aunque por momentos se sospecha que la euforia se apoderó de Lévy, el autor habla de la necesidad de una educación humanística del 'ser integral' que pueda acelerar la expansión de 'la conciencia universal' (2000: 213-214). Para los niños del tercer milenio, Lévy pregunta qué universo de posibilidades se manifestarán a través del ciberespacio y de la inteligencia colectiva en evolución. ¿Cuál será la consecuencia y qué estado de ánimo? Pregunta retóricamente: '¿Queremos niños pacíficos? ¿Llenos de amor? ¿Creativos? ¿Abiertos? ¿Conscientes? ¿Evolucionando? ¿Planetarios? Salgamos del camino y lideremos con el ejemplo. Démosles la educación adecuada que nosotros no tuvimos. Innovemos' (2000: 179).

Esta euforia de visión y canto de alegría al capitalismo se puede comparar con la perspectiva más sombría de Stiegler, quien encuentra a la sociedad moderna como conductora de la 'masacre de la inocencia' (Tisseron, Stiegler y Steiner, 2011). Según Stiegler, si bien las pantallas de los teléfonos móviles y las computadoras en las que los jóvenes pasan gran parte de su tiempo libre tienen poderes farmacológicos tanto tóxicos como curativos, es extremadamente negligente dejar a los niños librados a los caprichos del mercado y de la publicidad, en la medida que tendrán implicaciones catastróficas para la captura y dominación de la atención de los niños –para su 'tiempo cerebral disponible'. Para Stiegler, los jóvenes son masacrados emocional y mentalmente por los defensores de la fantasía futura tecno-extropiana; es decir, esos fanáticos extropianos que proclaman de un modo idealista que todo funcionará de manera eficiente cuando entreguemos el aprendizaje a la computadora, a la IA y a las industrias del marketing. En *Dans la disruption* (Stiegler, Jugnon y Nancy, 2018) y *Qu'appelle-t-on panser? 2. La leçon de Greta Thunberg* (2020), Stiegler denuncia la experiencia de los jóvenes que ven el mundo sin futuro ni horizonte, que viven sin época. Los deseos de la juventud se reprimen, lo que lleva a los jóvenes a aislarse

   SILVIA GRINBERG Y JULIETA ARMELLA

del mundo y a convertirse en sí mismos, como lo atestiguan los casos en espiral de hikikomori –o recluso social– en Japón y ahora en otros lugares.

Se puede comparar esta mirada con "*World philosophie*" cuando Lévy señala que la humanidad –en una especie de proceso de socavación y superación (Harman 2016)– se adentra ahora tanto en las profundidades del cosmos como en los microuniversos de la energía, de la materia, de la vida misma (ver Bradley, 2020b). Las herramientas de comunicación y cálculo han alcanzado niveles de penetración inimaginables y la humanidad está conectada (y conectada a la tierra) como en ningún otro momento de la historia. Simplemente hay una expansión de la conciencia –si se quiere una autoconciencia del papel del Hombre por parte de la masa colectiva de la humanidad como tal– un hecho nunca presenciado hasta ahora y de magnitudes que tanto Teilhard de Chardin como Vladimir Vernadsky afirmaron. Lévy señala: "cuanto más viajamos, en el planeta o en los libros, en Internet o en la sociedad que nos rodea, más se abre nuestra mente" (2000: 52-53). Y otra vez: "La comunicación entre los hombres se ha duplicado, reflejado, multiplicado en la interconexión entre la información depositada lentamente en las bibliotecas y la que explota hoy en el ciberespacio. Sólo queda un documento de hipertexto" (2000: 52-53). Sonando a veces cercano a Vernadsky, Lévy dice que dado su poder técnico y demográfico la humanidad se ha convertido en el principal agente de la revolución para toda la biosfera (2000: 55).

Lo interesante aquí es comprender la filosofía de la técnica de Stiegler a la luz del jubiloso canto la alegría de Lévy y del trabajo del geoquímico Vernadsky sobre la biosfera y la noosfera. ¿Por qué? En tanto Stiegler piensa la necromasa noética en términos de noosfera, lo que quiero cuestionar es la idea de que la noosfera emerge de la biosfera y la tecnosfera. En igualdad de condiciones, ¿Stiegler es un humanista empedernido? ¿Es posible encontrar cierta coherencia entre Stiegler y Vernadsky sobre el papel del ser humano en el momento del colapso de la biosfera en la tecnosfera? Propongo esta afirmación provocadora porque Vernadsky en la década de 1940 argumentaba que la humanidad se estaba convirtiendo en la fuerza geológica más poderosa del planeta dada su conciencia única y poderes singulares de razón y creatividad -una mirada extraña al paradigma postfilosófico más escéptico mencionado anteriormente. Con esto en mente parece que Stiegler reintroduce el concepto de humanismo –como lo hace explícitamente Vernadsky en sus últimas especulaciones– precisamente en el momento en que el Antropoceno y el paradigma posthumano desplazan a la figura humana de su centro y timón.

Compartiendo esta interpretación del humanismo –podemos encontrar un sentido de esto tanto en Stiegler como en Vernadsky–, la pregunta principal para Lévy es sobre cibernética y timonel: "El hombre conduce a toda la biosfera en un ciclo de rápida renovación. Ahora dominamos la biosfera. Pero, ¿somos nosotros los que servimos a la Tierra o es la vida las que nos utiliza para evolucionar aún más rápido?" (2000: 55). Sin embargo, para él, con el desarrollo de la conciencia ecológica, la noosfera se vuelve visible en forma de ciberespacio: "El ciberespacio es la metrópolis definitiva, la metrópolis mundial, la ciudad de los humanos" (2000: 60). Esto continuará en la medida que la humanidad tiene un "apetito extraordinario por la interconexión, que abarca la elección, la libertad, la solidaridad, la interdependencia y la conciencia" (2000: 61). En este aparente himno al capitalismo, Lévy dice que el movimiento del intelecto, de la unificación cultural y de la espiritualidad sería incomprensible e imposible si no estuviera acompañado por el movimiento simultáneo de unificación mundial a través del mercado capitalista y por el crecimiento de una enorme red interconectada, tecnocosmos planetario. En palabras del autor: "La economía contemporánea surge de una inteligencia dinámica y una conciencia colectiva y no hay separación de las actividades técnicas y materiales de los recursos intelectuales y el hechizo espiritual de la humanidad)" (2000: 66). El secreto de la futura sociedad humana, para Lévy, es la capacidad de escuchar y manipular la conciencia colectiva que "fluctúa" por los millones de canales del ciberespacio (2000: 67). Aquí Stiegler seguramente intercedería insistiendo en que en el elogio del mercado de Lévy no hay ninguna crítica a las industrias del marketing que capturan y arruinan el deseo.

Aun así, Lévy insiste en que es a través de la nueva industria del marketing, dinámica y circulante, que la conciencia colectiva se vuelve consciente de sí misma (2000: 67). Para este autor el hecho que la virtualidad del ciberespacio no conozca fronteras sugiere la disolución de las distinciones nacionales y regionales y el surgimiento de una conciencia colectiva o multitud única, abierta, plural, nómada y desterritorializadora: "Cuando no haya ni Oriente ni Occidente, entonces (la) humanidad despertará su mente en la escala de la conciencia colectiva" (2000: 153). De hecho, proclama que hay un solo espíritu y humanidad de dimensiones "omnidireccionales, interior y exterior, Este y Oeste" (2000: 153) y escribe:

> Cuanto más despierta está la conciencia, más libre es, más discierne potencialidades en lo que se le ofrece en la contemplación y más genera un mundo vivo y rico. Toda la historia cósmica es una exploración de potencialidades presentes en el origen. Toda la historia cósmica es una de creación y continúa siendo creación. (2000: 160)

   Silvia Grinberg y Julieta Armella

El fuego único de la conciencia (*Le feu unique de la conscience*) como para Teilhard de Chardin, se enciende cuando la humanidad alcanza su cenit, su etapa incendiaria, su punto Omega:

Liberados de la memoria por la escritura, aceleramos la historia. Libres de la razón por el cálculo de la computadora, estamos en el proceso de reunir nuestra agencia colectiva hasta que encontremos juntos lo que es más universal, más eterno y más concreto en el momento presente, la luz que brilla y arde en él perpetuamente, el único fuego de la conciencia. (2000: 170)

Todo dicho y hecho, Lévy entiende que el ciberespacio o la noosfera es imperfecto, y no puede ser la única panacea para los problemas de la humanidad sino un gigantesco dispositivo algorítmico capaz de entregar conocimiento a la velocidad del rayo, lo que lleva al mejoramiento de la humanidad:

Al organizar la retroalimentación colectiva de la conciencia humana, el ciberespacio lo acelera todo. Conflictos, desgracias, sufrimientos, siempre los habrá, pero esto se sabrá más rápidamente. Al menos, sabremos dónde estamos y podremos aprender, justo a tiempo. (2000: 174)

Y, nuevamente la inteligencia algorítmica colectiva o noosfera podrá predecir o pronosticar el futuro. La noosfera advertirá sobre desastres y desequilibrios ecológicos a través de "la conciencia de la Humanidad, de la Vida, de la Tierra", una conciencia que irradie 'la alegría de existir" (2000: 174-175).

En la fantasmagoría fenomenológico-hegeliana de Lévy, el ciberespacio o inteligencia colectiva es tanto sujeto como sustancia. El Conocimiento Absoluto se realiza, lo virtual y lo real se vuelven uno y lo mismo, y a través de este proceso el inconsciente gana autocomprensión: "En el ciberespacio, el inconsciente colectivo se vuelve consciente, es decir, se une consigo mismo, se interconecta, se desfragmenta y se despliega a la luz integrada del mundo virtual" (2000: 175). Además, la noosfera en su proceso de complejización no es sólo hegeliana sino spinoziana:

Imaginemos una sola sustancia (para usar la palabra de Spinoza) girando sobre sí misma, doblándose, organizándose y complejizándose cada vez más hasta producir cualidades cada vez más vibrantes y sensibles, hasta formas conciencia y formas conscientes más vastas y sutiles, para finalmente tomar conciencia de sí misma en el humano que concentra en sumo grado el poder creativo y la capacidad de conciencia de esta sustancia única. (2000: 208)

Siguiendo a Teilhard de Chardin, Lévy sugiere que el ciberespacio o
la inteligencia colectiva está destinada a un punto Omega de perfección
y amor. Como la visión de *pulgarcita* de Serres, lo biológico da paso a lo
virtual o lo noológico en plena incandescencia y resplandor alucinatorio. En
su camino hacia su destino final, el hombre toca el infinito en la creación,
la percepción y el amor:

> Con la aparición del hombre, es el universo el que se enciende y se
> ilumina... De ahí esta idea, tan bien expresada por Teilhard de Chardin,
> de que el cosmos en evolución es una especie de 'alguien' que converge
> en lo humano... No somos separados del mundo. Al contrario, somos el
> punto más vivo, el más sensible, el más creativo. (2000: 298)

Palabras de cierre

El ciberespacio o inteligencia colectiva [la distinción parece disolverse
en la obra de Lévy] es la singularidad, un acontecimiento de creación y
destrucción que entrega a toda la humanidad amor planetario: "Así como el
universo se aleja físicamente en la época del Big Bang, la libertad humana
lleva al humano a un Big Bang espiritual que lo transporta a la dimensión del
amor" (2000: 217). En verdad, por este motivo, el hombre se encuentra en
su etapa más incendiaria. Esta posibilidad protencional –anticipación de un
evento futuro– del amor planetario es contraria a la perspectiva de Stiegler
quien ve todo lo contrario del amor en lo que he llamado inconsciente algorítmico colectivo. Stiegler destaca la explotación industrial de los impulsos
por parte de las industrias del marketing y afirma que existe una amenaza
cada vez mayor de la diseminación planetaria de la estupidez (*bêtise*). En
la pérdida de la sublimación existe el peligro de que el deseo mismo pueda
retroceder al nivel de las pulsiones. Y de nuevo, de ahí se pasa del control a
las sociedades incontrolables. Si los seres noéticos, las almas conscientes,
es decir, aquellos capaces de preocuparse por el futuro, retroceden al nivel
de las pulsiones, las consecuencias serán graves. No hay amor, solo furia
(Stiegler, 2013), no hay alma consciente, solo la contorsión y la distorsión
del deseo. La desublimación elimina la autoridad del superego deja solo la
"bestia horrible" (*la bête immonde*) (Stiegler, 2012: 48).

En vistas de la cuestión de la promesa de la inteligencia colectiva, varios
pensadores críticos de la tradición continental se han propuesto ofrecer una
respuesta necesaria a la posición a veces demasiado optimista de Lévy.
Stiegler es un pensador necesario para atemperar ese entusiasmo, al igual
que escritores como Catherine Malabou, Félix Guattari y Han Byung Chul,

 SILVIA GRINBERG Y JULIETA ARMELLA

porque prestan mayor atención a los efectos patológicos de la falta de inteligencia colectiva (síndrome de hikikomori, adicción, actuación violenta) en este tiempo de nuevas ecologías del conocimiento. En lugar de que el inconsciente colectivo se una a sí mismo como dice Lévy, el inconsciente algorítmico colectivo se rompe, desconecta, fragmenta, implosiona y se vuelve cada vez más impenetrable e insondable. La despersonalización de la concepción freudiana de la libido y la sublimación nos lleva a un lugar donde domina el marketing.

Con esto en mente, es oportuno revisar el concepto de inteligencia colectiva de Lévy (1999), así como la afirmación de la informatización planetaria de Félix Guattari en *The Three Ecologies*, publicado en 1989 (Guattari 2014; véase Andersen, 2016). Esto es, comprender históricamente su obra profética y actualizarla al momento presente. Ello implicaría considerar la comprensión de Stiegler de la posibilidad farmacológica y la reconfiguración necesaria del Cerebro Mundial (Bradley, 2018, 2020c, 2021a) o "sistema mnemotécnico global". Porque en su desesperación por la crisis climática actual y el Antropoceno, el estado de la educación en todo el planeta y los males sociales y mentales que afectan a la juventud, Stiegler, a diferencia de Lévy, fue lo suficientemente realista como para comprender que era en gran medida improbable creer en una bifurcación positiva que podría surgir de la World Wide Web en su organización actual. Lo improbable para él era una especie de "milagro" necesario, lo incomprensible según Deleuze, la singularidad como tal. Ello porque sin este milagro la noosfera bioinformática colectiva se convierte día a día en un gran agujero negro de irreflexión colectiva, donde el "inconsciente algorítmico colectivo", como lo he señalado, gana cada vez más opacidad.

El "inconsciente algorítmico colectivo" extrae algunas de las ramificaciones desesperadas de la dominación del Panspectron de Manuel DeLanda o lo que hemos mencionado anteriormente como la exosfera. Manuel DeLanda propone la noción de panspectron para describir la práctica de diagramación social de algoritmos analíticos vinculados a bases de datos y redes (DeLanda, 1991: 205). A partir de su investigación sobre la historia de las tecnologías de guerra, desarrolló el concepto de vigilancia panespectral y En *War in the Age of Intelligent Machines* (1991), DeLanda explica el concepto de las tecnologías de panspectrocismo diferenciando su concepto de panspectrón del panóptico de Jeremy Bentham —el famoso diagrama de vigilancia ampliamente elaborado en *vigilar y castigar de Foucault*. DeLanda escribe:

En lugar de colocar algunos cuerpos humanos alrededor de un sensor central, se despliega una multiplicidad de sensores alrededor de todos los cuerpos: sus granjas de antenas, satélites espías e interceptores de tráfico de cable alimentan a sus computadoras con toda la información que se puede recopilar. Esto luego se procesa a través de una serie de "filtros" o listas de observación de palabras clave. El Panspectrón no selecciona simplemente ciertos cuerpos y ciertos datos (visuales) sobre ellos, más bien, recopila información sobre todo al mismo tiempo, utilizando computadoras para seleccionar los segmentos de datos relevantes para sus tareas de vigilancia. (1991: 206)

En esta lectura de la historia de la migración de la inteligencia de lo humano a lo tecnológico hay menos promesa de liberación y más el espectro de la dominación desde el inconsciente algorítmico colectivo. Mientras que algunos pensadores, como el filósofo británico Nick Land, especulan y de hecho celebran el desesperado giro de la inteligencia colectiva hacia "redes comunicativas eficientes y descentradas", un proceso que lleva inexorablemente al colapso de las instituciones educativas (Land in Stivale, 1998: 95), Stiegler refuta este punto de vista y exige que reconsideremos la naturaleza de la inteligencia colectiva y del conocimiento como tal. Debemos volver a la base del conocimiento. Estoy de acuerdo y creo que es correcto cuestionar las perspectivas de emancipación y sujeción educativas a la luz del fármaco de las nuevas ecologías y hegemonías del conocimiento, y la tan premonitoria como inquietante sugerencia de un inconsciente algorítmico colectivo, en tanto la pregunta "¿Somos más autónomos o esclavizados por la inteligencia colectiva?" permanece desesperadamente sin respuesta.

Bibliografía

ANDERSEN, G. (2016) Guattari and Planetary Computerisation. *Deleuze Studies*, 10 (4): 531-45. <https://doi.org/10.3366/dls.2016.0244>.

ANSELL-PEARSON, K. (2012) *Viroid Life: Perspectives on Nietzsche and the Transhuman Condition*, Hoboken: Taylor and Francis.

BERARDI, F. (2010) *Precarious rhapsody: Semiocapitalism and the pathologies of the post-alpha generation*. London: Minor Compositions.

BRADLEY, J. P. N. (2018). Cerebra: All-Human, All-Too-Human, All-Too-Transhuman. *Studies. Philosophy and Education: An International Journal*, 37, 4, July 01, 401-415. <https://doi.org/10.1007/s11217-018-9609-4>.

———— (2020a) From Hypochondria to Disruption: Hegel and Stiegler on Youth. *Philosophical Inquiry in Education*, 27, 2, 122-134. <https://doi.org/10.7202/1074042ar>.

———— (2020b) On the prospects of Virilio's pedagogy of the image. *Educational Philosophy and Theory*, 1-13. May 07. <https://doi.org/10.1080/00131857.2020.1761330>.

————(2020c) Negen-u-topic becoming: On the reinvention of youth. *Educa-*

   SILVIA GRINBERG Y JULIETA ARMELLA

tional Philosophy and Theory, 52, 4, 443-454. <https://doi.org/10.1080/00131857.2019.1619171>.

———— (2021a) Sobre la curaduría de las formas negentrópicas del conocimiento. [On the Curation of Negentropic Forms of Knowledge]. *Praxis educativa*, 25, 1, 1-14.

———— (2021b) On the Gymnastics of Memory: Stiegler, Positive Pharmacology, and Illiteracy. *NZ J Educ Stud.* <https://doi.org/10.1007/s40841-021-00196-2>.

———— & Kennedy, D. (Eds.). (2021c) *Bernard Stiegler and the Philosophy of Education*. Routledge.

Csikszentmihalyi, M. & Hoopla (2016) *Flow: The psychology of optimal experience.* United States: Joosr.

Deleuze, G. & Guattari, F. (1987) *A Thousand Plateaus: Capitalism and Schizophrenia,* Minneapolis: University of Minnesota Press.

Dillet, B.; Mackenzie, I. M. & Porter, R. (2013) *The Edinburgh companion to poststructuralism.* Edinburgh: Edinburgh University Press.

DeLanda, M. (1991) *War in the age of intelligent machines.* New York: Swerve Editions.

Genosko, G. (2016) *Critical semiotics: Theory, from information to affect.* London: Bloomsbury.

Guattari, F. & Genosko, G. (1996). *The Guattari reader.* Oxford, UK: Blackwell Business.

———— (2013) *Schizoanalytic cartographies.* London; New York: Bloomsbury.

———— (2014) *The three ecologies.* London; New York: Bloomsbury Academic.

Han, B.-C. (2020) *The Burnout Society.* Stanford, CA: Stanford University Press.

Harman, G. (2016) *Immaterialism.* Cambridge, UK: Polity.

Hawking, S. & Mlodoninow, L. (2010) *The Grand Design.* London: Transworld Publishers.

Lemmens, P. (2018) Re-Orienting the Noösphere. *Glimpse,* 19, 55-64. January 01. <https://doi.org/10.5840/glimpse2018196>.

Lévy, P. (1997) Education and training: New technologies and collective intelligence. *Prospects*, 27, 2, 249. January 01. <https://doi.org/10.1007/BF02737169>.

———— (1999). *Collective intelligence: Mankind's emerging world in cyberspace.* Cambridge, Mass: Perseus Books.

———— (2000) *World philosophie: Le marché, le cyberespace, la conscience.* Paris: O. Jacob.

———— (2001) *Cyberculture.* Minneapolis: University of Minnesota Press.

———— (2013) *The Semantic Sphere 1: Computation, Cognition and Information Economy.* New York, NY John Wiley and Sons.

———— (2015) Collective Intelligence for Educators, *Educational Philosophy and Theory*, 47: 8, 749-754. <https://doi.org/10.1080/00131857.2015.1053734>.

Malabou, C. & Shread, C. (2019) *Morphing Intelligence: From IQ Measurement to Artificial Brains.* New York, NY Columbia University Press.

———— (2020) *Online Teaching and Collective Intelligence: The Poison or the Cure?* <https://www.cupblog.org/2020/08/04/online-teaching-and-collective-intelligence-the-poison-or-the-cureby-catherine-malabou/>. Accessed 7 December 2020.

MUMFORD, L. (1970) *The Myth of the Machine: The Pentagon of Power*. New York: Harcourt Brace Jovanovich.

PETERS, M. A. (2015). Interview with Pierre A. Lévy, French philosopher of collective intelligence. *Open Review of Educational Research*, 2, 1, 259-266. January 01. <https://doi.org/10.1080/23265507.2015.1084477>.

————; BESLEY, T.; JANDRIĆ, P., & ZHU, X. (2020) *Knowledge socialism: The rise of peer production: collegiality, collaboration, and collective intelligence*. Singapore: Springer.

RANCIÈRE, J. & ROSS, K. (1999) *The ignorant schoolmaster: Five lessons in intellectual emancipation*. Stanford, Calif: Stanford University Press.

ROSS, D. (2020) The end of the metaphysics of being and the beginning of the metacosmics of entropy. *Phainomena*, 29, 73-100. June 01.

SERRES, M. & SMITH, D. W. (2015) *Thumbelina: The culture and technology of millennials*. London: Rowman and Littlefield International.

STIEGLER, B. (2003) Our ailing educational institutions. *Culture Machine* 5. <http://www.culturemachine.net/index.php/cm/article/viewArticle/258/243>. Accessed 17 December 2020.

———— (2012) *Uncontrollable societies of disaffected individuals*. Cambridge: Polity.

———— (2015) *States of shock: Stupidity and knowledge in the twenty-first century*. Cambridge: Polity.

———— & SLOTERDIJK, P. (2016) Welcome to the Anthropocene. Debate with philosophers Peter Sloterdijk and Bernard Stiegler. Nijmegen: Radboud University. <https://www.youtube.com/watch?v¼ETHOqqKluC4>. Accessed 26 December 2020.

———— (2018) Technologies of memory and imagination. *Parrhesia* 29, 25-76.

————; JUGNON, A. & NANCY, J.-L. (2018) *Dans la disruption: Comment ne pas devenir fou?*. Arles: Actes Sud, DL.

———— (2019) 'Night Gives Birth to Day' as the 'Conquest of Imperfection'. Lecture by Bernard Stiegler, in Guayaquil, Ecuador. July. <https://www.academia.edu/40305976/Bernard_Stiegler_Night_Gives_Birth_to_Day_as_the_Conquest_of_Imperfection_2020_>. Accessed 27 December 2020.

———— (2020a) *Nanjing Lectures (2016-2019)*. OAPEN (Open Access Publishing in European Networks). Open Humanities Press.

———— (2020b) *La leçon de Greta Thunberg*. Paris: Editions Les Liens qui libèrent.

STIVALE, C. J. (1998) *The two-fold thought of Deleuze and Guattari: Intersections and animations*. New York: Guilford Press.

STEINBOCK, A. J. (1994) The New "Crisis" Contribution. *The Review of Metaphysics, 47,* 3, 557-584. January 01.

TEILHARD, C. P. (1955). *The Phenomenon of man*. Place of publication not identified: Collins.

———— (1969) *The future of man:* New York: Harper and Row.

TISSERON, S.; STIEGLER, B. & STEINER, T. (2011) *Faut-il interdire les écrans aux enfants?* Paris: Mordicus, 2011.

VERNADSKY, V. I. (1945). *The Biosphere and the noösphere*. American Scientist, 33, 1, 1-12. January 01.

WELLS, H. G. (1938) *World Brain*. London: Methuen.

¿Qué formación para qué sociedad? Educación, vida privada y digitalidad

Hernán Gabriel Borisonik

Argentina, LICH-UNSAM

> *Margie entró en el aula. Estaba al lado de su dormi-*
> *torio y el maestro mecánico ya la estaba esperando...*
> *La pantalla se iluminó e indicó: "La lección de hoy es*
> *sobre la suma de fracciones. Por favor, inserte la tarea*
> *de ayer".*
> *Margie obedeció suspirando. Pensaba en las escuelas*
> *antiguas, cuando el abuelo de su abuelo era un niño.*
> *Iban todos los chicos del barrio, salían riendo y gritan-*
> *do al patio, se sentaban juntos en clase y volvían a sus*
> *casas juntos al final de la jornada. Todos aprendían las*
> *mismas cosas, así que podían ayudarse con los deberes*
> *y comentarlos. Y los maestros eran personas...*
> *Margie pensaba en cuánto debía gustarles la escuela a*
> *los chicos en esos tiempos antiguos. Pensaba en cómo*
> *se divertían.*
>
> Isaac Asimov (1951)

La digitalización como hecho social total

En su célebre *Ensayo sobre el don*, Marcel Mauss propuso designar como *hechos sociales totales* a aquellos fenómenos que "ponen en movimiento en ciertos casos a toda la sociedad y sus instituciones [...]. Esos fenómenos son a la vez jurídicos, económicos, religiosos e incluso estéticos, morfológicos, etcétera" (Mauss: 2009, 251 Katz). Esta categoría, que ya tiene un siglo de vida, parece poder aplicarse al momento actual. La escala global de la digitalización de la vida, que alcanzó su pico rápidamente durante los primeros meses de la pandemia de COVID-19, hace que debamos analizarla como hecho social total, ya que ha atravesado todas las prácticas y relaciones de la humanidad contemporánea. Voluntaria o involuntariamente, nuestros cuerpos son afectados por nuevas estandarizaciones que van desde la alimentación hasta los ritos funerarios, pasando por las consultas médicas, la forma de exponer las artes visuales, la circulación en los espacios de culto y, por supuesto, las mediaciones telemáticas para la comunicación y la educación. Todos los aspectos que de la vida "normal" de las personas han sido de algún modo redefinidos en las últimas cinco décadas, pero muy especialmente desde 2019 al ritmo de las políticas de salud pública. La rápida expansión del coronavirus SARS-CoV-2 puso en relieve una serie de conflictos que, si bien ya existían, mostraron su urgencia, sobre todo en relación con los riesgos políticos y ecológicos asociados a la actual organización mundial. De modo que el presente pandémico nos enfrenta a la demanda de una revisión de un gran número certezas que habían servido como fundamento para la comprensión de la realidad.

Frente a eso, las universidades y publicaciones académicas impulsaron la reflexión sobre la nueva dolencia, sus causas y sus consecuencias. Si bien esto podría ser otro signo del acatamiento de las instituciones educativas a la tendencia a estar permanentemente bajo los mandatos de la novedad, impuesta por la lógica de las redes sociales, también muestra la intención de retomar una voz en el debate público; voz fundamental que ha venido perdiendo terreno durante el último medio siglo.

Lo anterior indica que nos encontramos en un momento que es propicio para revisar críticamente la radical transformación de la educación y sus nuevos vínculos con la "esfera privada", en relación con la virtualización general de la experiencia vital. Si bien, el avance hacia lo telemático es muy anterior a la pandemia, la obligación del aislamiento y la distancia física, junto al cierre de numerosas instituciones y fronteras llevó al paroxismo la transformación de prácticas que eran presenciales (muchas en espacios públicos) al ámbito virtual. Y es muy claro que varias de ellas subsistirán a partir de ahora con esta modalidad como formato estándar.

Cabe aclarar, no obstante, que estas palabras no pretenden entronizar ni sentir nostalgia por el pasado reciente, ni mucho menos expresar que todos los aspectos de la virtualidad son necesariamente dañinos. Buscan ir en dirección a la comprensión y análisis de las posibilidades y subjetividades que surgen en el desarrollo de ese proceso. Sobre todo, a la luz de un contexto en el que priman los afectos por sobre los argumentos y las creencias individuales parecen ser la medida de todas las cosas (De Gainza e Ipar; Romé). En ese sentido, procuramos lanzar algunas ideas, aún intuitivas, con la intención de abrir un diálogo transdisciplinar[1] y de examinar (dentro de la crisis médica y, en general, medioambiental que nos atraviesa) cuáles son

---

1. Si bien existe muy buena bibliografía especializada sobre la educación y sus desafíos en la actualidad (Sibilia, 2012; Buckingham, 2008; Burbules y Callister, 2001; Ferreiro, 2001; Serres, 2013; Schwartzman, Tarazow y Trech, 2014), este texto, en tanto que

     Silvia Grinberg y Julieta Armella

los valores que la humanidad abrazará y transmitirá en el futuro inmediato. Por ello, se vuelve fundamental pensar en la educación como un espacio de deliberación y crítica, pero también de contención y fraternidad.

Vida pública, vida privada y vida secreta

Este conjunto de cuestiones también nos demanda una revisión de la división clásica entre lo privado y lo público, que estructuró al sujeto moderno y sus posibilidades. Para la teoría política del siglo XX, este clivaje fue marcado por las ideas de Hannah Arendt (cuya preocupación ante los avances totalitarios le permitió ver una interferencia entre ambos espacios). Desde su perspectiva, en resumen, lo público se vincula con lo político y con una mirada igualitaria en lo formal, mientras que lo privado se identifica con lo familiar u hogareño, sumido a la asimetría (Arendt 55). La distinción moderna determinó una esfera jurídico-institucional en oposición a un ámbito íntimo, pensado en torno de los gustos, las posesiones y las acciones personales o a lo sumo familiares, que (dentro de sus confines) gozaban de una relativa autonomía. En los límites entre ambas esferas se hallaban los derechos individuales y las luchas por la participación política de diversos sectores que compartían un territorio. Pero esta definición moderna, al responder, como tantas otras, a modulaciones históricas, parece no reflejar la situación actual.

Mientras que la Modernidad planteó una mirada dicotómica, hoy observamos que las dos instancias aludidas no logran esclarecer la forma de vida contemporánea. En primer lugar, porque tal distinción fue ciega ante un tercer ámbito que puede denominarse "vida secreta" (Borisonik, 2017: 45-47), que conforma una estructura anterior a (y constitutiva de) las preferencias o identidades[2]. A diferencia de aquellas, esta tercera dimensión vital se expresa, por ejemplo, en los sueños, los traumas, el ADN, la estructura y los procesos celulares y, en general, en instancias que trascienden a los individuos aunque sean solamente actualizadas de manera particular.

En la actual pandemia, la estructura de lo viral apunta a esa instancia secreta, en tanto que afecta a los sujetos individualmente pero presupone un tejido social que alojará su existencia. Ningún virus podría sobrevivir en un contexto de real aislamiento, puesto que necesita de los contactos entre

---

transdisciplinario, busca realizar un aporte desde afuera del saber experto, para dar espacio a otro tipo de preguntas.

2.   Ludueña Romandini también abordó esta cuestión en su libro *Arcana imperii* (2018), al proponer la existencia de una región espectral previa a las categorizaciones clásicas "público y privado", "acción y producción" o "naturaleza y cultura".

los miembros de una especie (o varias) para su réplica sostenida. De modo análogo, la educación debe comprenderse como un proceso que presupone la existencia de una comunidad como cuerpo colectivo que se da forma de maneras particulares.

Y, al mismo tiempo, lo anterior puede leerse a la luz de la idea de "gubernamentalidad algorítmica" (Rouvroy y Berns; Costa), postulada en el eco conceptual que dejó por Michel Foucault (2006). Como se verá más abajo, las transformaciones técnico-políticas contemporáneas producen un tipo de conducción que se desplaza entre sugerencias, instigaciones y coacciones dirigidas simultáneamente a las poblaciones, como un todo a administrar, y a cada individuo, como elemento a conocer.

El animal discreto y el ágora digital

Durante el último siglo, se ha dado una transformación radical en la subjetividad que ilumina de nuevos modos los objetos sociales. El modelo que había atravesado la modernidad (con declinaciones geográficas y temporales) era el del "ciudadano", surgido originalmente de la *Declaración de los Derechos del Hombre y del Ciudadano* de 1789. Pero hace algunas décadas éste se vio solapado por el del "consumidor" (Lewkowicz 20-39; Alonso) y, más actualmente, el del "usuario" (Svampa; Sadin; Dyer-Witheford, Mikkola Kjøsen y Steinhoff). Cada uno de esos tres modelos tuvo consecuencias sobre las modulaciones del concepto de educación.

Podríamos pensar al ser humano como un *animal discreto*, un animal que discontinúa y codifica la realidad. La evolución hacia lo personal como singular, así como la ceración de conceptos, lenguajes y alfabetos muestra esa inclinación hacia la individualización y separación discreta del continuo del mundo. Así también, las tareas de todo tipo se han visto analizadas y sistematizadas con la ayuda de herramientas, lo cual alcanzó una magnitud inédita con las máquinas industriales del siglo XIX, con la creación del proletariado industrial que no sólo fue despojado de los medios de producción (Marx, 2008: 34), sino también separado del conocimiento de esos medios. La proletarización fue también una destrucción del acceso al conocimiento de gran parte de la población mundial. En ese sentido, la digitalización no sería más que el corolario de toda la experiencia humana sobre la Tierra, ya que implica una separación casi absoluta de todos los tipos de saber (no sólo el productivo industrial) junto con una cuasi inmediatez entre voluntad y resultados. Entre el siglo XIX y el XXI se pasó de la mecanización a la automatización. Eso condujo a una proletarización muy general, en la que

   Silvia Grinberg y Julieta Armella

la confianza en la educación formal y, de hecho, en casi todas las autorida-
des modernas se ha disipado al punto en que hay quienes ya hablan de una
época de la post-verdad.

El fordismo, como modelo organizativo y productivo, accionó un proceso
de vinculación entre participación en el mercado y derechos. Esto fue uno
de los sustentos de la conversión de los ciudadanos en consumidores y del
interés en el uso de las estadísticas profesionales para el aprovechamiento
comercial del *plus salarial* (que en realidad no era más que una paga un
poco más alta que la supervivencia) que retornaba como dinero circulante.
Pero también estuvo acompañado concomitantemente por una idea de educación que, si bien no apuntaba tan directamente a la empresa como lo haría
algunas décadas más tarde, sí formaba un tipo de sujetos que apuntalaran la
tendencia burocrática y tecnocrática general. Recordemos que la posguerra
fue una etapa en la que cobraron gran importancia la psicología conductista,
la parcelación de los saberes, el seguimiento y regulación individualizados y
la preeminencia de los objetivos por sobre los procesos, entre otras prácticas
que no estuvieron ausentes en las distintas etapas de la formación (Varela,
1991). De modo que la escuela inculcaba indirectamente elementos útiles
a la lógica empresarial, como "disciplina, obediencia, acatamiento a las
normas, memorización, concentración" (Reta, 2009: 124).

Algo similar nota Charlotte Klonk (2009), quien, estudiando el desarrollo
de los museos de arte, observa que durante el siglo XX, estas instituciones
fueron modificando la construcción de quienes las visitaban, dejando de
verlos como ciudadanos para pensarlos como "consumidores educados".
Siguiendo aún a Klonk, los museos no dejaron del todo de cumplir funciones educativas, pero introdujeron cambios muy perceptibles en el modo de
mostrar e informar sus exhibiciones, ya descentradas de lo nacional.

Con la crisis de la década de 1970, este sistema cayó frente al modelo
productivo actual, que algunos textos denominan como "capitalismo
informacional" (Castells) "capitalismo cognitivo" (Berardi), "biocognitivo"
(Fumagalli) o "cibernético" (Dyer-Witheford, Mikkola Kjøsen y Steinhoff)
y que puede asociarse con el reemplazo o superación de la estadística por
el manejo algorítmico del *big data* y por el paso del consumidor al usuario.
Los usuarios son seres que utilizan plataformas y que consumen para ser
consumidos, apelando al (auto)diseño de manera constante (Groys, 2014).
Esto implica una dramática caída en la capacidad de cuestionar, de manera
democrática, prácticas y hechos abusivos. Parafraseando a Marcuse (1983),
los adelantos tecnológicos dentro de la matriz del sistema capitalista lejos de

ser avances que corren necesariamente a favor de la emancipación, pueden, al contrario, reforzar los lazos de dominación.

La nueva y ubicua ágora digital trajo una democratización de baja intensidad de los medios de opinión. Al mismo tiempo, no obstante, dispuso un régimen de vigilancia total y un gobierno algorítmico de las imágenes y los cuerpos. Una de sus consecuencias es la facilidad con la que hoy es posible excluir lo que disgusta de la vista, sin intentar construir en común a partir de las diferencias, lo cual abre las puertas a una enorme manipulación por parte de los pocos actores que consiguen instalar las agendas y sugerir los comportamientos. Pero esta vigilancia permanente apela a una voluntad de conocer y manipular la vida secreta, cuestión que puede intuirse observando los fuertes avances en las investigaciones sobre los impulsos, el sueño, las posibilidades de manejar aparatos sólo con el pensamiento o las intervenciones en pos de la edición genética, entre otras (Sadin). Eso abre una emergencia regulatoria y terminológica sobre el trabajo humano en general y sobre la educación en particular.

¿Cuáles son los efectos de tal régimen sobre la formación de las nuevas generaciones? Sin restar importancia a las grandes carencias que acarreaban los sistemas educativos a la entrada del nuevo milenio, hasta hace muy poco tiempo, la formación implicaba, en general, la convivencia de cuerpos de carne y hueso en el espacio, con todos los límites e insuficiencias y también con todas las potencias que eso conllevaba. Hoy, esa figura está en franca mutación hacia un cuerpo digital cuya configuración trae nuevas complejidades.

Además, la necesidad de continuar, casi a cualquier precio, con las actividades típicas de la vida formativa, incrementó en enorme medida las horas que cada persona involucrada pasa frente a sus pantallas de cristal líquido. Es cierto que en muchos casos el esfuerzo ha sido sostenido por un deseo por continuar el intercambio y la transmisión de conocimientos; poder contar con cierta continuidad en las tareas que permiten previsibilidad, frente a la suspensión de la vida cotidiana que trajeron las medidas preventivas, ha sido de importancia para el equilibrio psíquico de toda la comunidad educativa.

Sin embargo, por ejemplo, la importancia de las emociones dentro de un grupo hoy parece verse analizado más por la inteligencia artificial que por la pedagogía. Existen compañías que ya ofrecen este servicio a escuelas y empresas[3], aunque los desarrollos actuales en reconocimiento de emociones no sean exactos y a la hora de establecer un estado en una persona dejen de lado, entre otras cosas, las diferencias culturales. De modo que las institucio-

---

3.   Por ejemplo <https://www.kairos.com/>.

   SILVIA GRINBERG Y JULIETA ARMELLA

nes educativas deberían sopesar cuánto hay de prejuicio frenológico y cuán riesgoso puede ser contratar esos servicios u otros similares en un entorno en el que están surgiendo nuevos racismos y desigualdades.

Al mismo tiempo, la pandemia ha propulsado una cada vez mayor concentración de oferta de "contenidos" educativos y académicos en las redes sociales. Eso podría generar un efecto similar al antiguo *zapping* televisivo, producto del cual los usuarios tiendan a escapar muy rápidamente de cualquier cosa que les disguste o aburra.

Educar en la era del algoritmo

La educación (como necesidad y característica cultural) implica siempre la transmisión de saberes y descansa en dos polos mutuamente permeables: la genética del cerebro y una serie histórica de soportes externos[4]. La conservación de lo aprendido experimentalmente es un medio por el que las especies buscan su continuidad y una manera en la que la vida de todo tipo lucha contra la entropía. En nuestro caso, esa búsqueda se ha apoyado en sostenes externos, distintos de la memoria celular. Tal vez el desarrollo humano se dio tan rápidamente que las lecciones no logran grabarse en el ADN que hizo necesario inventar formas de externalizar las memorias y aprendizajes individuales. Pero es importante tener presente que así como los apoyos exógenos hacen posible la acumulación y la transformación del conocimiento, el conocimiento es lo que hace posible el desarrollo de la tecnología.

Entonces, si bien las herramientas externas son potencias para el desarrollo del conocimiento, también pueden cercenarlo. Esto último sucede, sobre todo, cuando se busca la eliminación de lo improbable, por ejemplo cuando el saber se dogmatiza o cuando busca la reducción de los casos a promedios. O, como en el caso del uso algorítmico-comercial del *big data*, con la particularización que implica una traducción de las subjetividades a información computable, y la consecuente tendencia a acaparar la atención y el deseo de los usuarios, minando así la posibilidad de abrir nuevos futuros por fuera de las opciones programadas.

La historia de la educación marcha a la par de la historia de los instrumentos que registran o retienen datos y que resuelven problemas, pero también de las relaciones entre personas que intercambian y comparten conocimientos. En la actualidad, las "propuestas" de mayor magnitud del

---

4. Sobre la externalización tecnológica de funciones humanas, recomiendo Berti (2022).

mundo digital están programadas para captar y desviar la atención hacia las satisfacciones a corto plazo, si no instantáneas, características del consumo, lo que conduce a una mentalidad adictiva y proletarizada. Las instituciones educativas, en muchos casos, no han podido dar cuenta de este proceso y tendieron más bien a actuar como si las herramientas del marketing pudieran usarse acríticamente *con otros fines*. Hay, así, una creciente aceptación de la idea de que la atención estudiantil puede conseguirse con los medios de la industria cultural y la publicidad: el diseño, las infografías, las presentaciones de diapositivas, la reducción de todo problema a la (supuesta) vida cotidiana, etc. En lugar de ver a la educación como un proceso que puede abrir mundos del pasado, misterios abstractos y nuevas invenciones, este tipo de actitud sólo busca "captar la atención" sin tomar como prioridad los contenidos profundos y el atractivo que pueden generar en quienes estudian.

Como expresó el filósofo Roger Chartier en una entrevista, hoy domina la idea de una supuesta equivalencia entre lo impreso y lo digital aunque sus formas sean muy diferentes. "La lógica de la cultura impresa es una lógica del viaje […]. El lector encuentra lo que no buscaba. Construye el sentido de cada texto a partir de su coexistencia con otros en el mismo número de la revista o sobre la misma página del periódico. Y gracias a la materialidad del libro, ubica en la totalidad de la narración el fragmento que lee. Es una lógica topográfica". Mientras tanto, "la lógica del mundo digital, que se organiza a partir de clasificaciones temáticas, es la lógica del algoritmo, destinado a identificar y satisfacer los intereses y gustos de los lectores, considerados como series de datos […] es una lectura plasmada por las prácticas de las redes sociales. Estas prácticas imponen una lectura acelerada, impaciente, fragmentada, que autentifica la verdad de los enunciados leídos a partir de su difusión dentro de una misma comunidad de usuarios, sin necesidad o deseo de averiguarlos. Permite encontrar en un *click* lo que se busca" (Chartier, 2020).

Recordemos que el tipo de atención que requiere la educación no es en absoluto una facultad natural del ser humano, sino que precisa ser cultivada. Reconocer un número o una operación matemática es algo que se puede hacer casi inmediatamente, pero trabajar con esos datos y llegar a resultados requiere otro tipo de concentración. Poder pensar críticamente, comprender, crear y dialogar son tareas que requieren de un cierto tiempo, que no pueden resolverse de manera urgente y a los saltos, sino que sólo puede accederse a ellas si se genera el espacio para que decanten las impresiones más inmediatas y puedan aparecer imágenes más complejas. ¿No debería ser ese espacio el de la formación?

La educación como acción política

Por otra parte, retomando los apartados anteriores, impartir clases "desde casa" (al menos del modo improvisado en el que debió ser practicado en 2020 y 2021) acabó reuniendo lo peor de las dos tradiciones educativas más frecuentadas por la humanidad. Hasta el momento, las sociedades habían conocido dos formas generales de compartir el saber: una cerrada y una abierta. La primera se volcaba más a la transmisión que a la enseñanza. Se basaba en una fuerte implicación afectiva y corporal entre quienes conformaban una "escuela" (los pitagóricos, los epicúreos, los apóstoles, los miembros de ciertas líneas psicoanalíticas y otros tantos casos)[5], como conjunto dentro del que la circulación privada de documentos y fórmulas esotéricas se diferenciaba de las presentaciones y los textos exotéricos para el público general (muchas veces enigmáticos o encriptados). La otra forma, más típica de la Modernidad representativa y parlamentaria, restringió el elemento misterioso a cambio de una llegada potencialmente universal del saber a cada integrante de una comunidad territorial o lingüística. En este caso, la comunión espiritual es mucho más débil, pero en su reemplazo se conserva un cierto control sobre el tiempo y el espacio personal, se brinda una educación escolar organizada en sistemas nacionales de alcance masivo y se gana una inclusión mucho mayor.

Pues bien, la digitalización actual de la educación nos implica en nuestra privacidad pero nos aleja de la construcción de espacios de intimidad. Mientras provee un canal de conexiones, exige una desnudez inusitada que no retribuye con un nivel de afectación espiritual que permita una real apertura a la generación y reproducción colectiva de cultura, saberes o capacidades.

Mientras tanto, la develación sistemática de los espacios privados, gustos estéticos y forma de vida cotidiana, avanza incesantemente. Espacios que no estaban en contacto con la vida académica, ahora se cuelan por los ojos de las cámaras digitales y son captados y clasificados por una maquinaria infinitamente más eficaz que el panóptico analógico-arquitectónico de Bentham, que trabaja en tiempo real y en todas las latitudes en simultáneo, y que podrá usar todos estos datos para encontrar nuevas correlaciones y afinar las sugerencias publicitarias o la forma de incitar nuestros actos. Tal vez en unos años existan nuevas posibilidades y formas de utilizar las tecnologías

---

5. Sobre las enseñanzas entre los pitagóricos, ver Hernández de la Fuente (2020); sobre los epicúreos, Jufresa (1994).

para potenciar nuestras capacidades hacia una vida más autónoma, digna y emancipada. Hoy, ese no parece ser el centro de las preocupaciones.

Adicionalmente, la sistemática grabación y potencial reproducción de todas las actividades académicas ("para el mejoramiento"), también representan un movimiento hacia control total de las vidas de los individuos. Las nuevas tecnologías otorgan la posibilidad de recibir y revisar un número inmenso de clases e ideas (cuestión que amerita una reflexión particular acerca de los derechos de propiedad intelectual), pero a la vez nos enfrentan al peligro (que ahora puede parecer lejano en ciertas latitudes, pero que ya es muy concreto en otras) de un barrido metódico y constante de las posiciones ideológicas de cada persona (con eventuales repercusiones, dependiendo de los poderes de turno).

Hasta hace algunos años, la idea que sustentaba a toda la enseñanza universitaria era que la ciencia y la filosofía eran herramientas para la auto-determinación humana. Entonces, parte del debate académico tenía que ver con el mejoramiento de los programas. Hoy, nos encontramos frente a la preocupación por que la educación pueda sobrevivir a las nuevas condiciones de vida sin dejar de ser un espacio para la búsqueda crítica y la exploración. Para eso, un primer paso importante podría ser revitalizar el diálogo interdisciplinario dentro y sobre las instituciones educativas. Por otra parte, sería de gran utilidad retomar una concepción de las ciencias humanas y sociales como disciplinas abiertas y con capacidad de hablar sobre la realidad sin apelar a las llamadas "ciencias duras" como poseedoras de un saber superior. Nuestros estudios pueden organizar las preguntas más amplias y dar cauce a trabajos que produzcan avances morales y no se queden en las modelizaciones que clausuran puntos nodales de la existencia humana, como el espiritual, el ético o el contingente. Sin ellos, la práctica educativa corre el riesgo de empobrecerse y limitarse a analizar cuántos segundos las personas miran la pantalla y cuántos corren la vista. Los resultados de nuestras investigaciones no son opiniones, sino conclusiones a las que se llega a través de métodos específicos que aspiran a sustentar el debate colectivo, la crítica a los dogmatismos y la producción de conceptos y valores.

Pero además, la educación nunca fue una actividad unidireccional en la que los maestros enseñaban un conocimiento objetivo que los alumnos recibían pasivamente. La educación es una institución social, es una forma de vida. La formación implica, antes que nada, un espacio de intercambio, de modulación de las subjetividades, de encuentro espiritual, de debate y de unión. Olvidar o rechazar ese aspecto ensombrece la pregunta que más urgentemente tenemos que hacernos hoy: "¿qué hacer para vivir mejor?". Si la educación ya no será impartida en sitios fijos en el espacio, que no deje de ser un lugar concreto en la formación de lo común y defienda la idea de que la humanidad está también constituida por torsiones, secretos, opacidades y tensiones que es preciso conservar.

Todo parece indicar que la pandemia de Covid-19 es una muestra (¿y un catalizador?) de un nuevo paradigma que más tarde o más temprano logrará imponerse masivamente. De cara a eso, ¿cómo recuperar el lugar de la formación más allá de la información?, ¿cómo pensar la educación a través del diálogo y la construcción política y social? Esta es una gran oportunidad para repensar, reformular y, en todo caso, refundar el lugar de la educación y sus instituciones para que las aulas sean invitaciones al estudio (pero también al hacer, convivir e intercambiar entre pares) y no al consumo de conocimientos.

Adicionalmente, ¿no cabría también reflexionar sobre la relación entre educación y sostenibilidad, en el contexto actual de crisis por el cambio climático antropogénico[6]? Hoy en día, todo lo que pueda decirse sobre formación debería tener presente de algún modo que hay de fondo un problema que lo atraviesa. Pues ya está claro que no es "el mundo que les dejamos a nuestros hijos", sino los hijos que le dejamos al mundo. Ahora bien, mientras la matriz en la que los formemos sea la misma que nos trajo a este punto, será difícil que puedan pensar en salidas posibles. Las ciencias humanas y sociales ya no pueden pretender estar divorciadas de la ciencia o de la tecnología. Estamos frente a una emergencia y lo que está ausente son precisamente nuevos conceptos para enfrentarla.

Bibliografía

Abbott, A. (2016) The future of the social science. *Annales. Histoire, Sciences Sociales* - English Edition, Vol. 71, Issue 3, pp. 343-360.

Agamben, G. (2005) *La potenza del pensiero*. Vicenza: Neri Pozza.

Alonso, L. E. (2005) *La era del consumo*. Madrid: Siglo XXI.

Arendt, H. (1993) *La condición humana*. Barcelona: Paidós.

Aristóteles (1999) *Retórica*. Madrid: Gredos.

Barnett, R. (2001) *Los límites de la competencia*. Barcelona: Gedisa.

Bejar, H. (1995) *El ámbito íntimo. Privacidad, individualismo y modernidad*. Madrid: Alianza.

Berardi, F. (2020) Subjetivación cognitaria. En Reis, Mauro (Comp.).

---

6. https://www.argentina.gob.ar/noticias/se-presento-el-nuevo-informe-del-ipcc-sobre-las-bases-fisicas-del-cambio-climatico

Neo-operaísmo. Buenos Aires: Caja Negra, pp. 83-94.

BERTI, A. (2022) *Nanofundios. Crítica de la cultura algorítmica*. Córdoba: UNC - La Cebra.

BORISONIK, H. (2017) *Soporte. El uso del dinero como material en las artes visuales*. Buenos Aires: Miño y Dávila editores.

————(2020) Hashtag: hashtag. *Jennifer. Revista de arte y actualidad*. <http://bit.ly/jennyhtag>.

BUCKINGHAM, D. (2008) *Más allá de la tecnología: aprendizaje infantil en la era de la cultura digital*. Buenos Aires: Manantial.

BURBULES, N.C. & CALLISTER, T.A. (2001) *Educación: Riesgos y promesas de las nuevas tecnologías de la información*. Barcelona: Granica.

CASTELLS, M. (2005) *La era de la información: economía, sociedad y cultura*. Volumen I. Buenos Aires: FCE.

CASTILLA DEL PINO, C. (Comp.) (1989) *De la intimidad*. Barcelona: Crítica.

CHARTIER, R. (2020) *Nadie está obligado a volverse prisionero de Amazon o Facebook*. Contra Editorial <contraeditorial.com/roger-chartier-nadie-esta-obligado-a-volverse-prisionero-de-amazon-o-facebook/>.

COCCIA, E. (2011) *La vida sensible*. Buenos Aires: Editorial Marea.

COSTA, F. (2017) Omnes et singulatim en el nuevo orden informacional. Gubernamentalidad algorítmica y vigilancia genética. *Poliética. Revista de Ética e Filosofia Política*. Vol. 5, n° 1, pp. 40-73.

DE GAINZA, M. & IPAR, E. (2016) El laberinto de los afectos en el neoliberalismo. *Teoría y Crítica de la Psicología*. n° 8, pp. 247-258. <http://www.teocripsi.com/ojs/index.php/TCP/article/view/166/148>.

DELGADO ORTIZ, M.I. & HERNÁNDEZ MUJICA, J.L. (2015) Los virus, ¿son organismos vivos? Discusión en la formación de profesores de Biología. *VARONA, Revista Científico-Metodológica* n° 61, pp. 1-7.

DURKHEIM, É. (1985) *División del trabajo social*. Madrid: Akal.

DYER-WITHEFORD, N.; MIKKOLA KJØSEN, A. & STEINHOFF, J. (2019) *Inhuman Power. Artificial Intelligence and the Future of Capitalism*. Londres: Pluto Press.

EMILIOZZI, S. (2004) "Vida pública y ciudadanía en los orígenes de la Modernidad: Consideraciones teóricas e históricas". En García Raggio (Comp.). *La política en Conflicto: Reflexiones en torno a la vida pública y la ciudadanía*. Buenos Aires: Prometeo, pp. 37-66.

EPICURO (1994) *Obras*. Barcelona: Altaya.

FERREIRO, E. (2001) *Pasado y presente de los verbos leer y escribir*. Buenos Aires: FCE.

FOUCAULT, M. (2006) *Seguridad, territorio, población*. Buenos Aires: FCE.

FUMAGALLI, A. (2020) Veinte tesis sobre el capitalismo contemporáneo. En Reis, Mauro (Comp.). *Neo-operaísmo*. Buenos Aires: Caja Negra, pp. 49-72.

GROYS, B. (2018) Google: las palabras más allá de la gramática. *Sociedad futura*. <bit.ly/2W16XXv>.

———— (2014) *Volverse público*. Buenos Aires: Caja Negra.

HERNÁNDEZ DE LA FUENTE, D. (2020) *Vidas de Pitágoras*. Girona: Atalanta, 3ra edición.

JUFRESA, M. (1994) Estudio preliminar. En Epicuro. *Obras*. Barcelona: Altaya, pp. IX-LXXV.

KANT, I. (1991) *Pedagogía*. Madrid: Akal.

KLONK, Ch. (2009) *Spaces of experience: Art Gallery Interiors from 1800 to 2000*. New Haven: Yale University Press.

LACAN, J. (1992) *El reverso del psicoanálisis*. Barcelona: Paidós.

LEWKOWICZ, I. (2004) *Pensar sin Estado. La subjetividad en la era de la fluidez*. Buenos Aires: Paidós.

LUDUEÑA ROMANDINI, F. (2018) *Arcana Imperii. Tratado metafísico-político. La comunidad de los espectros III*. Buenos Aires: Miño y Dávila editores.

MARCUSE, H. (1983) *Eros y civilización*. Madrid: Sarpe.

MARX, K. & ENGELS, F. (2008) *Manifiesto comunista*. Buenos Aires: Prometeo.

MILLER, J.-A. (2005) Psicoanálisis y sociedad. La utilidad directa. *Freudiana*. 43/44, pp 7-30.

RETA, V. (2009) Las Formas de Organización del Trabajo y su incidencia en el campo educativo. *Fundamentos en Humanidades*, año X – n° I (19) pp. 119/137.

ROMÉ, N. (2018) *Política y subjetividad en la escena ideológica neoliberal. Aportes de investigación crítica en comunicación*. Buenos Aires: FSOC – UBA.

ROUVROY, A. y BERNS, T. (2013) Gouvernementalité algorithmique et perspectives d'émancipation. Le disparate comme condition d'individuation par la relation? *Réseaux*. N° 177, pp. 163-196.

SADIN, É. (2018) *La silicolonización del mundo*. Buenos Aires: Caja Negra.

SCHWARTZMAN, G.; TARAZOW, F. y TRECH, M. (2014) De *la Educación a Distancia a la Educación en Línea: aportes a un campo en construcción*. Rosario: Homo Sapiens Ediciones / FLACSO Argentina.

SERRES, M. (2013) *Pulgarcita*. Buenos Aires: FCE.

SIBILIA, P. (2012) *¿Redes o paredes?: la escuela en tiempos de dispersión*. Buenos Aires: Tinta Fresca.

SIMMEL, G. (1986) *El individuo y la sociedad*. Barcelona: Península.

SVAMPA, M. (2005) *La sociedad excluyente. La Argentina bajo el signo del neoliberalismo*. Buenos Aires: Taurus.

VARELA, J. (1991) *Arqueología de la escuela*. Madrid: La Piqueta.

ZUBOFF, Sh. (2019) *The Age of Surveillance Capitalism: The Fight for a Human Future at the New Frontier of Power*. Londres: Profile Books.

Digitalización, integración de las tecnologías y acceso a la cultura desde el relato de maestros/as de escuelas primarias

Lucas Bang

Argentina, Universidad Nacional de la Patagonia Austral

Introducción

La configuración de la sociedad de la información devenida en conocimiento construye un imaginario tecnocomunicacional (Cabrera, 2006), en cuyo centro se ubican las tecnologías info-comunicacionales con una fuerte capacidad performativa donde se impulsan prácticas, se generan imágenes, creencias y deseos. Las tecnologías no son un sujeto de cambio pero han pasado a formar parte de los modos de interacción de lo social en un capitalismo que ha encontrado en ellas formas de rediseñar lo económico, lo social modificando prácticas y por ende, interpretaciones de los hechos sociales cuando lo digital se transforma como lo "material dominante" de la producción, circulación y consumo de la cultura.

Esta configuración de la sociedad informacional que devino en conocimiento ha sido acompañada con la digitalización de la cultura (Van Dick, 2013) que ha mostrado en las tecnologías interactivas y en la información sus "fichas claves" para ver cómo nuestra vida ha cambiado en la forma en cómo pensamos nuestro cuerpo, nuestra identidad (Grinberg, 2013) y por supuestos, nuestras formas de relacionarnos con otros, de comunicarnos. Ahora bien, esta configuración de lo digital se apoya en dos combinaciones: (1) un fuerte proceso de aceleración técnica y de modificación de infraestructuras materiales como los satélites que permiten lograr la capacidad de transmisión de información en todo el globo-mundo al instante, luego producto de la micro-informática aplicada al aparato productivo que redefinen las regulaciones que marcan las relaciones entre capital y trabajo, además, de la generación de nuevas competencias, que no solo se dirigen a la idea del saber-hacer sino también hacia la relación saber-ser (Grinberg, 2008; Zangaron, 2016); y (2) la exposición continua a la información, su portabilidad, y al uso de las tecnologías para modelar las formas informacionales de ser-hacer y estar en el mundo, donde el trabajo adquiere un carácter inmaterial: "buena parte de los procesos productivos predomina un trabajo vivo centrado en la gestión útil del saber y el conocimiento, pero no como información en sí misma, sino como capacidad cognitiva de interpretar y movilizar información" (cf. Vercellone, 2006; Zarifian, *s.d.*).

Estas transformaciones infraestructurales de digitalización de la cultura organizan nuevas condiciones de circulación y acceso a esta, y por ende, de escolarización, que se encuentran ligadas a los dispositivos por donde circula el saber (Barbero, 2003; Dussel, 2010, 2011). Las tecnologías de la información y la comunicación pueden ser vistas como estrategias de control y de movilización que han sido dotadas, como dijimos, con una capacidad performativa per sé dentro de una nueva red de significaciones que delimitan nuevos saberes y prácticas, en este caso de lo educativo, en la sociedad actual. Y la escuela como un ambiente sociotécnico que permite dar cuenta de una historia de dispositivos usados para la transmisión del saber respondiendo a épocas y sus tecnologías de época, pero también a formas institucionalizadas por el tiempo y espacio escolar (Peirone, 2018). Si la escuela la pensamos *"como una intersección en un espacio social, un nudo en una red de prácticas que se expande en sistemas complejos que empiezan y terminan afuera de la escuela"* (Nespor, 1997:13) logramos comprender que la transmisión cultural hoy excede del dispositivo de la escolaridad y familiar donde se hace necesario pensarla también con el dispositivo mediático, particularmente en el uso de las tecnologías por parte de los/as maestros/as.

Desarrollo

Si hay algo que el mundo no carece son de forma de pensar la integración de las tecnologías en la escuela. Una de las primeras formas es la puesta en práctica de las tecnologías en la escuela al verlas como una posibilidad de conflicto (Dussel y Trujillo, 2018) que son opciones y expectativas marcada por tensiones que deben ser abordadas saliendo de la escuela para poder dimensionar el uso social de ciertas tecnologías. Pensar la escuela como una posibilidad de conflicto es comprender a la comunicación como productora de lo social, como herramienta de lectura de lo social (Reguillo

     Silvia Grinberg y Julieta Armella

Cruz, 2016) que permite ver a la tecnología como un objeto cultural por donde pensar la cultura.

Otra forma sería dejar de lado la magia "blanca o negra" que se hace desde discursos académicos y el sentido común sobre la tecnología y su faceta encantadora, para poder poner en valor lo que el/la maestro/ra dice y hace según el contexto. Y por último, el producto final, en el caso de las tecnologías interactivas y sus usos en las escuelas por los/as maestros/as vemos que su puesta en práctica difiere según los/as maestros/as y también el ámbito institucional. El uso que los/as maestros/as hacen de las tecnologías interactivas va en leve crecimiento pero no acompaña la repercusión dicha sobre los efectos de calidad que la tecnología hace al sistema educativo (Cuban, 1993, 2001, 2003; Sunkel, 2006; Sigalés, Mominó y Meneses, 2008; Conlon y Simpson, 2003; Gibson y Oberg, 2004).

Se hace necesario reconstruir desde relatos de los/as maestros/as las formas en que las tecnologías son usadas en contextos particulares de uso. Por ejemplo, observamos que algunos registros de maestros/as refieren a nuevas condiciones socio-técnicas para la escolarización producto del cambio en la circulación de la materia prima del conocimiento: la información. En esa dirección, un/a maestro/a señala que:

Las tecnologías renuevan todo. Son herramientas muy importantes que debemos usar en la tarea nuestra. Cambió la forma en cómo circulan y se apropian los saberes porque cambio el acceso a la información. (Maestro/a Escuela Primaria)

En este relato de la entrevista vemos que hay un atributo muy fuerte de renovación sobre la vida social producto de las tecnologías. Un poder arrasador donde la proliferación de instrumentos, procedimientos, programas y recursos han servido para dar pautas de cómo desenvolverse en diferentes ámbitos, donde lo escolar no queda exento porque lo informacional permea las paredes de las aulas. Es por eso que la convergencia técnica (Abril, 1995; Zallo y Bustamente, 2002; Jenkis, 2006) permitió que ciertos usos se vayan potenciando y re-direccionando con las tecnologías interactivas. En la expresión del maestro vemos cómo refiere a premisas informacionales, tipo un sistema cognitivo como la idea del cambio del acceso a la información y por ende las formas de circulación y apropiación de los saberes. Hay en el dicho del maestro algo clave de los avances tecnológicos con efectos sociales fuertes como son la distribución y la digitalización, que permiten el traspaso de datos e información de una manera inmediata o que está ahí, en la red, para ser encontrado:

Cambiaron la forma de dar los contenidos, hay que motivar. Hay que saber qué tecnologías usan y qué miran los chicos para poder hacer un mejor uso de las tecnologías porque la escuela mucho no ayuda. (Maestro/a Escuela Primaria).

Aquí nos encontramos con otro relato que da cuenta de la palabra cambio, que ha servido para expresar una forma de sentir una época, un tiempo, como una cuestión actitudinal que el sujeto debe impulsar: cambiar; porque el mundo cambia, la educación cambia (Grinberg, 2008). Si no nos adaptamos corremos el riesgo de desaparecer como les pasó a los dinosaurios. Algo similar ha ocurrido con los medios y las tecnologías de la información y la comunicación. Si bien han cambiado producto de la convergencia técnica, y la ecología de los medios explica los cambios que han sufrido los medios (Jenkisns, 2006; Scolari, 2015), se ha asociado la idea de cambio a la percepción de velocidad con las que las tecnologías irrumpen pero se confunde cambio tecnológico con cambio social y nada tiene que ver en este último, la velocidad.

Hay una tensión constante entre lo tecnológico, lo industrial y lo social, una tensión que es preciso afrontar si queremos reconocer a los medios, efectivamente, como un proceso *de* mediatización. Las instituciones no elaboran significados. Los proponen. Y las instituciones no cambian de manera pareja, tienen diferentes ciclos de vida y diferentes historias. (Silverstone, 2003:19)

Las palabras de Silverstone (2003) permiten pensar los usos en el sentido de un continuum de usos sociales de tecnologías de comunicación e información, donde las sociedades son vistas como tiempos (Urrusti, 2015), es decir, las experiencias se sintetizan por lo vivido, donde lo convergente en la experiencia social se transforma en divergente, tal como lo marca el maestro cuando dice *"hay que saber qué tecnologías usan y qué miran los chicos para poder hacer un mejor uso de las tecnología"* porque hay allí una necesidad de entender que por fuera de la escuela se están dando apropiaciones y usos, modos diferentes de acceder no solo al aparato sino al consumo de información, al manejo de redes y aplicaciones, a su uso.

De este modo vemos que el maestro siente que necesita saber cuál es el uso que los/as alumnos/as le dan a las tecnologías, como un cierto saber previo, para poder hacer un mejor uso de la tecnología. Es decir, el maestro sabe que en su escuela la tecnología está a medias o no está, pero sabe que los/as alumnos/as la usan y busca aprovechar ese uso y consumo de información como un puente para hacer entrar la tecnología en una escuela que tiene problemas para su integración.

                                                        Silvia Grinberg y Julieta Armella

Los/as maestros/as, las tecnologías y el acceso a la cultura

En los tiempos del *big* data, de la geolocalización con el GPS incorporado en los celulares, de la conexión permanente con la datificación, se generan formas de habitar el mundo, donde la tecnología juega un papel importante no solo en la distribución de la información, sino en ese salto cualitativo en el uso de la información que ve Castells (2001), el cual implica una forma diferente de apropiación de saberes ligados al acceso y diversidad de información, y que refiere a las formas de transmisión cultural donde se miran los procedimientos, las formas de llegar y de buscar la información. Ese salto cualitativo es el espacio electrónico donde *Google* se vuelve centro:

> *Google es buenísimo porque los chicos pueden buscar información de todo lo que le pedís pero si es solo eso no es más que un manual infinito. Hay programas que permiten diseñar trabajos y animarlos, interactuarlos tanto para ellos como para nosotros. Por ejemplo, yo armo textos videítos sobre un determinado tema para trabajar con los chicos. (Maestro Escuela Primaria)*

En el relato del maestro la presencia de la tecnología sea hace una constante y vemos una forma de accesibilidad a los bienes informacionales y comunicacionales (Ottone y Hopenhayn, 2007), dando una visibilidad al acceso y uso de la información porque se detiene en decir que "*si le pedís solo eso no es más que un manual*", o sea, que en su relato observamos que la información es vista como la materia prima, como parte del proceso de producción de conocimiento. Además el relato sobre Google y el después, las tecnologías pueden proveer variadas formas de representación y presentación de los contenidos en múltiples formatos, permitiéndole a la relación maestro – alumno una aproximación diversificada a los contenidos y demandando diferentes formas de procesamiento y presentación de la información. La información no solo en su formato de noticia o escrito (como lo puede dar Google o como puede tener un manual), sino también de sonidos-audios, imágenes en movimiento, infografías, etc.

En la misma sintonía, encontramos otro relato de un maestro que refiere a la forma de trabajar el contenido, a la producción del conocimiento

> *Para mí es un excelente recurso porque cambia el soporte de la información y podes hacer cosas que antes no podías hacer. No solo que traigan información, podes hacerles hacer cosas como por ejemplo un video, que vayan armando un documento en Word para que vaya quedando algo escrito que después podes usar. Miles de cosas. (Maestro/a Escuela Primaria)*

El maestro resalta la importancia del recurso que es la tecnología para dar clase, y luego justifica con algo que no es menor en la sociedad informacional, que es el cambio de soporte que pueden clasificarse según Lapuente (2010) en: analógicos (papel, película, videocasete, radiocasete, etc.) y digitales (discos magnéticos, disquetes, discos ópticos, tarjetas de memoria, etc.), agregando a esta acción la posibilidad de manipular "hacer cosas que ante no podías hacer". En el relato del maestro vemos un fuerte peso en el hacer de manera articulada con las tecnologías en la forma de circulación y apropiación de los saberes ligados al cambio en el acceso a la información, el soporte de la misma, y a la diversidad de fuentes.

Claro que en los relatos de los/as maestros/as analizados hasta aquí no encontramos una reflexión sobre el uso de los buscadores, pero sí vemos que trabajan con la tecnología en el diseño de contenidos (hacen videos, usan *Word*), la usan para buscar información fuera de la escuela que luego la trabajan en el aula. Entendemos entonces que se usa Internet como un reservorio de información donde el maestro indica el tema que debe buscar el alumno, y luego él coordinará cómo trabajar con esa información en el aula, y es ahí donde se interviene.

En este sentido, los discursos de los/as maestros/as como usuarios de tecnologías refieren al lugar que tienen estas en la tarea docente, si bien no se revoluciona la forma de clase se dimensionan los cambios en el procesos de enseñanza y aprendizaje, las prácticas toman la iniciativa para formar su posibilidad de hacer con la tecnología como lo muestra el siguiente relato:

> *Cambio la forma de preparar la clase. Hay más recursos. Podes usar el aula digital móvil y programas que permiten proyectar 3D. Cosas interactivas. Que los chicos pasen y completen en la pizarra digital. Claro que debes reservar. (Maestro/a Escuela Primaria)*

Aquí comenzaremos por el final, porque se observa que la tecnología ha sido domesticada (Silverstone & Hirsch, 1992) bajo la forma escolar de los recursos tecnológicos "claro que debes reservar" al igual que el cañón, el laboratorio, como lo era la tv y la videocámara. Después sí aparece el discurso informacional sobre el manejo de la técnica y sus ventajas, cuando refiere a los cambios que en la práctica se pueden realizar para dar un contenido pensando siempre en algún momento en la interacción con los alumnos. En este enunciado probablemente se condensa una faceta de lo viejo, la forma de reservar la tecnología, que no estaría al alcance de "la mano", y una figura de lo nuevo, que es trabajar con la potencia que las TIC traen consigo y desde allí, hacer aquello que solo los maestros pueden: hacer el trabajo en clase, enseñar. Hecho que en todo relato de los maestros vemos que aparece.

 SILVIA GRINBERG Y JULIETA ARMELLA

Hasta aquí, comprendimos las prácticas de información y comunicación que los/as maestros/as han desarrollado y que tienen que ver con la forma de gestionar la información, es decir, buscar información y tráela a clase, y con cierto dominio de la técnica que no requiere de un *feedback* sino de apropiarse del instrumento como hacer videos, usar *Word*, proyecciones 3 D, pizarras. Para Vizer (2001) el sujeto de la cultura digital o de la cibercultura no piensa sobre la información, sino que procesa información. Esa idea, crítica Vizzer (2011) sobre que el pensar ya no es algo separado de la acción, sino una función más de la propia acción, que se ensambla con el proyecto informacional (Bretton, 2002; Tremblay, 1995,) a largo plazo, donde las tecnologías y las prácticas deberán entretejerse sobre una infraestructura de redes sociales e interactivas.

En los primeros momentos de la digitalización de la cultura, allá por los 90, cuando en las escuelas aparecían los laboratorios de informática (Kozak, 2002) se buscó generar o incrementar competencias de los docentes en el uso práctico de las tecnologías. Claro que en ese entonces recién empezaban los procesos de masificación de los instrumentos como las computadoras, tablets, celulares, más que nada; dispositivos móviles que se han convertido en objetos comunes en nuestra vida cotidiana; y que las interfaces de uso se han vuelto más accesibles (Ketil Engen, 2019), lo que ha hecho que la pregunta no se oriente sobre el cómo usar los dispositivos tecnológicos sino en cómo implementar ese uso en los contextos de enseñanza y aprendizaje. Y en este sentido encontramos el relato de este maestro:

Es importante potenciar la competencia que tienen las tecnologías porque son las mismas que tienen los chicos. Los chicos nacen con estas tecnologías. Hay que saber aprovechar ese uso por parte de nosotros. (Maestro/a Escuela Primaria)

Lo primero que queremos decir es que en este relato observamos que el maestro refiere al uso de las competencias que tienen las tecnologías interactivas, y creemos que aquí se refleja la idea del conocimiento + la acción, es decir, el conocimiento sobre algo concreto donde el instrumento cumple una doble función. La primera función refiere a que el instrumento tecnológico es producto de conocimientos socio técnicos basados en una acción o práctica social, pensemos que la tecnología tiene un nivel de diseño e implementación que se construye sobre las prácticas de los sujetos (Feenberg, 2005; Winner, 2010); y la segunda función, queda determinada en parte por la primera, que sería tener habilidades prácticas para el uso de las herramientas tecnológicas porque esa tecnología forma parte del ambiente cultural, y es desde ese conocimiento que surge la necesidad de generar un proceso dialéctico entre las competencias de los chicxs que tienen sobre las tecnologías para generar conocimiento sobre algo concreto. Nos parece que lo que el maestro/a dice va más allá de la idea de la competencia digital que se basa en un amplio conjunto de investigaciones relativas a la alfabetización y la competencia digital (Buckingham, 2006; Ilomäki & al., 2016; Johannesen, Øgrim, &Giæver, 2014; Koltay,2011; Pettersson, 2018). En algún punto hay una cierta figura de aquello que grafica Grinberg (2013) sobre el maestro investigador, pero no solo de información o de herramientas tecnológicas, sino ahora también de traducir usos tecnológicos de un ámbito a otro sabiendo que de fondo lo que el maestro está sosteniendo es el conocimiento del otro. Sobre este escenario tecnológico montado en las escuelas primarias con las que trabajamos encontramos una situación intermedia sobre el uso de las tecnologías en la tarea de educar.

Las condiciones tecnológicas como objeto de discusión

Recién estuvimos describiendo cómo los/as maestros/as van haciendo con la tecnología según el escenario donde están y sus conocimientos que refieren más a las prácticas cotidianas que hacen como usuarios, buscando traducirlas en el ámbito escolar. Por lo tanto, se hace necesario recordar a la escuela como dimensión infraestructural de registro e inscripción de la cultura, como forma de presentar y representar el mundo a las nuevas generaciones (Yates y Grumet, 2011). Obviamente, muchas veces las condiciones materiales son un impedimento para poder integrar las tecnologías como lo marcan los relatos que veremos.

Recordemos que la forma en la que se materializan las tecnologías en las escuelas son el aula digital móvil (ADM) en la primaria, el conectar igualdad en la secundaria, y los laboratorios de informática en ambas. Estos son los espacios con herramientas que las escuelas cuentan para trabajar con las tecnologías. Por ejemplo, una maestra de una escuela dice:

El laboratorio de la escuela no ayuda en mucho porque casi no lo usan e internet no funciona nunca. Sé que las chicas (Directora y vice señala la oficina) se cansaron de reclamar pero bue… eso no te asegura nada. Para mí tiene que haber otras condiciones para poder trabajar con las tic y no están. Acá Internet y el agua son casi la misma moneda. (Maestra Escuela Primaria)

Aquí la maestra establece una relación entre agua e Internet, que es la ausencia continua de ambas. Esto se debe a que la ciudad de Caleta Olivia tiene muchas dificultades de suministro de agua potable y hay cortes seguidos

 Silvia Grinberg y Julieta Armella

del servicio[1]. Ahora bien, la maestra le atribuye, por un lado, una importancia máxima a Internet para el uso de la tecnología y se excluye de la situación **"el laboratorio casi no lo usan"**. Al igual que libera de responsabilidad de que no haya internet al equipo directivo **"Sé que las chicas se cansaron de reclamar… pero bue…"** y carga la culpa, sin decirlo, sobre el sistema escolar cerrando posibilidades de solución al decir "pero bue…". Dando a entender que si bien la gestión se hace correctamente la solución no llega. Por último, esta entrevistada sitúa el problema de la incorporación de la tecnología comprendida desde cuestiones técnicas y burocráticas cómo una fase de desarrollo previo para que puedan ser usadas en el aula. En la misma sintonía, un maestro sitúa el problema en la cuestión técnica y actitudinal.

> *Uhh! Acá hay un malestar grande con eso. Los chicos quieren las netbook pero el gobierno no las da a este nivel. Entonces parece que hay desgano ahí. Y el carrito no se usa mucho. Hubo problemas con el Huayra[2] y la verdad depende de cada docente. (Maestra Escuela Primaria)*

La maestra resalta la "queja" en dos partes y desde dos interlocutores. Primeros sus alumnos, los cuales tienen desgano porque no tienen las "*netbook* del gobierno". Como si fuese una injusticia. Y el aula digital móvil (ADM) que tiene un problema con el *software*, problemas técnicos que la excluyen de responsabilidad de usos. Luego aparece una frase típica de esto tiempos, un *sincericidio*: "un hágalo usted mismo", dependiendo de cada uno, de cada docente.

Hasta aquí la tecnología no parece hacer pie, es más, por cuestiones de no poder más que del saber de los maestros. Siguiendo el sentido de las respuestas nos encontramos con un maestro/a de otra escuela que también plantea un deber ser y lo que ocurre con las tecnologías:

> *La incorporación de las TIC es solo de manual porque acá no hay mucho de esto. En esta escuela no se realiza casi nada. A parte el laboratorio se utiliza para buscar información, diseñar algo o word. Lo mismo que carrito. Todo muy lindo pero acá todavía estamos el mayor tiempo con la tiza y pizarrón. (Maestra Escuela Primaria)*

Marcelino García (2016) afirma que la práctica discursiva es una (a) puesta escénica del sujeto por parte de quien dice yo en relación con un tú. En este sentido, el discurso del docente es una respuesta a otros discursos que

---

1. Nota de Infobae que refiere al corte de agua por 19 días en febrero de 2014. <http://www.infobae.com/2014/02/24/1545926-caleta-olivia-sigue-agua-y-piden-que-se-declare-la-emergencia-sanitaria/>. También conocido en los medios locales como "Los días de la sed".

2. El huayra es el software del aula digital móvil que tienen las escuelas primarias.

refieren al objeto tratado, la incorporación de las tecnologías en la escuela, y que permiten poner en diálogo por intermedio de las apreciaciones, opiniones sobre la comprensión del tema.

Para este docente la tiza y el pizarrón son los instrumentos que predominan en el tiempo y espacio de la enseñanza. Por eso dice "**acá todavía estamos el mayor tiempo con la tiza y el pizarrón**". Una manera de estereotipar esta frase del docente sería decir que se observa "un docente que se resiste a renunciar a costumbres conocidas y cómodas" (Burbules, 2002) o que se encuentra en una posición hostil al cambio. Para nosotros, la frase del docente se ubica como reproche, como un no poder. Nos parece que la metáfora "la incorporación de las tecnologías es solo de manual" muestra una crítica a la "revolución tecnológica" que impulsó la reforma educativa es desconocer la realidad escolar y la vida de los establecimientos educativos ni de los/as maestros/as. En término de Viñao (2002)

> Las reformas fracasan no ya porque, como es sabido, todas ellas produzcan efectos no previstos, no queridos e incluso opuestos a los buscados (…) sino porque, por su misma naturaleza a-histórica, ignoran la existencia de ese conjunto de tradiciones y regularidades institucionales sedimentadas a lo largo del tiempo, de reglas de juego y supuestos compartidos, no puestos en entredicho (…). (Viñao, citado por Villagran, 2018: 44)

Igual, hay en el maestro una sistematización de prácticas que refieren al conocimiento de la informática como el manejo de los programas de *office* (que suponen un conocimiento) que luego el sujeto podrá aplicar en el mercado porque sabrá manejar Excel, *Word, Power Point,* Publisher, etc. (Morales, 2010); además el hecho de buscar información para integrarla de otra manera al aula (Esnaola, 2010). Los usos de las tecnologías son reconocidos en los procesadores de texto, los programas para diseñar carteles y tarjetas, los utilitarios que permiten planillados administrativos, el correo electrónico, edición de video, búsquedas de información en Internet (Aprea, 2005).

En una misma sintonía, una maestra de la misma escuela refiere a que no están dadas las condiciones para el trabajo con tecnología debido a que hay obsolescencia en la sala de informática y un problema técnico con el aula digital móvil pero sabe que es importante su utilización.

> *Creo que sirve mucho pero no tenemos los requisitos tecnológicos para poder trabajar con las TIC. Acá las computadoras del laboratorio son re viejas y casi ni te sirven para armar una presentación o articular un contenido con los programas que hay. Y el carrito casi no se usa por un problema, que no sé cuál es. (Maestra Escuela Primaria)*

La cotidianeidad y la lentitud de las políticas educativas para mejorar los problemas cotidianos de las escuelas hacen que las tecnologías estén ahí. Para Diego Levis (2006):

La despareja, y a veces caótica, incorporación de computadoras y redes en los procesos educativos, pone de relieve las dificultades existentes. La ausencia de proyectos pedagógicos definidos, **y de seguimiento de programas**[3], entre otros factores, ha hecho que la incorporación de las tecnologías en la educación no haya producido los resultados esperados. (p. 81)

En consecuencia, si bien hay una idea de que es inevitable la tecnología en la escuela aparecen algunas experiencias que marcan que es una apariencia, al menos por el momento, más allá de la llegada de equipos y el desarrollo de materiales didácticos y portales cuyo contenido se asocia con el currículo, se puede observar fallas técnicas en los programas, y una cultura institucional que las incorpora a la vida de las escuelas para que estén a veces como un mobiliario, sin usarlo porque no se puede, y otras veces porque los/as maestros/as no la contemplan en el uso para clase. Teniendo en cuenta estas características, podemos pensar que las políticas modulan usos y apropiaciones de las tecnologías o mejor dicho, las formas en que las personas se relacionan, donde las formas de interacción entre individuos y grupos con los medios es un hecho situado históricamente. Más allá de la integración de las tecnologías en la vida cotidiana, las mismas en las escuelas primarias no han sido apropiadas sino usadas por los/as maestros/as en las formas habituales a las que usa las tecnologías por fuera de la escuela. Es que la apropiación de la política se da cuando se producen nuevos usos/ prácticas a partir del objeto técnico.

Conclusión

Este recorrido sobre la puesta en práctica de la tecnología por parte de los/as maestros/as nos sirve para pensar los procesos de tecnificación de la sociedad y cambios en la organización social y sus efectos en la vida de la escuela. Es más, vemos en las expresiones de los/as maestros/as cómo adecuar esos cambios que se están produciendo en la circulación del saber a un contexto específico, para poner en "situación escolar" a las tecnologías informacionales. Así como algunos maestros/as dicen que usan las tecnologías,

---

3. La negrita es nuestra.

encontramos otros que dicen que no pueden, no que no saben integrarlas a lo cotidiano de la escuela donde trabajan.

Para esto se hace necesario entender al menos dos cosas para lograr la integración de las tecnologías en la escuela: 1. que los medios tecnológicos son una suerte de infraestructura, "aparatos que traducen el sentido a través del tiempo y del espacio, a través de registros visuales, auditivos, verbales y manuales" (Peters, 2015: 304) siendo una forma de transmitir y preservar la cultura y 2. que la relación escuela-tecnología debe ser pensada desde la noción de marco tecnológico (Bijker y Pinch, 2008) que permite vincular las descripciones y saberes técnicos de los artefactos con problema-solución donde la inserción de estos es a partir de los usos. Pensar la integración a partir de los usos desde los procesos de apropiación consiste en personalizar, "hacer propia" una tecnología por medio del uso; y esto rompe con las formas de apropiación y uso que modulan las políticas educativas de incorporación de las tecnologías en las escuelas

Salir del uso hegemónico normalizado (uso dominante en de Certeau) que sería aquel que tiene ese rasgo performativo de las políticas que buscan integrar las tecnologías en la escuela implica incorporar creativamente la tecnología al conjunto de actividades cotidianas que no es otra cosa que usar el objeto técnico desde una dimensión técnica y cognitiva. Es decir, primero debemos saber el manejo técnico y cognitivo del artefacto para luego integrarlos a la vida cotidiana y hacer cosas distintas a las habituales porque la integración debe propender a la apropiación que busca detenerse en los procedimientos minúsculos y cotidianos que los/as maestros/as tienen sobre las tecnologías interactivas describiendo los usos hegemónicos normalizados, pero buscando e impulsando el uso de una tecnología como un acto de creación, invención y producción, que se ejecuta por medio de tácticas y estrategias precisas (M de Certeau, 1997) teniendo en cuenta un conjunto de circunstancia que rodean los usos cotidianos.

Bibliografía

ABRIL, G. (1997) *Teoría general de la información, datos, relatos, ritos.* Madrid: Cátedras.

BARBERO, J. M. (2003) *La educación desde la comunicación.* Bogotá: Editorial. Norma.

BIJKER y PINCH (2008) La construcción social de hechos y de artefactos: o acerca de cómo la sociología de la ciencia y la sociología de la tecnología pueden beneficiarse mutuamente, en Hernán Thomas, Alfonso Buch (coord) *Actos, actores y artefactos Sociología de la tecnología.* Editorial. UNQ.

BRASLAVSKY, C. (1996) Los usos de la historia en los libros de texto para escuelas primarias argentinas (1916-1930), en: Cucuzza, H. R. (Comp.) *Historia de la educación en debate.* Buenos Aires: Miño y Dávila editores.

CASTELLS, M. (2001) Internet y la sociedad red. Disponible en <http:// tecnologiaedu.us.es/revistaslibros/castells. htm>. Consultado: 24 de agosto, 2018.

DE CERTEAU, M. (1996) *La invención de lo cotidiano / 1. Artes de hacer.* México: Universidad Iberoamericana; Instituto Tecnológico y de Estudios Superiores de Occidente.

DIJCK, J. V. (2013) *La cultura de la conectividad: Una historia crítica de las redes sociales.* Argentina. Editorial Siglo XXI.

DUSSEL, I. (2016) Indagación sobre los sos pedagógicos en los procesos de enseñanza mediados con TIC en ciencias sociales y ciencias naturales y exactas, informe final de investigación, Buenos Aires, Organización Iberoamericana de Educación-IBERTIC.

DUSSEL, I. y TRUJILLO, B. (2018) ¿Nuevas formas de enseñar y aprender? *Revista Perfiles Educativos,* vol. XL, número especial, IISUE-UNAM.

GRINBERG, S. (2008) *Educación y poder en el siglo XXI. Pedagogía y gubernamentalidad en las sociedades de gerenciamiento.* Buenos Aires: Miño y Dávila editores.

———— (2013) Educación, biopolítica y gubernamentalidad. Entre el archivo y la actualidad: Estados de un debate. *Revista colombiana de Educación.* Lugar: Bogotá; pp. 77-98.

JENKINS, H. (2008) *Convergence culture: la cultura de la convergencia de los medios de comunicación.* Barcelona: Paidós.

LEVIS, D. (2006) Alfabetos y saberes: La alfabetización digital. *Revista Científica de Comunicación y Educación;* pp. 78-82.

OTTONE, E. y HOPENHAYN, M. (2007) Desafíos educativos ante la sociedad del conocimiento. *Pensamiento Educativo, Revista De Investigación Latinoamericana (PEL), 40*(1), 13-29. Recuperado a partir de <http:// pensamientoeducativo.uc.cl/index. php/pel/article/view/25483>.

PEIRONE, F. (2018) El saber tecnológico. De saber experto a experiencia social *Virtualidad, Educación y Ciencia,* 17 (9), pp. 66-80.

PETERS, J. (2015) *The Marvelous Clouds. Toward a philosophy of elemental media,* Chicago, The University of Chicago Press.

POOVEY, M. (2017) *Why Post-factuality is so Difficult to Fight*, Pettersson.

SANDOVAL, L (2019) Una lectura político-comunicacional de los usos y redefiniciones de las tecnologías de información y comunicación: el caso de la domesticación de la tecnología móvil en Argentina. (Tesis, Facultad de Periodismo y Comunicación Social). Recuperado <http://sedici.unlp. edu.ar/bitstream/handle/10915/86949/ Documento_completo.pdf-PDFA. pdf?sequence=1&isAllowed=y>.

SILVERSTONE, R. (2004) *¿Por qué estudiar los medios?* Buenos Aires: Amorrortu.

SUNKEL, G. (2016) *Razón y pasión en la prensa popular: un estudio sobre cultura popular, cultural de masas y cultura política.*

Vercellone, C. (2011) *Capitalismo, cognitivo, renta, saber y valor en la época posfordista*. Buenos Aires: Prometeo.

Villagrán, C. (2018) Recepción y puesta en acto de la reforma del curriculum. Un estudio del devenir de la reforma en escuelas secundarias públicas de Santa Cruz. (Tesis doctoral en educación UBA FF y LL).

Winner, L. (2010) *The whale and the reactor: A search for limits in an age of high technology*. University of Chicago Press.

El giro biocéntrico: un debate sobre la noción de *Bildung* y el humanismo antropotécnico a partir del pensamiento de Friedrich Nietzsche

Rodrigo Miguel Benvenuto

Argentina, CONICET – LICH - UNSAM

"A quien no esté en condiciones de provocar horror hay que rogarle que deje en paz las cuestiones pedagógicas"

Nietzsche – Sobre el porvenir de nuestras escuelas

Introducción:
acerca de las dificultades para *"llegar a ser lo que se es"*.

Con la "muerte de Dios", el siglo XIX pronuncia el acontecimiento más trágico de la historia de occidente. Nietzsche lo evoca en términos dramáticos bajo la siguiente pregunta: "¿No es la grandeza de este hecho demasiado grande para nosotros?" (1990: 115). Un siglo más tarde, Michel Foucault devela una de las consecuencias más graves de este acontecimiento: la muerte del hombre. En este sentido, la pregunta acerca de "qué es el hombre", no puede dejar de provocarnos una risa filosófica (Foucault, 2002: 333). Podríamos, acaso, preguntarnos junto a Foucault: ¿Qué queda aún del sueño antropológico de la modernidad? Por su parte, y en el cuestionamiento al humanismo y al estatuto de las ciencias humanas, Nietzsche había pronunciado un mandato que constituye una señal a contratiempo de su época: el hombre es algo que debe ser superado.

Tanto Nietzsche como Foucault exponen dramáticamente la perplejidad en la que se encuentra nuestra época histórica. Este último enfatiza la íntima vinculación entre la muerte de Dios y la muerte del hombre, ya que; "[…] a través de una crítica filológica, a través de cierta forma de biologismo, Nietzsche encontró de nuevo el punto en el que Dios y el hombre se pertenecen uno a otro, en el que la muerte del segundo es sinónimo de la desaparición del primero y que la promesa del superhombre significa primero y antes que nada la inminencia de la muerte del hombre" (*ibidem*: 332).

157

El hombre es algo que debe ser superado. Un mero tránsito hacia aquello que viene a redimir la falta, el absurdo y sinsentido de todo aquello que, pomposamente, denominamos bajo el nombre de "Humanidad". Una vez que se pronuncia la promesa del superhombre, queda pendiente la resolución del enigma que interpela al pensador en esta época de crisis: ¿Qué hacer, mientras tanto, con el hombre? ¿Hay alguna posibilidad de acelerar el proceso hacia la realización del superhombre? A lo largo de la reflexión filosófica nietzscheana, encontramos una constante que se repite tanto en sus épocas juveniles en Basilea como en su testamento filosófico (que, curiosamente, viene a exponer la falta en su propio camino autobiográfico bajo la expresión *Ecce Homo*, es decir, tan sólo un hombre). Una constante que adquiere una forma imperativa en la pluma del poeta griego Píndaro: "¡Que llegues a ser como eres!, Bello es, sábelo, habiendo aprendido el mono entre niños, siempre bello" (1984: 72).[1]

El comienzo es tan bello como oscuro: ¿Qué misterio encierra esta formulación de Píndaro y qué efectos pudo haber producido en el filósofo alemán para encontrar allí el signo de una revelación? ¿Acaso un mono podría aprender o, quizás, alcanzar la sabiduría que se atribuye al ser humano? ¿Cuál es el vínculo más íntimo y profundo entre el animal y el hombre? En *Informe para la Academia,* Franz Kafka narra las peripecias de "*Pedro el Rojo*", un mono que deviene hombre y se presta a leer, frente a un auditorio de científicos, un informe sobre su anterior vida simiesca en la "Costa de Oro". Encerrado en una jaula, en la bodega de un barco con destino a Hamburgo, nuestro informante relata la necesidad imperiosa de buscar una salida. Pero aclara inmediatamente: "No, no era libertad lo que quería. Sólo una salida; hacia la derecha, la izquierda, hacia donde fuera, no pedía nada más. Si la salida sólo fuera un engaño, bueno, mi petición era pequeña, así que el engaño no podría ser más grande. ¡Salir adelante! ¡Salir adelante! Pero no permanecer allí quieto con los brazos alzados, comprimido en una caja" (Kafka, 2009: 277). El simio descubre que la fuga no constituye una salida, y por ello, la única salida posible es una fuga imperfecta: imitar a los hombres de la tripulación, observar sus hábitos y sus acciones. En una palabra, su única "salida" consiste en convertirse en "humano", es decir, iniciar un largo proceso de aprendizaje que consistirá en suprimir todo vestigio de animalidad: "Y aprendí señores. ¡Ay!, se aprende cuando se está obligado

---

1. En efecto, esta sentencia acompañó a Nietzsche desde sus primeros escritos juveniles (los primeros rastros se encuentran en su época de estudiante de filología en su trabajo sobre Diógenes Laercio "*De Laertii Diogeni fontibus*" de 1868) hasta su último libro, *Ecce Homo*, de 1888; cuyo subtítulo es "De cómo se llega a ser lo que se es".

   Silvia Grinberg y Julieta Armella

a ello; se aprende sin miramientos. Me vigilaba a mí mismo con el látigo, me desgarraba la carne ante cualquier resistencia. Mi naturaleza de primate salía de mí rabiando, desarticulada, de tal modo que mi primer maestro casi se volvió simiesco" (*ibidem*: 281).

Kafka enfatiza, desde la creación literaria, el núcleo abismal de la civilización occidental: ser humano implicaría una "salida", una fuga de lo animal. En otras palabras, una salida de aquella naturaleza simiesca que nos empeñamos en ocultar. Acaso sea la gran misión de la cultura, aquella que se encuentra al alcance de la mano (incluso de la mano de un mono): "Con un esfuerzo inaudito en la historia de este planeta, alcancé la educación media de un europeo. Eso tal vez no signifique nada considerado en sí mismo, pero significa algo en cuanto que me ayudó a salir de la jaula y me proporcionó esa salida especial, la salida del hombre" (*passim*).

Entre Píndaro y Kafka encontramos algunas coordenadas que nos permiten dilucidar los secretos y enigmas de la cultura occidental y, particularmente, de la invención del humanismo como cumbre de nuestros anhelos por sublimar aquel profundo secreto de nuestra naturaleza animal. ¿Cómo se puede pensar esta separación entre lo animal y lo humano? Estas cavilaciones en torno al humanismo y la posibilidad de "formar" un "ser humano" nos obliga a prestar especial atención al diagnóstico nietzscheano sobre la crisis de occidente y su propuesta de superación. En este sentido, consideramos una clave que nos permite dilucidar estos problemas en la noción nietzscheana de la "formación" (*Bildung*). En efecto, Nietzsche desoculta el montaje de la pseudocultura alemana de finales del siglo XIX: la *Bildung*, como matriz cultural donde parece confluir el ideal pindárico y las exigencias del espíritu neohumanista alemán, no es más que una mera apariencia. Ella representa un síntoma de la decadencia y el debilitamiento de occidente. Por ello, cabe preguntarse: ¿Hasta qué punto no actúa como una "salida" hacia lo humano, sofocando las energías, las pulsiones vitales y la materialidad de nuestra existencia?

Para aproximarnos a estos problemas consideramos un ejercicio fructífero la posibilidad de enlazar las reflexiones nietzscheanas sobre la *Bildung* con el concepto de "antropotécnica"; tal como ha sido abordado por el filósofo alemán Peter Sloterdijk. Este concepto, a su vez, posee una riqueza semántica que nos permite dilucidar las técnicas de domesticación de "lo animal" para alcanzar "lo humano" y, al mismo tiempo, exhibir ciertas lógicas y tecnologías de disciplinamiento que se podrían encontrar en el núcleo de la *Bildung*.

La estructura del presente trabajo intentará abordar el problema de la *Bildung* en el pensamiento de Nietzsche a partir de dos líneas de lectura. La primera de ellas consiste en analizar las distintas reelaboraciones que se produjeron en el pensamiento de Nietzsche con respecto al problema de la formación. La segunda, en cambio, intenta repensar las líneas más conflictivas del pensamiento nietzscheano, a saber, las nociones de cría y domesticación. Desde aquí, se podría reconocer la última deriva del pensamiento nietzscheano que abre Peter Sloterdijk hacia los problemas actuales del posthumanismo y la antropotécnica, y descubrir nuevas perspectivas para pensar los fenómenos de la formación en la era de la cultura digital. El vitalismo de la propuesta nietzscheana se constituye en un auténtico giro biocéntrico que se nutre de aquella hendidura que se produce en "lo humano" a partir de la represión de lo animal y de la corporalidad viviente.

Nuestra hipótesis consiste en reconocer las marcas distintivas que, a partir del análisis nietzscheano sobre los discursos pedagógicos de la *Bildung* ligados al humanismo, constituyen una práctica tendiente a la domesticación del ser humano. Frente a este ejercicio de domesticación, el pensamiento de Nietzsche opone un modelo de interpretación que, desde la estética, la ciencia y la biología, pone en crisis aquellas antropotécnicas para pensar en nuevos procedimientos que permitan superar la instancia de lo humano, concebido bajo los parámetros humanistas, y pensar lo posthumano bajo la figura del Übermensch.

El fenómeno antropotécnico

El 17 de julio de 1999, Peter Sloterdijk irrumpe en el ámbito filosófico con una conferencia titulada "*Normas para el parque humano. Una respuesta a la Carta sobre el Humanismo de Heidegger*"; que provocó un encendido debate en la intelectualidad europea, y especialmente alemana, sobre el núcleo de los humanismos y la necesidad de una revisión genético-técnica de las posibilidades de la biotecnología en la aplicación de nuevas antropotécnicas. Estas nuevas tecnologías, permitirían un desarrollo eugenésico por medio de la cría y domesticación de los hombres.[2] Más allá de la provocación

2. Véase Sloterdijk, 2008: 73. Acerca del sentido de la antropotécnica y su utilización en el contexto de la conferencia de 1999, Sloterdijk brinda algunas aclaraciones que permiten superar los malentendidos que suscitó aquel texto: "Entiendo, con esta última expresión (a saber, las antropotécnicas) los procedimientos de ejercitación, físicos y mentales, con los que los hombres de las culturas más dispares han intentado optimizar su estado inmunológico frente a los vagos riesgos de la vida y las agudas certezas de la muerte. Sólo cuando estos procedimientos sean captados dentro de un amplio cuadro de los «trabajos del hombre en sí mismo» se podrán evaluar los más recientes experimentos de las técnicas genéticas, a las cuales se quiere limitar, en el debate actual, el concepto de «antropotécnica» reacuñado en 1997" (cfr. Sloterdijk, 2011: 24). La ingeniería genética, lejos de convertirse en una fantasía totalitaria, se ha constituido en una de las tantas fór-

y el escándalo –que generó una airada crítica del filósofo alemán Jürgen Habermas acusando al autor de agitar los fantasmas del nacionalsocialismo– su lectura no deja de incitar al pensamiento para establecer el lugar de la educación en el ámbito del humanismo y, de modo especial, del papel de la formación –*Bildung*– en el pensamiento occidental.

Sloterdijk apela al concepto de antropotécnica para señalar aquellas tecnologías culturalmente eficaces para el modelado y la domesticación del hombre. En *Sin Salvación*, por ejemplo, define la antropotécnica como; "[…] todas las ordenaciones, técnicas, rituales y usos con que los grupos humanos tuvieron «en sus manos» su modelado simbólico y disciplinario (con más razón podría decirse que en sus manos estuvo el haber llegado a ser hombres y miembros de una cultura concreta)" (Sloterdijk, 2011: 131-132). Al mismo tiempo, distingue entre antropotécnicas primarias como aquellas que; "[…] compensan y elaboran la plasticidad del hombre, surgida de la definición del ser viviente «hombre» en la evolución del invernadero. Pueden llamarse así porque tienden al modelado directo del hombre imprimiéndole características civilizadoras; engloban lo que tradicional y modernamente se resume con expresiones como educación, instrucción, disciplina o formación" (*ibidem*: 132). La educación y formación podría concebirse como una antropotécnica destinada al mejoramiento de la especie humana y, por lo tanto, en una tecnología destinada a la constitución de lo humano. Esta idea se vincula con el ideal de la formación: lo humano no es algo preestablecido, sino que responde a distintos procesos culturales que tienden a establecer disciplinas y ritos que conforman una trama simbólica a partir de la cual se genera la idea de "humanidad". Por lo tanto hay un camino –oculto, negado o desconocido– que despliega un proceso de abandono de la animalidad hacia la constitución de lo humano. En este camino, la educación ha sido una pieza clave de la civilización occidental.[3]

---

mulas de la biopolítica actual, y que recorre diversos aspectos de la vida contemporánea. Para un análisis crítico de las formulaciones actuales de la bioingeniería puede verse la obra de Michael Sandel; *The Case against Perfection. Ethics in the Age of Genetic Engineering* (2007).

3. Al respecto, en su obra *En el mismo barco*, Sloterdijk señala el papel de la educación –y particularmente de la escuela– en este proceso: "Lo que hoy llamamos «escuela» apareció originariamente como el campo de maniobras de la metanoia política; el cambio de orientación desde las relaciones pequeñas hacia las grandes forma parte de cualquier plan de estudios que tenga como objetivo el Estado. Eso abarca tanto a las primitivas formas de educación principesca en tribus y reinados simples como a los entrenamientos para cargos oficiales en Atenas y Roma (…) La educación, la *paideia*, sólo aparece en términos absolutos de manera explícita en el escenario de la historia de las ideas como una teoría de la doma de aristócratas en la ciudad, y en seguida llama la atención por

En este sentido, la obra de Nietzsche permite cuestionar el núcleo íntimo del humanismo y su afán civilizatorio, basado especialmente en el sueño de una sociedad literaria. Según Sloterdijk, la domesticación del hombre es un tema latente que permanece en el núcleo del humanismo. Y, asimismo, plantea una tesis: "[…] una lectura adecuada amansa" (Sloterdijk, 2008: 32). La alta cultura burguesa, que se ha dado forma a sí misma a partir de los ideales humanistas, reclama para sí dos grandes poderes formativos que le permitirán actuar en el proceso de domesticación de los seres humanos que se encuentran sujetos a los peligros de la barbarie, a saber; las influencias inhibidoras y desinhibidoras de la animalidad.

Por otra parte, la dinámica capitalista que se cierne sobre Alemania, impulsa una crisis de los valores culturales que hicieron de ella una tierra de artistas y escritores prominentes como Schiller, Goethe, Beethoven, etc.[4] En efecto Alemania se había jactado de ser, durante mucho tiempo, la representación auténtica de la alta cultura, ligada a los valores intelectuales y artísticos perennes, despojada de toda utilidad. La *Bildung* se encontraba orientada a enaltecer las capacidades humanas hacia un valor superior como el de una cultura despojada de toda funcionalidad y apuntando hacia el mejoramiento de los individuos.[5] Ahora bien, Nietzsche percibe que aquel

---

un acento civilizado algo grotesco: el sentido literal de la educación plena se descubre realmente en aquella idea constructivista de Platón según la cual habría que liquidar a las familias de los guardianes a fin de encargar directamente a la nueva elite filosófico-militar la crianza de las nuevas generaciones de los mejores". Cfr. Sloterdijk, 2020: 44-45.

4. Al respecto resulta interesante la apreciación de Nietzsche sobre la suerte que corrieron algunas de estas personalidades excepcionales de la cultura alemana: "Un inglés moderno describe así el peligro que acecha a los hombres extraordinarios que viven en una sociedad atada a lo común y ordinario: «Estos caracteres excepcionales son primero humillados, se llenan luego de melancolía, seguidamente enferman y finalmente mueren. Un Shelley no hubiera podido vivir en Inglaterra y una raza de Shelleys hubiera sido imposible» Nuestros Hölderlin y Kleist, y cuántos como ellos, perecieron a causa de esta condición extraordinaria suya y no resistieron el clima de la llamada cultura alemana; sólo naturalezas de bronce como Beethoven, Goethe, Schopenhauer y Wagner pudieron sobrevivir". Cfr. Nietzsche, 2000: 41. Debe aclararse que el traductor opta por traducir *deutschen Bildung* por "cultura alemana". En nuestra investigación, sin embargo, parece correcto enfatizar el carácter específico de *Bildung* como formación cultural.

5. La ambigüedad del término exige que hagamos un breve paréntesis sobre el concepto de *Bildung* en Alemania. En efecto, además del lugar preponderante que ocupa en la formación nacional a partir del sistema educativo prusiano, la *Bildung* también configura una suerte de compendio de saberes ajenos a toda funcionalidad y que conforman la personalidad del individuo burgués alemán que pretende alcanzar un nivel superior de humanidad. A comienzos del s. XIX, se opone claramente al ideal aristocrático, de tinte más utilitarista. Un reflejo del desprecio de la aristocracia por el saber y la cultura se puede encontrar en las *Confesiones de un alma bella* de Goethe, cuando expresa: "Las gentes por las que estaba rodeada no tenían ni idea de las ciencias; se trataba de

    Silvia Grinberg y Julieta Armella

ideal formativo se ve absorbido en su época por el Estado y su necesidad inherente de materializar una cultura basada en la eficiencia, la utilidad y el afán de lucro. El papel destacado de la cultura que pensaron Goethe o Schiller se transforma paulatinamente en una imagen grotesca de saberes y aptitudes sin ningún criterio de unidad y belleza. En este sentido, la reflexión nietzscheana sobre la *Bildung* avanza hacia una lectura crítica del sistema educativo ideado por Wilhelm von Humboldt y su reforma bajo el II *Reich* dirigido por Bismarck. Esta lectura, como podemos observar, se refleja en las distintas etapas de su pensamiento.

En los escritos juveniles, Nietzsche identifica el concepto de *Bildung* con el ideal griego que se expresa claramente en el dictum de Píndaro: "*Llega a ser el que eres*". No obstante, esta identificación implica una resignificación de la formación respecto al sentido que le otorgaba el modelo neohumanista alemán de mediados del siglo XIX. En efecto, frente a la decadencia de la cultura alemana, la sentencia de Píndaro enfatiza en una exigencia y un llamado a ennoblecer el espíritu de los hombres a partir de la renovación de la cultura, y tomando como modelo la experiencia trágica del pueblo griego.

Nietzsche reasume esta dimensión trágica de la existencia a partir de la influencia de sus maestros: Arthur Schopenhauer y Richard Wagner. Ambos representan la exigencia de una regeneración de la cultura alemana con miras a restablecer el ideal griego de una cultura trágica. A diferencia del ideal cristiano, el ideal griego libera de la culpa para consagrar la vida a lo sublime, es decir, a un vínculo de unión absoluta con la naturaleza. La *Bildung* se constituye en un "cultivo de sí", en consonancia con la naturaleza, y revelando la esencia auténtica que debe desplegarse productivamente a partir de la guía de los verdaderos educadores y formadores.[6] Por otra parte,

---

cortesanos alemanes, y esta clase de individuos no tenía por aquel entonces la más mínima cultura". Cfr. Goethe, 2001: 17. Con respecto a la *Bildung* como respuesta a las diferencias sociales y económicas entre la burguesía y la nobleza aristocrática, la filóloga Sala Rose señala: "Una fractura social tan profunda en un escenario marcado por una ineludible dependencia económica exige un mecanismo de compensación que, al no poder manifestarse en la vida real, tuvo que desarrollarse en el mundo de las ideas. Así, la burguesía se vio instada a rebelarse ideológicamente empleando el conocimiento como una especie de título nobiliario no innato, sino adquirido, recuperando colectivamente el viejo ideal renacentista de la aristocracia del espíritu. En una sociedad que valora altamente el esfuerzo, como la protestante, ser culto permite avergonzar discretamente a quien se considera superior por nacimiento". Cfr. Sala Rose, 2007: 84.

6. Es la idea central en *Schopenhauer como educador*. Allí, Nietzsche enfatiza el rol de los educadores y formadores que deberán llevar a cabo esta regeneración cultural: "Porque tu verdadera esencia no yace oculta en lo hondo de ti, sino inmensamente por encima de ti o, cuando menos, por encima de lo que usualmente consideras tu yo. Tus verdaderos educadores y formadores te revelan lo que es el genuino sentido originario y la materia

este ideal se opone a los requerimientos de la sociedad moderna industrial y las necesidades de la burguesía. En efecto, la formación se opone terminantemente a los fines del Estado moderno como lo natural se opone a lo artificial. Quizás es aquí donde se pueda sopesar la diferencia entre educación (*Erziehung*) y formación (*Bildung*).[7] La formación implica un proceso de auto-instrucción, mientras que educación refiere a un proceso por el cual una persona o un grupo se somete a otro. La regeneración cultural, a partir del modelo griego, implica una auténtica formación estética basada en el despliegue de las potencialidades humanas, y contraria a los pilares sobre los cuales se asienta la decadente cultura moderna.

El paradigma griego, que Nietzsche desarrolla a lo largo de *Nacimiento de la tragedia* bajo las categorías de lo apolíneo y lo dionisíaco, se presenta como un auténtico modelo de cultura frente al modelo educativo prusiano impulsado por Bismarck en la Alemania de mediados del siglo XIX, y en el clima de optimismo en que se encuentra luego del triunfo en la Guerra Franco-Prusiana. Efectivamente, el triunfo del ejército prusiano sobre Francia permitió la unificación alemana, la formación del *Reich* alemán y la conquista de los territorios franceses de Alsacia y Lorena; y se tradujeron en un fuerte entusiasmo bélico por parte de la sociedad alemana que, de mano

---

básica de tu ser, algo en absoluto susceptible de ser educado ni formado, pero, en cualquier caso, difícilmente accesible, apretado, paralizado: tus educadores no pueden ser otra cosa que tus liberadores. Y este es el secreto de toda formación: no proporciona prótesis, narices de cera, ni ojos de cristal. Lo que estos dones pueden dar es más bien la mera caricatura de la educación. Porque la educación no es sino liberación. Arranca la cizaña, retira los escombros, aleja el gusano que destruye los tiernos gérmenes de las plantas; irradia luz y calor; actúa como la benéfica llovizna nocturna; imita e implora a la naturaleza en lo que ésta tiene de maternal y compasiva. Es, en fin, la consumación de la naturaleza lo que lleva a plenitud su obra, previniendo sus golpes despiadados y crueles y haciéndolos mutar en bienes, cubriendo con un velo sus impulsos de madrastra y su triste falta de comprensión". Cfr. Nietzsche, 2000: 29.

7. En este proceso, la obra de Humboldt se encuentra orientada a reformar los cimientos de la vieja educación estamental del imperio, a partir de su nombramiento como director de la sección de Cultura y Educación del Ministerio del Interior en febrero de 1809. Desde allí, Humboldt impulsará una auténtica reforma de las instituciones educativas a partir de una concepción de la formación como perfeccionamiento y ampliación de nuestro concepto de Humanidad: "La última tarea de nuestra existencia: dotar al concepto de Humanidad en nuestra persona, tanto durante el tiempo que dure nuestra vida como más allá de ella, a través de los rastros de la actividad viviente que dejamos a nuestro paso, para conseguir el mayor contenido posible". Cfr. Von Humboldt, 1980: 283. De acuerdo con esta concepción, *Bildung* se podría traducir como la acumulación del mayor contenido posible y la asimilación del mismo, es decir, en alcanzar una "cultura general" y establecer los procesos por medio de los cuales es posible aprehender este conocimiento; de tal modo que un individuo formado pueda ser capaz de alcanzar el máximo desarrollo de sus capacidades.

   SILVIA GRINBERG Y JULIETA ARMELLA

de los periódicos y escritores de la época, conformaron una opinión pública generalizada bajo la siguiente idea: el triunfo bélico de Prusia sobre Francia implica el triunfo cultural de Alemania sobre la civilización francesa.[8] Sobre esta ilusión, Nietzsche elabora su crítica más despiadada bajo la figura de un representante de esta opinión pública naciente: David Strauss. La publicación de "*La vieja y la nueva fe*" de Strauss será la excusa ideal de Nietzsche para atacar al núcleo mismo del espíritu de la época, dominada por la falsa creencia de haber alcanzado una cultura superior. En este sentido, Nietzsche aborda una diferencia esencial entre la noción de "Cultura" (*Kultur*) –ligada al ideal griego, objeto de estudio de *Nacimiento de la tragedia*, y del cual hemos hecho referencia– y la cultería (*Gebildetheit*) cuyo producto es el cultifilisteo (*Bildungsphilister*). El cultifilisteísmo expresa una disociación, la falta de una unidad de estilo y, por lo tanto, representa la barbarie, en tanto; "[…] carencia de estilo y la mezcolanza caótica de todos los estilos" (Nietzsche, 1994: 31). El rasgo más claro de la barbarie se encuentra en la recopilación acrítica de conocimientos y saberes que, sin ningún sentido de unidad, se acopian para conformar una pseudocultura, basada en un mero "refinamiento" y, por ello, refleja una ruptura con la vida. El Estado, que se define a partir de los valores de la utilidad económica, confiere a la educación, en tanto mera instrucción, la misión de transmitir los valores de esta pseudocultura.

Frente a la instrucción en orden a las necesidades del Estado, y el adiestramiento de los futuros funcionarios, Nietzsche propone una renovación a partir de la recomposición de la figura del maestro, es decir, de aquel que hace posible alcanzar la auto-conquista (*Selbstüberwindung*) y eleva a los hombres más allá de los falsos modelos o clichés de la época. La crítica al modelo educativo de su tiempo, dirigido por los intereses del Estado prusiano, se orienta hacia las limitaciones y frenos que impone a la posibilidad de que pueda emerger una personalidad genuina, vinculada hacia aquella fidelidad a su propia naturaleza. Por ello, Nietzsche se muestra poco complaciente a los intereses del Estado y el lugar que la educación ocupa para su consecución

---

8. La crítica a los periódicos y a la formación de una opinión pública es un punto clave en la crítica a la cultura de la época en las cuatro intempestivas. Con relación a la influencia de los periódicos en la educación, Nietzsche sostiene en la primera conferencia sobre las instituciones educativas: "Piense en lo inútil que debe resultar hoy el trabajo más asiduo de un profesor, que por ejemplo desee conducir a un escolar hasta el mundo griego –por considerarlo como la auténtica patria de la cultura: todo eso es verdaderamente inútil, cuando el mismo escolar una hora después tome un periódico o una novela de moda, o uno de aquellos libros cultos cuyo estilo lleva en sí el desagradable blasón de la barbarie cultural actual". Cfr. Nietzsche, 2000: 58.

de sus fines utilitarios y económicos. De allí su crítica furibunda al ideal del Estado como finalidad última y objetivo supremo de la humanidad.[9]

Evidentemente, Nietzsche critica las derivaciones de un sistema político, económico y cultural que le otorga al aparato estatal todas las prerrogativas necesarias para constituirse en el deber supremo de la humanidad, en detrimento de la cultura, el arte y la ciencia. Uno de los elementos claves, y que será analizado en la III Intempestiva, consiste en la crítica de Nietzsche a la consagración de la educación y la cultura a los ideales utilitaristas y economicistas, en sintonía con las necesidades de la sociedad burguesa. De acuerdo con este concepto utilitarista de la educación, el Estado garantizará un acceso al conocimiento a la medida de las necesidades de felicidad y bienestar de una sociedad, definiendo esta felicidad y bienestar según los parámetros del mercado y a las exigencias del Estado bajo la consigna: "la mayor felicidad para el mayor número". Por ello, Nietzsche sostiene:

> Juega aquí un papel relevante, en primer lugar, *el egoísmo de los acomodados, de los que tienen un alto poder adquisitivo*, que precisa de la cultura y que, por gratitud, viene en su ayuda, pero, eso sí, queriendo a la vez prescribirle objetivos y límites. Enlaza con este lado del asunto ese conocido dicho y razonamiento que propugna, poco más o menos, lo siguiente: tanto conocimiento y cultura como se pueda; en consecuencia, el nivel más alto posible de necesidades y apetencias; por lo tanto, tanta producción como pueda alcanzarse; de donde la máxima ganancia y felicidad a que quepa aspirar. He aquí la seductora fórmula. Sus adeptos definirían la cultura como la capacidad de poner totalmente al día las necesidades y su satisfacción, haciéndose a la vez con todos los medios necesarios para ganar la mayor cantidad de dinero posible. Formar el mayor número posible de hombres corrientes en el sentido

---

9. En palabras de Nietzsche: "En realidad, estamos viviendo, a este respecto, las consecuencias de la doctrina, pregonada últimamente desde todas las esquinas, de que el Estado es el objetivo supremo de la humanidad y de que no hay deber mayor para un hombre que el de servir al Estado [...] Por eso me ocupo aquí de un tipo de hombres cuya teleología apunta bastante más allá del bienestar de un Estado, de los filósofos, y aun de éstos tan sólo en función de un mundo que, en su entraña íntima, es bastante independiente del bienestar del Estado: el de la cultura". Cfr. Nietzsche, 2000: 55-56. Bajo el Imperio de Bismarck, la educación abandona los ideales humboldtianos en nombre de la formación estatal de funcionarios al servicio del Reich. La centralización política intensificará la dirección de la formación educativa bajo los criterios de uniformidad, disciplina y adquisición de técnicas y disciplinas aplicadas a la profesionalización de la sociedad, según los estamentos sociales. A partir de la unificación, y el proceso político encarado con Bismarck, la enseñanza pública se convierte en un elemento esencial de la reforma política y cultural encarada por el Reich.

   SILVIA GRINBERG Y JULIETA ARMELLA

que se dice de una moneda que es dinero corriente, ése sería, pues, el objetivo. (*Ibidem*: 79-80)

Es en nombre del criterio utilitario, que se podría sintetizar bajo la lógica de "la mayor felicidad para el mayor número", que los impulsos creadores del individuo acaban sofocándose y no permiten el surgimiento de los hombres excepcionales que podrán llevar adelante una regeneración de la cultura. El criterio de la mayoría, en la óptica nietzscheana, acabará por destruir los cimientos sólidos sobre los cuales puede surgir el genio, la existencia artística y la liberación de la creatividad por medio de un arte que permita conciliar al hombre con la naturaleza. El imperio de la mayoría debilita las posibilidades de aparición de aquellos hombres excepcionales, despreciando el nacimiento de los genios y generando un falso optimismo cultural que elude el peligro y lo conjura bajo la aspiración suprema de la felicidad que promete la fantasía utilitaria de la sociedad. En este contexto, solo es posible que aparezcan hombres corrientes. Y ese es el fin que, según Nietzsche, sostienen las escuelas modernas: "[…] hacer progresar a cada individuo en la medida en que su naturaleza le permite llegar a ser «corriente», desarrollar a todos los individuos de tal modo, que a partir de su cantidad de conocimiento y de saber obtengan la mayor cantidad posible de felicidad y ganancia" (2000b: 53).[10]

Nietzsche como profeta del posthumanismo: crítica al humanismo antropotécnico

Hasta aquí hemos visto las diferentes reformulaciones sobre la *Bildung* en el pensamiento nietzscheano y la necesidad de alcanzar una cultura superior a partir del genio. A partir de 1882 se puede observar un viraje de Nietzsche hacia concepciones ligadas a la biología evolucionista, lo que permite afinar su crítica a la cultura occidental y expresar la necesidad imperiosa de producir al superhombre (*Übermensch*) como auténtico regenerador de la cultura y creador de nuevos valores. Con esta nueva perspectiva, Nietzsche abandona

---

10. La misma crítica vuelve a aparecer en *Schopenhauer como educador* cuando señala, frente a la finalidad utilitarista de la educación de la época, que: "La finalidad de las instituciones educativas modernas tendrá, en consecuencia y de acuerdo con ello, que ser la de convertir a cada cual, según su naturaleza se lo permita, en corriente, la de formar, en fin, a cada cual de modo que pueda obtener de su propio grado de conocimiento y saber la mayor cantidad posible de felicidad y provecho. Con la ayuda de una formación general de este tipo cada individuo deberá estar en condiciones de tasarse a sí mismo del modo más exacto para saber qué es lo que ha de exigir a la vida". Cfr. Nietzsche, 2000: 80.

definitivamente toda esperanza metafísica en un surgimiento milagroso del superhombre; ya que la lucha con el azar, como señala en un fragmento póstumo de 1887, también es la lucha con el azar del "gran hombre" (Nietzsche, 2008: 290). Sin embargo, en este período, se hace evidente una lucha contra la voluntad antropotécnica que animó al humanismo del s XIX y que revela su íntima y profunda vocación por el dominio y la sumisión de las fuerzas vitales e instintivas del animal humano y domesticarlo para los fines de la sociedad y el Estado moderno. La pregunta que anima a Nietzsche a buscar respuestas en el ámbito de la biología podría formularse en los siguientes términos: ¿Qué se puede hacer con el material humano? Esta pregunta se aborda en *Así habló Zarathustra*, al clamar por la urgencia del superhombre diciendo: "Crear – ésa es la gran redención del sufrimiento, así es como se vuelve ligera la vida. Mas para que el creador exista son necesarios sufrimiento y muchas metamorfosis" (Nietzsche, 2012: 155).[11] Este carácter inconcluso, a medio camino, entre el animal y el hombre será el hilo conductor de las *tres transformaciones* (camello, león y el niño) que guiarán a la humanidad hacia la superación del hombre, como cuerda tendida en un abismo, hacia el superhombre.

¿Qué lugar ocupa el concepto de cría (*Züchtung*) en el pensamiento de Nietzsche? Lo primero que hay que señalar es que el término ha sido utilizado por el pensador alemán a lo largo de su reflexión filosófica, aunque con diversos fines. Así, en una primera etapa, podemos ver que el concepto se encuentra fuertemente vinculado con la educación (*Erziehung*) para denotar cierta disciplina o adiestramiento (*Zucht*). En *Genealogía de la moral* utiliza "cría" para señalar la tarea de construir la responsabilidad moral en el animal hombre: "Criar (*heranzüchten*) un animal *al que le sea lícito hacer promesas* – ¿no es precisamente esta misma paradójica tarea la que la naturaleza se ha propuesto con respecto al hombre? ¿No es este el auténtico problema del hombre?" (Nietzsche, 1995: 65). Al apropiarse de este concepto biológico, Nietzsche parece exponer un trabajo de hominización de la cultura. Por ello, la tarea del presente consistirá en recuperar la potencia instintiva de la animalidad, es decir, transformar la crítica de la cultura en una psicología de la decadencia y del debilitamiento del animal hombre.

En *Crepúsculo de los dioses*, Nietzsche se permite dar más precisiones, al establecer una relación entre los conceptos de cría (*Züchtung*) y de domesticación o doma (*Zähmung*). A partir de aquí, podríamos establecer

---

11. De la misma manera, en el capítulo "*De la redención*", afirma: "Yo camino entre los hombres como entre los fragmentos del futuro: de aquel futuro que yo contemplo" (*Ibidem*: 237).

 Silvia Grinberg y Julieta Armella

cierto desplazamiento en la comprensión de la *Bildung* humanista –ligada a la cultura escrita, la lectura de los clásicos, a la formación cívica en función del Estado y a la formación moral– como una verdadera domesticación del hombre en términos de mejoramiento:

> Tanto la *doma* de la bestia hombre como la *cría* de una determinada especie de hombre han sido llamadas «mejoramiento»: sólo estos *termini* zoológicos expresan realidades –realidades, ciertamente, de las que el «mejorador» típico, el sacerdote, nada sabe– nada *quiere* saber…Llamar a la doma de su animal su «mejoramiento» es algo que a nuestros oídos les suena casi como una broma. (Nietzsche, 2006: 78)[12]

Nietzsche quiere apuntar hacia los efectos destructivos y enfermizos del animal hombre a partir de distintas estrategias (nuestro autor señala aquí al efecto depresivo del miedo, el dolor, las heridas y el hambre) que producen una *bestia enfermiza* (*krankhaften Bestie*). Sin dudas, la Iglesia ha sido una de las instituciones que mejor ha llevado a cabo este presunto mejoramiento, domesticando las pasiones y convirtiendo al hombre en un "pecador". Pero, del mismo modo, la educación ha sido parte integral de este proceso de degeneración de la especie humana. La auténtica cultura (*Kultur*) será aquella que se presenta como la oposición más clara a todo intento de domesticación y, en este sentido, se opone claramente a la civilización. En un fragmento de 1888, Nietzsche da cuenta de esta oposición al señalar:

> Las cimas de la cultura y de la civilización se hallan separadas las unas de las otras: no debemos dejarnos engañar sobre el abismal antagonismo entre cultura y civilización. Los grandes momentos de la cultura siempre fueron, hablando moralmente, tiempos de corrupción; y, por su parte, las épocas de querida y forzada *doma* (*Thierzähmung*) («civilización» -) del ser humano fueron tiempos de intolerancia para con las naturalezas más espirituales y más osadas. La civilización quiere una cosa diferente de lo que la cultura quiere: quizá una cosa contraria. (*Ibidem*: 673)

El peligro que encierra la civilización occidental se encontraría en su propia raíz, es decir, en el humanismo que es, a su vez, un síntoma del cristianismo. La

---

12. El texto guarda una vinculación estrecha con el siguiente fragmento de la primavera de 1888: "Para pensar correctamente sobre la moral tenemos que poner en su lugar dos conceptos zoológicos: la doma de la bestia y la cría de una determinada especie. Los sacerdotes han pretendido en todos los tiempos querer «mejorar»…Pero nosotros nos reiríamos si un domador quisiera hablar de sus animales «mejorados». La doma de la bestia en la mayoría de los casos se consigue dañando a la bestia: asimismo el ser humano moralizado no es un ser humano mejor, sino solamente un ser humano debilitado, un ser humano radicalmente castrado y echado a perder. Pero es menos dañino". Cfr. Nietzsche, 2008: 648.

civilización es la auténtica enemiga del superhombre y, consciente del peligro que implica, toda sociedad civilizada aconseja: "Desactivar tales explosivos no sólo sin causar daños, sino incluso, en la medida de lo posible, prevenir su surgimiento y su acumulación" (*Ibidem*: 672). La domesticación impone las herramientas precisas para hacer sucumbir a esta nobleza del espíritu y, en este sentido, la educación –y específicamente la *Bildung*–, configura una de las herramientas más eficaces para cortar de raíz el crecimiento de los grandes hombres. Al igual que en *Humano, demasiado humano*, en los póstumos de 1888, Nietzsche vincula la idea de formación con la excepción y, al mismo tiempo, la excepcionalidad ligada al derroche de fuerzas y energías vitales. Ahora bien: ¿Qué características debe poseer una cultura y una educación que haga posible el surgimiento de estas excepcionalidades y, al mismo tiempo, permita derrochar las energías vitales? La biología será un modelo que presente alternativas y, por ello, el concepto de cría será clave para comprender el espacio asignado a la formación cultural que permita el surgimiento del superhombre. Con respecto al modelo humanista clásico, Nietzsche plantea la necesidad de superarlo y, para ello, propone una "cultura de invernáculo" (*Treibhauscultur*):

> La *educación* (*Erziehung*): un sistema de medios para arruinar las excepciones a favor de la regla. La *formación* (*Bildung*): un sistema de medios para dirigir el gusto *contra* la excepción a favor de los mediocres. Visto así, es duro; pero, considerado económicamente, es perfectamente razonable. Al menos para una larga época en la que una cultura todavía se mantiene con esfuerzo, y toda excepción representa una especie de derroche de fuerza (algo que desvía, seduce, causa enfermedades, aísla). Una cultura de la excepción, de la tentativa, del peligro, del matiz – una *cultura de invernáculo* para las plantas insólitas sólo tiene derecho a existir cuando hay fuerza suficiente para que en adelante incluso el derroche llegue a ser económico. (*Passim*)

Educación y Formación poseen aquí dos sentidos diferentes. La educación se considera a partir de las características instrumentales que posee para la domesticación de los individuos. La *Bildung*, en función de los intereses civilizatorios, actúa de manera refinada sobre el gusto para oponerse a los individuos excepcionales. Tanto la educación como la formación no hacen más que normalizar a los individuos para preservar la sociedad burguesa que, bajo la administración de la escasez, busca dominar el proceso educativo. Ahora bien, ¿Podría pensarse un camino que permita unificar la animalidad con la cultura superior? Es sobre esta búsqueda que Nietzsche plantea la necesidad de una cría. A diferencia de los planteos en torno al

   Silvia Grinberg y Julieta Armella

genio y al espíritu libre, Nietzsche abandona toda esperanza en el azar, el milagro metafísico o la indagación científica. La pregunta, entonces, será formulada de la siguiente manera: "[…] qué tipo de hombre se debe *criar*, se debe *querer*, como tipo más valioso, más digno de vivir, más seguro de futuro" (Nietzsche, 1993: 28).[13]

El principal enemigo que vislumbra Nietzsche para la cría de los individuos excepcionales es el medio, que opera como un elemento disgregador de la personalidad y debilita toda posibilidad de expandir las energías y fuerzas. Es el instinto de decadencia que exhiben los *hombres superiores*, es decir, aquellos que se presentan como el último eslabón antes de la aparición del superhombre. La decadencia es un fenómeno que tiene su manifestación externa en la sociedad de los hombres superiores e interna a partir de la imposibilidad de ordenar los instintos y pulsiones en el interior del individuo.

La formación como refinamiento del gusto y, por ello, la máxima expresión del humanismo moderno, se vincula con la mera educación como especialización. La disciplina y la cría, en cambio, vienen a imponer una jerarquía interna y externa que permita la libre manifestación de la vitalidad. A diferencia de la tradición humanista e ilustrada, que postula una cultura racional y moral para la emancipación de los instintos, el proyecto nietzscheano recupera la animalidad para crear una nueva cultura: Allí encontramos el núcleo del "giro biocéntrico". Es en este punto, Nietzsche se plantea la pregunta (una pregunta que reconoce como mala y, al mismo tiempo, tentadora) acerca de si ha llegado el momento de intentar una cría a contramano de los principios morales y, por ello; "[…] artificial y consciente del tipo opuesto y de sus virtudes" (2008: 32).

Los desafíos del mundo digital en la *Bildung* biocentrica.

La mercantilización de la vida humana se extiende a todos los ámbitos del proyecto civilizatorio que, bajo la racionalidad neoliberal, subsume la experiencia humana al ámbito de lo utilitario, lo cuantificable y, susceptible de valorizar económicamente.[14] En este sentido nos encontramos en la misma disyuntiva que alcanza a prever Nietzsche en su crítica a la sociedad culti-

---

13. Cfr. Nietzsche, 2008: 490.

14. Con "razón neoliberal" adoptamos la conceptualización realizada por Wendy Brown, donde; "[…] tanto las personas como los Estados se construyen sobre el modelo de la empresa contemporánea, se espera que tanto las personas como los Estados se comporten en modos que maximicen su valor de capital en el presente y mejoren su valor futuro, y tanto las personas como los Estados lo hacen a través de prácticas de empresarialismo, autoinversión y atrayendo inversionistas" Cfr. Brown, 2016: 20.

filistea. Lo útil, según esta configuración política y económica, es aquello susceptible de ser "gestionado" en términos de eficiencia y eficacia y, desde esta perspectiva, la educación no escapa a la lógica de la domesticación. En efecto, bajo el imperio de la razón neoliberal, la domesticación apunta a formar un ciudadano-consumidor que se adapte al mercado y sus demandas. En este escenario, la llamada "educación humanista" o "las humanidades", constituyen un saber anacrónico o fosilizado frente a los saberes prácticos y las nuevas tecnologías.[15] No es casual que el discurso educativo adopte indiscriminadamente el lenguaje de la administración y gestión empresarial para pensar en términos de eficiencia y eficacia, competitividad, capital humano, etcétera.

En este sentido, la amenaza constante que se cierne sobre los saberes humanísticos y su eliminación de las currículas (quizás sea el caso de la filosofía uno de los ejemplos más significativos), es un síntoma, apenas, de un proceso más profundo que se nutre de los avances tecnológicos aplicados a la vida humana y, en particular, al proceso educativo.[16] La entronización de la virtualidad de los saberes parece operar en esta dirección, al sustituir la materialidad de los encuentros y prácticas en común con otros cuerpos/ subjetividades a un no-lugar, es decir, un espacio donde toda relación se difumina a través de la circulación de datos, links, bytes que se transmiten por una pantalla. A partir de Nietzsche podríamos preguntarnos si "lo digital" no acabará por constituirse en una "segunda naturaleza" que sustituya la materialidad del acontecimiento educativo y haga realidad uno de los grandes deseos de la razón neoliberal: eliminar las trazas que producen

---

15. En este sentido, Wendy Brown despliega algunos puntos que permiten descubrir el deterioro de la educación humanista a partir de la extensión de la racionalidad neoliberal al ámbito educativo: "[…] los valores culturales la desdeñan, el capital no está interesado en ella, las familias llenas de deudas y ansiosas por el futuro no la exigen, la racionalidad neoliberal no la indexa y, por supuesto, los Estados ya no invierten en ella. De acuerdo con la sabiduría popular, las humanidades o artes liberales han pasado de moda, la torre de marfil protegida es una reliquia cara y anticuada y, cuanto más se reconstruya la universidad a sí misma a partir del mercado y para él, será mejor para todos" (*Ibidem*: 244).

16. Un ejemplo de ello lo encontramos en la reciente aplicación de instrumentos de medición de ondas cerebrales para establecer los grados de atención que poseen los estudiantes del nivel primario en China. A partir de este monitoreo constante de la actividad cerebral, la empresa *BrainCo Technology* (creadora de las cintas *Focus 1*, que, puestas en la cabeza de los estudiantes, son capaces de brindar estos datos) afirmaba que era posible informar tanto a los maestros como a los padres acerca del grado de concentración de los niños en sus estudios al detectar distintas señales cerebrales. Debido a los fuertes cuestionamientos éticos y a cierta renuencia de la empresa a explicar el destino de la información acumulada en las pruebas, la experiencia de aplicación de los *Focus 1* en China se suspendió al tiempo que creció el debate sobre el uso de los datos recopilados por la empresa *BrainCo Technology*.

   Silvia Grinberg y Julieta Armella

los encuentros con otros cuerpos y otras subjetividades para su gestión y desinstitucionalización. Al revestirse de cierto pseudo-humanismo o de presuntas prácticas emancipadoras, las redes y plataformas educativas que sustituyen los espacios reales-materiales de comunicación parecen reducir la relación educativa a la mecánica de la gestión empresarial (basada en el rendimiento, compromiso, flexibilidad y competencia para el logro de la eficacia) y a cierto emprendedurismo ligado a la gestión del tiempo-espacio ligado al esfuerzo individual, las capacidades de organización y formulación de metas inmediatas. Acompañando a esta mecánica se puede observar el adiestramiento, la domesticación y, finalmente, la disposición de todas las energías a la producción de estadísticas y exponenciales positivos en la gestión de los recursos.

De algún modo, el creciente optimismo sobre el mundo digital y las redes se apoderó del discurso sobre la educación, en tanto que exigía un rediseño de aquellas actividades que dentro de un aula se suponen como obsoletas. Asimismo, la confianza que se genera en las infinitas fuentes de información que se encuentran en internet, han reducido el papel del docente a un mero gestor de datos u orientador. En medio de esta extrema confianza por la digitalización de las relaciones educativas, el riesgo consiste en la imposibilidad de constituir una experiencia activa con otros en un entorno donde los conocimientos no se "suben" sino que se producen. Por ello nos preguntamos: ¿hasta qué punto la digitalización de las relaciones de formación es capaz de producir "experiencia"? Malcolm Gladwell parece darnos alguna pista para repensar el rol de las redes sociales y los recursos digitales en nuestra época. Según Gladwell:

> Internet nos deja explotar el poder de estas conexiones distantes con una maravillosa eficiencia. Es genial para la difusión de las innovaciones, para la colaboración interdisciplinaria, para encontrar vendedores y compradores ideales, y para las funciones logísticas del mundo de las citas románticas. Pero los vínculos débiles rara vez llevan al activismo de alto riesgo. (2010)

La observación de Gladwell apunta hacia el aspecto político y, desde nuestra perspectiva, la capacidad de transformar la realidad a partir de la educación. En este sentido, la digitalización como reemplazo de los espacios materiales de encuentro nos plantea el debate acerca de la estrategia de desinstitucionalización de las relaciones educativas que se esconde a partir de su virtualización. No hay creación ni potencia transformadora de la educación sin la matriz vincular que surge de la materialidad de los encuentros con otros cuerpos, racionalidades y saberes. La velocidad de los datos de la red virtual, en este sentido, son discretos y poco efectivos para esta transformación. De hecho, la lentitud analógica permite alcanzar algo mucho más importante que saberes útiles para el adiestramiento profesional. Construye espacios de encuentro, de lucha, resistencia y discusión con otros actores. Elimina la indiferencia que se oculta en una pantalla apagada, o en un chat que no es atendido. Exige una tarea que el multitasking no puede reemplazar.

La cultura digital, cuando funciona en sintonía con los requerimientos de la lógica neoliberal y el modelo de organización empresarial aplicado a diversos órdenes, como el educativo, se constituye en un modelo ideal para la desaparición del campo relacional donde los simbólico, lo espacial y, esencialmente, lo corporal se virtualiza, convirtiéndose en una unidad de información más, sin peso específico en la construcción comunitaria del saber y el hacer. En este sentido, y a partir de Nietzsche, podemos pensar una *Bildung* en la cual el cuerpo se constituye como un centro de gravedad de los instintos y pulsiones vitales. En este punto cobra una especial relevancia su método genealógico. La importancia del sentido histórico y las reflexiones acerca de la utilidad de una historia crítica para la vida – la cual había abordado en su segunda intempestiva – adquiere, a partir de la genealogía, un punto de vista renovado a partir de los procesos de memoria y olvido que adquieren una fuerza superior incluso que la que puede llegar a poseer el conocimiento teórico. Ahora bien, el cuerpo es el punto de partida de cualquier análisis relacionado con los distintos procesos racionales que gesta la cultura a partir de la memoria y la construcción de un sistema de creencias y valores morales. El cuerpo se constituye en el núcleo esencial para una *Bildung* basada en las perspectivas creadoras de los instintos y pulsiones vitales. Sobre ello, Nietzsche expresa en *El Anticristo*: "Cuando se coloca el centro de gravedad (*Schwergewicht*) de la vida *no* en la vida, sino en el «más allá» *–en la nada–*, se le ha quitado a la vida como tal el centro de gravedad" (Nietzsche, 1993: 74). Esto se expresa, con claridad, en la educación contra la cual Nietzsche arremete, aquella que ha extraviado su centro de gravedad y lo ha puesto en valores decadentes. En efecto, la denomina como; "[…] toda la educación hasta ahora impotente, inconsistente, sin centro de gravedad, afectada por la contradicción de los valores" (Nietzsche, 2008: 508).

Conclusión

La posibilidad de pensar la inserción de los recursos digitales en la educación conlleva el enorme desafío de resistir frente a la capacidad que estos recursos tienen de asumir una "segunda naturaleza" que reemplace la relación directa, corpórea y material que permite construir conocimientos, saberes, actitudes, resistencias. Contra las antropotécnicas que signaron al humanismo a lo largo de la civilización occidental, y el nihilismo como diagnóstico de su crisis, Nietzsche propone una torsión en el pensamiento acerca de la *Bildung* que nos lleve a pensar la educación como formación ligada a un interés biocéntrico, es decir, superador de todo falso sentido de lo humano, y orientado hacia nuevas capacidades y extensiones del saber.

Ahora bien, la perspectiva nietzscheana le confiere una valoración negativa a la construcción común y comunitaria del saber. Por ello, contra Nietzsche, pensamos en el aspecto vincular de la construcción de los saberes, que permita interpretar estos desplazamientos de constitución de lo real a partir de un cuerpo común. Se trata, entonces, de explorar la posibilidad de componer sujetos de deseos construidos en una trama relacional que permita amplificar su potencia expresiva a partir del cuerpo. Por todo esto, pensar la *Bildung* en el contexto de la era digital podría significar un nuevo desafío: la resistencia frente a todo dispositivo de captura de la materialidad de los deseos y la configuración de una potencia que se apropia e incorpora los medios disponibles para su propia composición activa y progresiva. En síntesis: transformar la inmaterialidad de los espacios virtuales en espacios de nomadismo y libre juego de las capacidades; frente a la pasividad sedentaria del capital.

Bibliografía

BROWN, W. (2016) *El pueblo sin atributos. La secreta revolución del neoliberalismo.* Barcelona: Malpaso.

FOUCAULT, M. (2002) *Las palabras y las cosas. Una arqueología de las ciencias humanas.* Buenos Aires: Editorial Siglo XXI.

GLADWELL, M. (2010) "La revolución no será twitteada". En *Página 12.* Edición del 3 de octubre de 2010. Disponible en: <https://www.pagina12.com.ar/diario/suplementos/radar/9-6505-2010-10-03.html>.

GOETHE, J. W. (2001) *Confesiones de un alma bella.* Madrid: Antonio Machado libros.

KAFKA, F. (2009) *Cuentos completos.* Madrid: Valdemar.

NIETZSCHE, F. (1990) *La ciencia jovial.* Caracas: Monte Ávila.

———— (1993) *El Anticristo. Maldición sobre el cristianismo.* Madrid: Alianza.

———— (1994) *Consideraciones intempestivas I. David Strauss, el confesor y el escritor.* Madrid: Alianza.

———— (1995) *La genealogía de la moral.* Madrid: Alianza.

———— (2000) *Schopenhauer como educador*. Madrid: Biblioteca Nueva.

———— (2000b) *Sobre el provenir de nuestras escuelas*. Barcelona: Tusquets.

————(2006) *Crepúsculo de los ídolos*. Madrid: Alianza.

———— (2008) *Fragmentos póstumos. Volumen IV (1885-1889)*. Madrid: Tecnos.

———— (2012) *Así habló Zarathustra*. Madrid: Alianza, 2012.

PÍNDARO (1984) *Odas y fragmentos*. Madrid: Gredos.

SALA ROSE, R. (2007) *El misterioso caso alemán. Un intento de comprender Alemania a través de sus letras*. Barcelona: Alba.

SANDEL, M. (2007) *The Case against Perfection. Ethics in the Age of Genetic Engineering*. Cambridge: The Belknap Press.

SLOTERDIJK, P. (2008) *Normas para el parque humano*. Madrid: Siruela.

Sloterdijk, P. (2011) *Sin Salvación. Tras las huellas de Heidegger*. Madrid: Akal.

———— (2020) *En el mismo barco. Ensayo sobre la hiperpolítica*. Madrid; Siruela.

VON HUMBOLDT, W. (1980) Theorie der Bildung des Menschen. En *Werke I*. Stuttgart: J. G. Cotta'sche Buchhandlung.

SILVIA GRINBERG Y JULIETA ARMELLA

"Enamoramiento, insurrección, poesía. Esa es la tarea de los enseñantes"

Entrevista a
Franco Berardi Bifo

— **Generación post-alfa (2007) fue un libro que marcó un hito en la reflexión en torno al cruce entre tecnologías y subjetividad, entre otras cosas, porque más que un "diagnóstico" de algo que se presentaba como evidente fue una lectura en cierto punto visionaria y muy precisa de lo que venía, de un futuro inminente. Allí planteabas la transformación del contexto antropológico que había dado lugar al pensamiento crítico y que implicó el declive del humanismo racionalista moderno. En este sentido, sería interesante comenzar pidiéndote que desarrolles esta cuestión vinculada con las mutaciones cognitivas y sensitivas que advertías entonces y su actualización presente.**

— Entiendo que estas palabras están destinadas a ser leídas por profesionales de la enseñanza, como he sido yo por muchísimos años. Y eso me obliga a decir que hay algo de nuestro trabajo y de nuestra realidad contemporánea que tenemos que desarrollar *a pesar de* lo que vemos en el mundo. Es decir, no importa cuánto se haya transformado la actividad social o cultural en las últimas décadas. De todos modos, tenemos una tarea que es esencialmente humanista e implica dar a quienes encontramos en nuestro trabajo docente la posibilidad de construir, de crear, para ellas mismas una vida buena y una buena relación con las otras personas. Lo que he escrito, en un libro que ya tiene casi dos décadas, contiene una consideración que no es mía sino de una antropóloga norteamericana, Rose Goldsen, que en un libro de 1977 señaló que estábamos viendo nacer a una generación que aprendería más palabras de una máquina que de la voz de su madre. Esa frase me golpeó de manera fulminante y desde entonces comencé a considerar los efectos en la historia humana de esa sustitución de la voz de la madre por la de una máquina. En los últimos años, ese proceso no sólo no se ha detenido sino que se ha acelerado por lo que hoy no estamos hablando de un proceso que se verificará, estamos hablando de algo que ya se ha establecido profundamente en la mente humana, porque la mente tiene una historia: hay una historia de las condiciones sociales, técnicas, de su formación, porque ésta no es sólo el cerebro, no es sólo la facultad racional, no es sólo el lenguaje. Es, también, el inconsciente, una dimensión que no pertenece a la esfera luminosa de la razón sino a la esfera del deseo, de la afectividad. La socióloga norteamericana Jin Twenge ha escrito *Hiperconectados*, no se trata de un libro teórico sino de una investigación sobre la capacidad de reaccionar frente a distintas situaciones emocionales, sobre el aumento de la depresión, del miedo, de la empatía con el otro, sobre la violencia, las horas de conexión que un/a niño/a pasaba en la primera década, en la segunda década… sobre las horas de sueño, las horas de relación con los/as otros/as niños/as. Todos los datos indican que los seres humanos, tal como los pensamos hasta ahora, están desapareciendo de la tierra. Ese es el punto, ese es el problema. Pero, *a pesar de* eso tenemos que continuar haciendo nuestro trabajo porque tal vez, como nos enseña la experiencia chilena de los jóvenes que el 18 de octubre de 2019 ocuparon la Metropolitana de Santiago de Chile, hay un acontecimiento que puede desencadenar otras formas de relaciones y de contacto con otros. Son jóvenes que han crecido de manera deshumana pero aparece un momento de solidaridad de la lucha para desencadenar procesos que se han perdido en la emoción y en la conciencia misma. Entonces tengo que pensar con dos cerebros, de un lado, es preciso describir una situación desesperada, del otro, es necesario reconocer que hay siempre una posibilidad de emergencia de lo humano.

— **En ese mismo libro planteabas el pasaje generacional de lo alfabético a lo post-alfabético y señalabas que el concepto de generación (del que habías desconfiado) era el que mejor permitía identificar a un conjunto humano que comparte un ambiente de formación tecnológico y consecuentemente un sistema cognitivo y un imaginario. A casi quince años de su publicación y considerando la pregnancia que han tenido las tecnologías digitales en la vida social en un sentido más amplio y que devino en una suerte de Pantalla total de la que hablaba Baudrillard ¿crees que el concepto de "generación" sigue**

     Silvia Grinberg y Julieta Armella

funcionando para pensar esas transformaciones? Si es así ¿cuáles crees que pueden ser las nervaduras *inter*generacionales, qué puentes se pueden tejer?

— Antes que nada debemos comprender de qué manera la afectividad, la capacidad de elaboración emocional y lingüística, ha sido destrozada por el uso neoliberal de la tecnología. En *El lenguaje y la muerte* (2008) Giorgio Agamben escribe que la voz es el punto de contacto entre el cuerpo y el sentido, entre la carne y el sentido. La voz es algo que marca una relación entre producción de sentido, las palabras, y singularidad de un cuerpo que es un cuerpo único, como no hay otro. La máquina puede enseñar las palabras pero el problema es que ahí no hay singularidad de la voz. Esta consideración nos permite entender que lo que está pasando no es una pérdida de funcionalidad, las personas aprenden a hablar más o menos bien, a utilizar las palabras, a escribir… pero todo eso tiene un carácter esencialmente funcional. Es la funcionalidad de un significado que no tiene ninguna singularidad, ninguna capacidad de movilizar la emoción. De hecho, la generación hiperconectada no es una generación menos capaz. Creo, incluso, que están mucho más informados de lo que yo estaba a esa edad, saben muchas cosas, disponen de mucha información. Sin embargo, hay algo ausente: la percepción del propio cuerpo, del goce y el sufrimiento, la capacidad de entender el sufrimiento y el goce del otro como algo singular que entra en relación con la singularidad del mío. Este es un problema que se manifiesta como una verdadera epidemia de depresión y como un peligro que veo en el horizonte en una suerte de autismo generalizado, entendido no como la incapacidad de producir palabras funcionales sino como la incapacidad de percibir la existencia emotiva del otro y hasta la existencia emotiva de sí mismo. Ese es el problema que estamos enfrentando y es un problema enorme porque es la apertura de un desierto de la emocionalidad y también una crisis profunda a nivel político y a nivel social porque es el fin de la solidaridad, de la posibilidad misma de percibir la solidaridad.

— ¿Y en estas condiciones, cómo actuar, cuáles pensás que pueden ser las conjuras de nuestro tiempo?

— La pregunta acerca de cómo actuar en estas condiciones se presenta más como interrogante indefinido que como certeza del presente. Pero tengo tres respuestas que conciernen a la relación lingüística entre seres humanos porque el lenguaje no es sólo una herramienta funcional, es también un ambiente en el cual podemos (o no) nadar. Y lo que creo es que estamos perdiendo la capacidad de nadar al interior del lenguaje. Estamos perdiendo la capacidad de una fusionalidad lingüística. *Fusionalidad* versus *funcionalidad*. Dónde fusionalidad es la percepción de un líquido en el cual movernos juntos. Pienso que hay tres condiciones de fusionalidad siempre posible: el *enamoramiento*, la *insurrección* y la *poesía*. No lo digo porque soy un soñador romántico, soy muy racional cuando planteo esto. Estoy hablando de fenómenos esencialmente semióticos. ¿Qué es el enamoramiento? Es cambiar una tonalidad de la voz que se fusiona, que produce un efecto armónico: la voz encuentra a la otra voz, el cuerpo encuentra al otro cuerpo, el sexo encuentra al otro sexo. La experiencia cotidiana encuentra a la experiencia cotidiana del otro de una manera tal que hay, en un momento, una fusionalidad del lenguaje. La insurrección es lo mismo sólo que no son dos personas, o tres, las que se enamoran, son mil, diez mil, un millón, un pueblo entero… Esa es la insurrección: un pueblo entero que empieza a cantar la misma canción. Una canción que no hemos aprendido del dictador, es una canción que nadie nos ha enseñado, la producimos en ese instante, juntos/as, en sintonía. Y ¿qué es la poesía? Es propiamente una forma lingüística que no necesita una individuación diferencial porque somos al interior de un mismo flujo, un flujo lingüístico, armónico, musical, imaginativo. Fusionalidad de la expresión: eso es el enamoramiento, eso es la insurrección, eso es la poesía. Es la única terapia que nos queda. Esa es la tarea de los enseñantes: producir las condiciones de un enamoramiento. Producir las condiciones de una insurrección. Y producirlo a través de la poesía, de la poesía que pertenece a todas las disciplinas humanas, no sólo a la literatura.

— **En varias ocasiones señalaste que hay momentos en los que no podes elaborar con las palabras aquello que pasa y sentís la necesidad de conectar con una esfera menos racional, apelando a la pintura como un acto semi-consciente ¿Es posible pensar al arte –y sus distintas expresiones- como una "posible línea de escape" a la aceleración informática?**

— Cuando pinto siento un poco de vergüenza de lo que estoy haciendo porque no soy un profesional, he estudiado y he enseñado en una academia de Bellas Artes pero no soy un pintor. Cuando escribo puedo decir que sé lo que estoy haciendo, es mi trabajo. Cuando pinto, en cambio, sé que es algo que no puedo hacer, no debo hacer y esa es la razón por la que la hago. En rigor, yo no pinto sino que tomo una superficie y pongo colores de manera más o menos azarosa. Luego miro lo que está pasando con el color que se mueve sobre ella. Lo miro como se mira un asignificante: no hay significado pero hay formas que están buscándolo. Es un magma. Lo miro, a veces unos minutos, a veces por meses y hasta incluso años. En algún momento veo que el magma está produciendo algo. Sólo hace falta añadirle algo y hay una forma. Esa es, para mí, una manera de enfrentar la ansiedad, la angustia. Es una manera de ver que en lo monstruoso de las formas magmáticas del mundo, hay una forma que podemos producir y hacer emerger. El uso terapéutico del arte hoy es particularmente cierto. El uso de algo que no es nuestro trabajo ni nuestra especialidad profesional sino que es un experimento al interior del magma. Es entrar en el magma de los signos que no tienen significado *a priori* pero a donde hay formas de reconocer algo que emerge, que crece. Magma significa caos y caos es el tiempo que estamos viviendo, nosotros pero sobre todo los/as niños/as, los jóvenes. Hay dos perspectivas, de un lado, encontramos al autómata que está tomando cada vez más el poder absoluto sobre nuestra inteligencia y sobre nuestra acción social. La inteligencia artificial, sus articulaciones penetrantes e invasivas en nuestra vida cotidiana y el dominio de las grandes compañías capitalistas sobre nuestra existencia. Del otro lado hay caos, aquel que se produce en una condición en la que nuestra mente no es capaz de ir al mismo ritmo que la máquina. La máquina acelera, acelera y nosotros perdimos la capacidad de controlarla y de controlar nuestra propia vida. Caos, en muchos casos, significa guerra, de las personas contra las personas, de los Estados contra los Estados, una especie de guerra civil global que se produce al interior de cada espacio. La guerra, el caos y el autómata. Tenemos que conseguir un nuevo equilibrio relacionándonos con estas dos dimensiones. Creo que una actividad como puede ser la pintura, el juego, una actividad que no representa funcionalmente un camino que ya conocemos pero sí nos puede conducir a algo significativo puede tener una función interesante para nuestras vidas.

— En los últimos años hemos visto una intensificación de ciertos procesos tendientes a anticipar y modelizar el comportamiento humano (esa profecía algorítmica) a través de softwares especializados que a su vez han vuelto cada vez más individualizada nuestra experiencia en y con el mundo. En el plano de la educación, esto se tradujo en una búsqueda por lograr una educación personalizada que equi-

para la formación a un aprendizaje *on demand*. En este contexto, ¿cuál pensás que puede ser el lugar de la transmisión de la cultura y, específicamente, de la escuela (o de las instituciones educativas) no en el sentido de lo existente sino en términos de lo que vos llamas posibilidad? ¿Cuáles crees que pueden ser hoy los lugares y los tiempos que alojan la posibilidad de lo aleatorio y de la imaginación?

— *Her*, de Spike Jonze y que cuenta con Joaquin Phoenix, es una película sobre una voz y el efecto de enamoramiento que esta voz produce en el protagonista. Pero sabemos cómo termina la historia. Cuando él le pregunta ¿esta experiencia que vivís conmigo la vivís con otros? La máquina contesta, sí, con otras ciento sesenta y un personas. Eso que podría no ser un problema, lo es: no porque haya muchos amantes de *Her*, sino porque no hay ninguno. Los otros ciento sesenta y uno significan que *no tengo relación contigo*. Tú lo crees pero yo no existo como ser emocional. La emocionalidad no es el efecto de un proceso sin singularidad. No hay emocionalidad sin singularidad de los cuerpos implicados en ella.

El problema no es considerar a la técnica en su eternidad. No habrá una vuelta atrás. No habrá un momento en que conscientemente sabremos parar a la red electrónica. Eso significa, entonces, que debemos encontrar *al interior* de esta dimensión las condiciones para una reactivación de la singularidad emocional. Creo que es *al interior* de la técnica, podemos *a pesar*. Otra consideración, otra obra. Un libro en este caso, *The Silence* de Don DeLillo. Ha publicado su último libro, él mismo lo ha declarado. Es un libro genial por su idea. La historia es muy simple: un señor por la noche está mirando un partido por TV. En cierto momento, el televisor se apaga. El teléfono se apaga. Todo se ha apagado y el silencio total aparece en escena. Es un libro muy angustiante porque el autor no dice nada sobre lo que pasa. Imaginamos que los rusos, que son siempre los malos, hacen una cosa que en los próximos años alguien seguramente hará: un sabotaje de la red electrónica occidental. No es muy fácil pero se puede hacer. ¿Qué pasará en ese momento? Podríamos pensar que reactivamos una emocionalidad empática a partir de un trauma horrible. Pero no lo creo. Creo que tenemos que vivir en esta condición, entendiéndola, comunicándola, sin miedo si es posible, intentando construir condiciones de autonomía al interior de la máquina misma. Y ¿cuáles son las herramientas? El enamoramiento, la insurrección y la poesía.

 Silvia Grinberg y Julieta Armella

Semblanza de los/as autores/as

Julieta Armella (Argentina) Es Doctora de la Universidad de Buenos Aires, área Educación. Investigadora del Laboratorio de Investigación en Ciencias Humanas (LICH-CONICET-UNSAM). Docente de grado y posgrado de la Escuela de Humanidades de la UNSAM. Dirige e integra proyectos de investigación y extensión. Sus temas de investigación giran en torno al cruce entre educación y tecnologías digitales en la sociedad postmedia y estudia tanto el acceso y uso como las apropiaciones creativas de las tecnologías dentro y fuera del espacio escolar.

Stephen J. Ball (Reino Unido) es Profesor Emérito de Sociología de la Educación en el Instituto de Educación del University College, Londres. También es miembro de la Academia Británica (British Academy) y de la Sociedad de Estudios Educativos, fue galardonado por Kappa Delta Phi y se desempeña como consultor editorial para la revista *Journal of Education Policy*. Sus principales áreas de interés están vinculadas al estudio de las políticas educativas en distintos niveles que se mueven entre la micropolítica de las instituciones hasta el análisis de redes globales de política educativa.

Lucas Bang (Argentina) Es Doctor en Comunicación Social por la UNLP. Profesor adjunto regular de la asignatura Cultura y tecnología educativa para los profesorados en Educación de la Universidad Nacional de la Patagonia Austral. Sede Unidad Académica Caleta Olivia. Integrante del área Sociopedagógica de la Unidad Académica Caleta Olivia. Sus principales líneas de investigación refieren al acceso y distribución de saberes en las sociedades informacionales en escuelas primarias y secundarias teniendo como ejes la escolarización, el territorio y los usos y apropiaciones de las tecnologías interactivas tanto de alumnos/as como profesores/as.

Rodrigo Miguel Benvenuto (Argentina) Es licenciado en Filosofía (UNSAM) y doctorando en Filosofía (UNSAM). Es docente en las cátedras de Historia de la Filosofía Moderna, Introducción a la Filosofía (Escuela de Humanidades – UNSAM) y Filosofía Política y Social (Escuela de Economía y Negocios – UNSAM). Investigador doctoral en el Laboratorio de Investigación en Ciencias Humanas (LICH-CONICET-UNSAM) y en la Sección de Estudios de Filosofía del Idealismo del Centro de Estudios Filosóficos (CEFILO – UNSAM). Su área de investigación es la filosofía del siglo XVII y, en particular, el pensamiento de Baruch Spinoza. Actualmente investiga sobre la influencia del reformismo cartesiano del siglo XVII en la filosofía de Spinoza, como fundamentación de una lectura ontológico-relacional de la inmanencia.

Franco Berardi *Bifo* (Italia) Escritor, filósofo y activista. Es una importante figura del movimiento autonomista italiano. Graduado en Estética por la Universidad de Bolonia, participó de los acontecimientos de mayo del '68 desde esa ciudad. Fue fundador de la histórica revista *A/traverso* y promotor de la mítica Radio Alice, primera radio pirata italiana. Vivió en París, donde conoció a Félix Guattari, y en Nueva York. En 2002 fundó TV Orfeo, la primera televisión comunitaria italiana. Actualmente es profesor de Historia social de los medios en la Academia de Brera en Milán. Sus textos fueron publicados en distintos idiomas siendo una referencia para el pensamiento social contemporáneo.

Hernán Gabriel Borisonik (Argentina) Es Doctor en Ciencias Sociales por la Universidad de Buenos Aires. Es investigador del Laboratorio de Investigación en Ciencias Humanas (LICH-CONICET-UNSAM). Es profesor adjunto en la Escuela de Humanidades de la Universidad Nacional de San Martín, donde coordina el Centro Ciencia y Pensamiento. Entre sus publicaciones, se destacan los libros *Dinero sagrado* (2013), *$oporte* (2017) y *Persistencia de la pregunta por el arte* (2022). Se encuentra investigando los cruces entre subjetividad, artes y materialidad.

Joff Bradley (Japón) Es profesor de inglés y filosofía en la facultad y escuela de posgrado de lenguas extranjeras de la Universidad de Teikyo, Tokio, Japón. Durante su año sabático en 2022-2023, fue profesor visitante en la UNSAM, Buenos Aires, Argentina, y en la Universidad de Durham, Inglaterra. Entre sus libros más recientes se destacan *Deleuze, Guattari and the Schizoanalysis of Postmedia* (2023), *Deleuze, Guattari and the Global Ecologies of Languages Learning* (2023) y *Bernard Stiegler and the Philosophy of Education* I (2021).

Emiliano Grimaldi (Italia) Es Profesor Asociado de Sociología de la Educación en el Departamento de Ciencias Sociales de la Universidad Federico II, Nápoles. Su investigación se encuadra en el ámbito de la sociología de las políticas educativas, centrándose en el gobierno y la evaluación educativa, las reformas de la Nueva Gestión Pública en el campo educativo, la educación inclusiva y la justicia social.

Silvia Grinberg (Argentina) Es profesora regular de Sociología de la educación y Pedagogía. Es directora e Investigadora del Laboratorio de Investigación en Ciencias Humanas (LICH-CONICET-UNSAM). Dirige el Doctorado en Ciencias Humanas de la Escuela de Humanidades de la UNSAM. Subsecretaria de Investigación de la misma Universidad. Sus temas de investigación giran en torno a la intersección entre escuela, pobreza urbana y ambiente. En sus proyectos más recientes se enfoca en las cartografías de la desigualdad social y educativa con énfasis en los métodos creativos de investigación en la sociedad postmedia.

Kalervo N. Gulson (Australia) Es profesor en la Escuela de Educación y Trabajo Social de la Universidad de Sydney, Australia. Su programa de investigación actual se centra en el futuro de las políticas y las ciencias de la vida y la informática. Esta investigación se pregunta por cómo los nuevos conocimientos, métodos y tecnologías de las ciencias de la vida y la informática, con un enfoque específico en la inteligencia artificial, alterarán sustancialmente la política y la gobernanza educativas.

Virginia Ithurburu (Argentina) Es Licenciada y Profesora en Ciencias de la Educación (UNLu), Especialista en Educación y Nuevas Tecnologías (Flacso), Magister en Educación, Lenguajes y Medios (UNSAM), Doctoranda en Educación (UDESA). Ha realizado diversos estudios y publicaciones sobre tecnologías digitales, política y educación. En su tesis doctoral, dirigida por Silvia Grinberg, indaga sobre la inteligencia artificial y la educación en la política educativa global contemporánea.

Sam Sellar (Australia) Es Profesor de Política Educativa en la Universidad de Australia Meridional. Su investigación se centra en la política educativa, las evaluaciones a gran escala y la datificación de la educación. Actualmente es co-investigador de un proyecto ESRC que investiga las plataformas digitales en la educación superior (dirigido por Janja Komljenovic, Universidad de Lancaster).

P. Taylor Webb (Canadá) Es Profesor Asociado en el Departamento de Estudios Educativos, Facultad de Educación, Universidad de British Columbia. Le preocupa cómo la educación racionaliza y produce "sujetos gobernables" dentro de las arquitecturas normativas liberales y neoliberales, incluidas las tecnologías emergentes de la "cuarta industria" (Inteligencia artificial, neurociencia, robótica, automatización).